U0145289

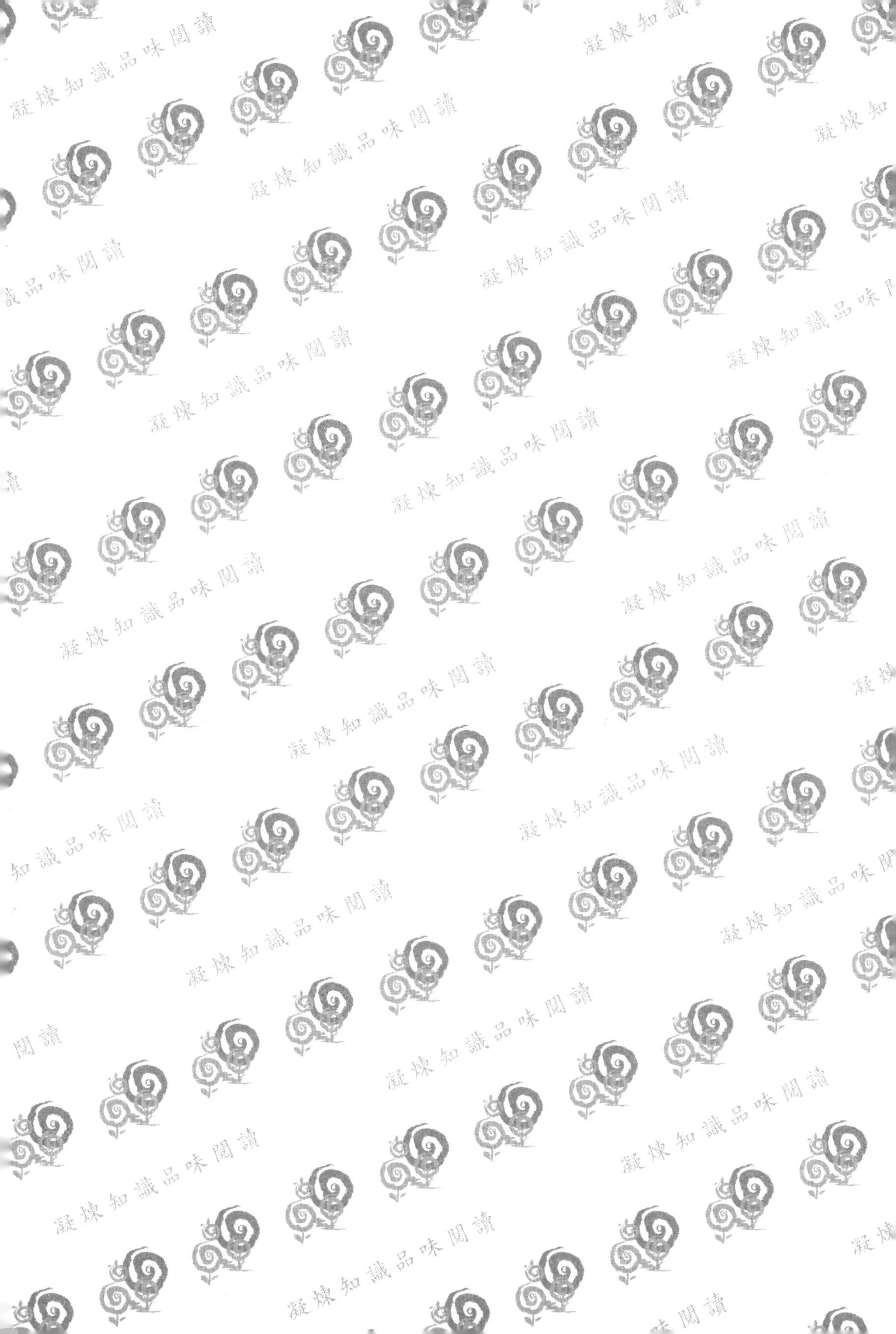

凝煉知識品味閱讀

圖解系列

五南圖書出版公司 印行

學校輔導工作

邱珍琬／著

閱讀文字

理解內容

觀看圖表

圖解讓

學校輔導工作

更簡單

自序

「學校輔導工作」是教育部定專輔教師培訓課程的一環，主要目標是了解學校輔導目標、編制、功能與內涵，因此是整合有關學校輔導相關行政、理論與實務的課程。輔導原本就是學校教育的一部分，只是早期不受重視，隨著社會、文化與科技的變遷與進展，輔導這個原本協助的後備工作變得日形重要，一般的輔導課程已經不敷所需，專輔教師必須要了解服務族群的發展特色、任務與需求，結合不同可用資源與團隊合作，方能竟其功。

學校輔導工作含括範圍甚廣，基本上會述及輔導工作起源與發展、不同學校層級輔導目標與內涵、輔導團隊與執行功能，目前更需注意整個生態環境與變化對輔導工作之影響，以及了解服務對象、重要議題、有效輔導方式與內涵做扼要闡述，讓輔導專業更凸顯其特色與重要性。本書將重點放在國小至高中的學校輔導，同時將輔導教師與諮商師二詞輪流使用，雖然在整個專業團隊上還是有分工與職責的區分，但是可以將諮商專業的理念更融入輔導工作。

CONTENTS 目錄

CONTENTS 目錄

單元1 學校輔導工作起源與發展

一、美國學校輔導工作之起源與發展

輔導工作是從美國發源，最先是職業輔導的出現，由於十九世紀末，產業科技快速發展、人口從郊區移至都會區，再則歐洲大量移民移入美國及美國本身都市化的結果，導致工業革命運動產生都市人口激增、工作量超乎所需而產生嚴重失業問題，再加上1892年卡內基鋼鐵工業罷工風潮、造成勞資嚴重對立（宋湘玲、林幸台、鄭熙彥，1991，p.4；Baruth & Robinson，III，1987，p.7），於是在1895 年G. Merril首先在加州一所工業學校創設職業輔導計畫，將職業輔導系統化，除了做個人能力與興趣分析、個別諮商、就業輔導之外，還有追蹤研究，同年Frank Parsons也在波士頓提供貧困青年之職業諮商服務，直到1908年Parsons與M. Bloomfield在波士頓成立職業局，以職業諮商來協助個人自我實現。Parsons認為輔導是長期的教育工作，主張各級學校應該實施職業輔導，在1909年Parsons過世之後，從波士頓的學校開始設置職業輔導計畫，漸漸擴及到其他州，1910年首屆全國性職業輔導會議在波士頓召開，1913年全國職業輔導協會（National Vocational Guidance Association）成立，1915年發行「職業輔導簡報」（Vovational Guidance Bulletin）。第一次世界大戰期間，J M. Brewer率先將職業輔導引進教師訓練課程。Parsons帶動了美國輔導運動的先驅，因此也被稱作「輔導運動之父」（宋湘玲等1991；Baruth & Robinson，III，1987，pp.7-12）。

學校輔導與諮商的發展，先是從教育體系裡開始，首先是聚焦在職業發展的這個部分，當時不少輔導運動的領袖期待能夠將焦點擴大（包括人格、人類發展等議題）。第一次世界大戰之後，因為需要運用團體測驗的方式做篩選及分派兵員，因此各種智力測驗風起雲湧，而在軍隊使用團體測驗的技巧受到學校以及教育專業人員的喜愛，教育學者John Dewey強調學校在引導學生個人、社會以及道德發展上的重要性，也因此學校就開始將輔導活動融入課程裡面，但是為期甚短。且強調評估學生個性以及特質的測驗，持續受到重視，學校諮商師被期待要將相關資訊做傳播與蒐集，藉此影響及提升學生的學習動機。

美國學校諮商專業是從輔導運動開始，也就是二十世紀初的工業革命，伴隨著進步教育運動，職業輔導就是進步教育運動的一個反應。輔導運動在這個階段，主要是指導學校學生及年輕人有關他們的道德發展，人際關係以及工作世界的部分。Jesse Davis從1907年開始進行全校性的輔導計畫，他鼓勵學校的英文老師將輔導的課程融入在自己的作文課上，以協助學生發展自己的品格、避免問題行為，同時將他們對職業的興趣跟學校的課程連結在一起。Frank Parsons在1909年提出三個選擇適當職業的因素為：了解自我、性向、能力、興趣、資源以及限制，對不同形式的職業能夠了解其需求、優／劣勢、及補償，了解職業與教育和自己能力、興趣之間的關係。在Parsons的貢獻下，波士頓的學校委員會首創諮商師執照的課程，後來被哈佛大學採用，也是美國第一個在大學開設的諮商師教育課程（Schmidt，1996，pp.7-8）。

Parsons 出版的「選擇職業」（Choosing a vocational，1909）一書所揭櫫的協助步驟（cited in Baruth & Robinson，III，1987，p.7）

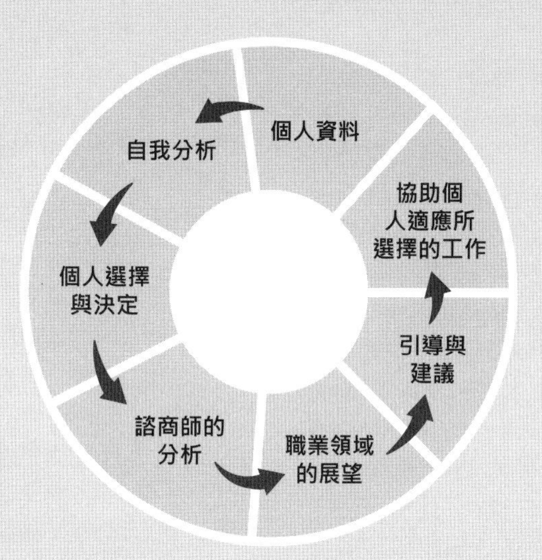

WISER模式之學校三級輔導工作架構（引自王麗斐主編，2013a，p.5）

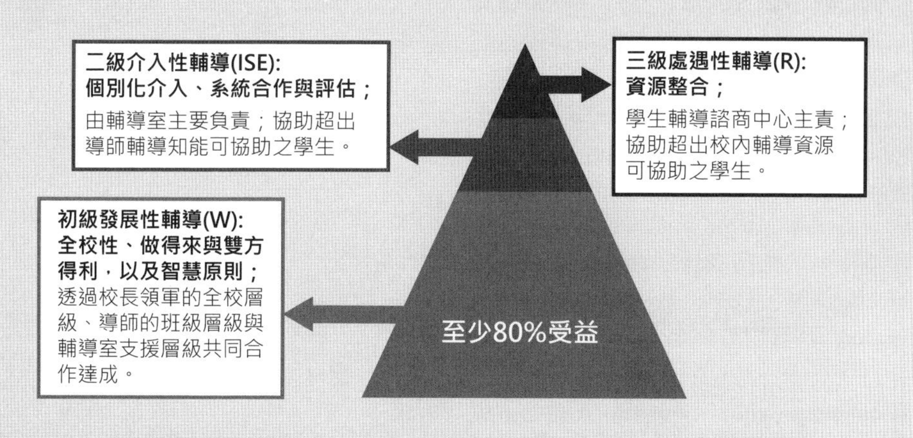

W：Whole School， Workable and Mutual Benefit，Working Smart（全校性、雙方獲利、智慧性）
I：Individualized Intervention（個別化介入）　S：System Collaboration（系統合作）
E：Evaluation（評估）　R：Resource Integration（資源整合）

單元1 學校輔導工作起源與發展（續一）

一、美國輔導工作之起源與發展（續）

1940年代美國在諮商專業上有重大的改變，主要是Rrogers的個人中心取向受到歡迎。二次大戰對美國社會的影響，導致政府在戰後積極涉入諮商與教育專業，像是退伍軍人協會提供基金讓研究生受訓為諮商師或心理學家（Gladding， 1992， cited in Schmidt，1996，p.11），1952年政府重建「美國人事與輔導協會」（the American Personnel and Guidance Association），同時有許多諮商理論興起，促成諮商專業的發展。1957年蘇聯火箭升空，促使美國政府更重視學生性向測驗，學校諮商師鼓勵學生留在學校進修，並獎助資賦優異學子，團體諮商也方興未艾。1960年代學校諮商師的角色有了新的變化，除了定義學校諮商師的特別功能外，也開始發展自己很清楚的專業角色，同時強調諮商師與教師之合作，接著再將學校諮商師角色往下擴及到小學。國小諮商工作是從William Burnham在1920到1930年的工作慢慢推進的，當時Burnham強調學校教師對於學生身心健康促進負有重大責任，所以1964年美國政府將各級學校諮商納入國防教育法案內，國小學校諮商就漸漸被學校系統所接受，國小諮商師的角色也在1966年的「國小諮商師聯合委員會」（Joint Committee on the Elementary School Counselor）報告中更確立了，至此，學校諮商專業被視為是兒童與青少年發展教育的重要力量，加上1975年「所有障礙兒童教育法案」（The Education Act for All Handicapped Children）的通過，讓學校諮商師的諮詢功能更凸顯，而1983年出版的「國家在危機中」（A Nation At Risk）報告書中，出現了「學校諮商」，強調發展「有效能學校」，學校諮商師被期許提升學生發展與表現（Schmidt，1996，pp.9-21）。

以往學校輔導教師被視為是一個支持或輔助的角色，但是現在隨著時代變化與校園生態的轉變，學校輔導教師成為一個重要且基本的配備（Schmidt，1996），我國的情況也類似。教育系統裡的諮商師主要是強調人類發展、學習以及學校的環境（Schmidt，1996），儘管學校諮商師在自己專業身分的認同上，常常會遭遇困難或被混淆（例如：教師、行政人員），因此若要建立學校諮商師的專業身分最好是：了解學校諮商的歷史以及其發展和拓展過程中的重要事件（了解自己專業的根源以及專業發展的重要事件，可以更清楚未來目標），建立持續的訓練標準（訓練的層級與本質在不同層級諮商師的訓練模式是不同的，也可能造成諮商師角色被誤解），符合在其他機構服務的專業諮商師執業標準（目前美國國內的認證標準也不一，應該要與其角色及功能相互配合），期待有一致的認證標準，與發展出全國性、不同學校層級諮商計畫的指導原則（學校諮商持續地發展，而其總目標是需要持續做評估與調整的）（Schmidt，1996， pp.16-17）。

小博士解說

美國國小有學校心理師（學士學位），國中小合併制或國高中有輔導教師（Guidance Counselor，碩士學位），均須經過專業認證始取得資格，且受到相關公會的專業倫理約束。

學校諮商師設計課程與過程功能（Schmidt，1996，pp.24-25）

設計課程功能	過程功能
強調發展周全服務計畫的策略。	特殊活動的描述。
像是定義目標、貼進學生需求、與學校的課程做結合、調解學生的服務項目以及評估結果；此外，教育與職業計畫、學生安置計畫與轉介系統也包括在內。	像是諮商師提供直接服務給學生、家長以及老師，這些功能包含個別與團體諮商、學生評估、協助家長，以及擔任家長及老師的諮詢工作。

學校諮商師對特殊學生的服務（Schmidt，1996，p.20）

- 參與學校的會議，以決定特殊生的服務及協助規劃。
- 針對特殊學生特殊才藝「個別教育計畫」（Indivigual Education Plan，IEP）的發展。
- 提供學生直接的諮商服務。
- 提供家長諮商與諮詢服務。
- 擔任級任老師及特殊教育老師的諮詢。
- 擬定計畫、協調與呈現對教師的服務。
- 為特殊學生設計參與課外服務。
- 適當維護接受服務的學生紀錄。

美國中等學校諮商師的工作（Miller，1986，cited in Muro & Kottman，1995，p.10）

- 擔任教師有關學生發展需要的諮詢工作。
- 提供學生、家長、教師及其他學校人員有關輔導計畫的資訊。
- 組織與管理輔導計畫。
- 評估輔導計畫所提供服務的績效。
- 提供一對一的學生諮商（個人、人際與教育議題）。
- 提供學生小團體諮商。
- 評估並認出需要特殊服務的學生、並做適當轉介。

單元1　學校輔導工作起源與發展（續二）

二、我國學校輔導工作之起源與發展

有關我國學校輔導工作之起源說有兩種，一是從民初的職業輔導運動開始，另一說是從五十年代僑生輔導開始，葉一舵（2013）歸納發現以後者為起源者較多。針對僑生的輔導工作，後來延伸至國民中學「指導活動」（後易名為「輔導活動」）之施行，但是輔導工作一直未受重視，直到後來社會變動、產生許多學校與社會問題，甚至是二十多年前有更多留美學習諮商的學生歸國、促使大學諮商系所的成立，以及後來諮商心理師法的立法，輔導與諮商才成為一門顯學。

1979年「國民教育法」中規定國民中小學應設置「輔導室」，後來有輔導工作法之規定，但在人力配置上短缺，而高中則引入不授課之專任輔導教師參與輔導工作（林清文，2007，p.63）。從國民中學設置與推動指導活動開始，各校也成立「指導活動推行委員會」，以校長為主任委員，各處室主任及教師代表為委員，共同研議全校指導活動推行事宜（何金針，1982，引自林清文，2007，p.5）。隨著時代進步與社會變革的需求，輔導工作朝向「聯結型」（school-linked）發展，強調預防性的輔導工作內容，並針對可能影響學生發展的各項因素（個人、家庭、社區等）有更多了解與介入（林清文，2007，p.65）。

90年代臺灣教育改革實施以來，其中「教訓輔三合一」方案從1998年公布實施，期待有效帶動學校的實質改變，但在執行過程中仍出現一些核心問題須待解決，包括整體方案對於輔導室的規劃仍處於輔導、訓導的二分法思考，理解該教育改革方案實施者為數不多，還有「換湯不換藥」的現象（如將「訓導處」更名為「學生事務處」，卻將核心事務邊緣化），專業化程度不夠、行政支持欠缺。雖然「教訓輔三合一方案」引進了輔導活動三級預防的觀念，配合學校行政組織調整，同時激勵一般的教師能夠積極投入學生輔導工作，並集合社區資源來建構學校輔導的網路，但是在執行的過程中仍有許多待解決的問題（葉一舵，2013，pp.328-329）。我國傳統上將學生訓導工作的重點放在強調規範和服從，不僅與時代精神相違背，也與輔導工作本質有所扞格，即便學校在組織上將訓導、輔導分別設置，但是也坐實了輔導與訓導的對立，以致於常常變成輔導為訓導「收拾善後」，一般學校與家長對輔導之專業不信任，雖然教改企圖良善，卻在實施過程中遭遇許多困難。原本是希望將所有教職員、周遭社區資源納入輔導系統，在輔導專業人員上也希望專才專用，但是後來「九年一貫課程」將國中小輔導課程納入「綜合活動」內，不僅要輔導教師涉及不同領域（如家政、童軍）的教學，連帶削弱其專業性，且執行也受到不同主觀人為因素之影響，未能展現所期待之效能（葉一舵，2013，pp.330-333），甚至削減了輔導的專業與功能。

小博士解說

目前輔導行政的編制在13到24班規模的學校，設置「輔導處」，25班以上學校，則在輔導處內再分設輔導組、資料組以及特教組；55班以上的學校還另設有一位駐校專任輔導人員（心理師和社工師）（王麗斐主編，2013a）。

學校輔導發展簡史（整理自葉一舵，2013，pp.14-18）

階段	說明
萌芽期（20 世紀 50 年代）	政府播遷來臺，50 年代中期僑生教育開始，僑生教育中開始僑生輔導工作，臺灣開始引進輔導理念，嘗試開始輔導實踐，學校輔導工作從無到有。
實驗期（20 世紀 60 年代初中期）	50 年代末籌畫的「東門方案」（在東門國小實施的方案計畫，將心理衛生與教育做結合）的實施，到 1968 年九年國教實施之前，是學校輔導工作的實驗期。主要事件包括「東門方案」的實施、中國輔導學會的成立，以及中等學校輔導制度與輔導方法的實驗。
建制期（20 世紀 60 年代後期至 70 年代）	以九年國教在國中全面推行輔導工作為指標，到 70 年代末，各級學校建立初步的輔導工作組織與機構，形成基本輔導師資培育體系，各項輔導工作制度也相繼實施，並在 1968 年在國中設置「指導活動」，接著小學、職業高中、大專院校也相繼開始推行輔導工作。
推展期（20 世紀 80 年代）	學校輔導工作在各級學校全面展開，輔導工作的組織及管理機構持續地更臻完善，各種輔導制度與輔導工作配套體系也更健全。修訂後的國中輔導課程標準以「輔導」替代「指導」，輔導的評鑑制度也開始逐漸完善。為了改進學校輔導工作，輔導人才的培養從最初的幾所大學發展到幾十所大學。
提升期（20 世紀 90 年代初至 90 年代中後期）	1991 年「輔導工作六年計畫」實施，此計畫是這一時期的重要指標性事件，也是這個時期輔導工作發展的核心內容。90 年代臺灣社會發生巨大變化，社會問題層出不窮，青少年犯罪率升高，教育部有鑒於此，於 1991 年 2 月頒布「輔導工作六年計畫」，希望結合家庭、學校與社會各種資源，建立全面的輔導體系，投入了高達幾十億的費用，藉此全面改善輔導工作的各項措施並提升老師的專業水準。
轉型期（統合期，20 世紀 90 年代後期至今）	此時期的輔導工作，伴隨著教育改革進入了一個不斷調整與變革的階段。輔導工作的原有體系有了巨大的調整，學校輔導工作進入一個多元並充滿爭議的時期。九年一貫課程的實施，將輔導整合進「綜合活動領域」中，輔導不再是學校中一門獨立的課程。「教訓輔合一」體制的建立讓輔導工作打破原有的工作領域，試圖與教學、訓導工作進行整合。輔導教師的任用與資格認定也不斷地調整，心理諮商師、社工師可以在取得執照後進入學校，為學生提供輔導與諮商服務；然而，也因輔導學科地位喪失、輔導工作地位被邊緣化、其專業性也受到衝擊，以及輔導體系期待重建等爭議，讓學校輔導工作遭遇到幾十年來最大的挑戰。

以往學校輔導工作效果不彰之原因（林清文，2007，pp.8-9）

- 學校輔導工作的組織和執行由多種法規規定，而各種法規之中缺乏對學生事務的統整概念。
- 法規和實務中，訓導和輔導相互對稱或對立。
- 國民中小學中學生輔導工作流於標準課程化，將輔導視為一門課程而已。
- 國民中小學缺乏專任輔導人員的設置。

單元1 學校輔導工作起源與發展（續三）

二、我國學校輔導工作之起源與發展（續）

九年一貫課程是以學生、生活為中心，以七大學習領域取代現行的學科教學，同時以統整、合科為原則，實施以學校為本位、結合社區需求的課程發展，並提升教師專業自主、培養學生基本能力，讓教育改革的理念落實在一般生活中（吳麗娟，2000，引自葉一舵，2013， p.330）。如吳麗娟（2000）所言，輔導教師需要打破獨立作業之傳統、具備統整協調知能，與其他科任教師、行政人員及資源做整合的團隊方式，實施輔導工作（引自葉一舵，2013，p.335）。然而將輔導課程置入「綜合活動」中，不僅要輔導專業教師學習不同領域（如家政、工藝、戲劇）的知能，增加其負擔及稀釋其專業，而不同學校對綜合活動課程的做法不一，有些還是歸班級導師或配給學科教師運用，喪失了新課程所欲達到之目標，也明顯降低了輔導工作在學校中的地位。

而在心理師法通過之後，因應時代更迭、學生問題明顯增多的情況下，表面上似乎應該更善用輔導專才與知能，協助讓學生可以更快樂安心學習。但是添加輔導教師編制，卻無法讓輔導教師與學生有第一類的充分接觸，如何落實三級預防工作？九年一貫教育的矛盾顯現無遺！固然「統合」為學校輔導工作發展的終極目標，但在實施過程卻陷入了困局，首先是難以處理統合理念與學校輔導工作實踐間之矛盾，其次是如何讓統合不會變成「拼湊」式結果？況且統合需要有一定現實條件的支持，這項政策又要從校內現有的教師員額編制中調整出輔導教師，許多學校在經費、人力、專業及時間匱乏的條件下無法配合（葉一舵，2013，p.339），導致目前專業人員編制城鄉差距過大（如高雄、臺北都會區，專業輔導教師員額充足，但是在其他城鄉縣市就明顯不足）。誠如葉一舵（2013，pp.341-342）所提，教育行政部門希望輔導工作「普及化」，但是輔導學界卻期待輔導工作「專業化」，這個嚴重的衝突必須要先化解，要不然爭論與執行之困難依然存在！

民國103年「學生輔導法」的公布與施行是學校輔導很重要的里程碑。「學生輔導法」不僅確定了輔導教師、社工人員和諮商心理師的角色定位，在輔導的體系與機構建設方面也指出全體教師與行政人員肩負輔導責任，而在輔導教師的任用與配置數目有具體規定，輔導內容與三級輔導（發展性、介入性與矯正性輔導）目標設立，還規定了輔導工作經費來源與數目（葉一舵，2013，p.369）。

小博士解說

綜合活動包含輔導活動、團體活動及運用校內外資源獨立設計之學習活動（葉一舵，2013， p.332）。

「九年一貫課程」十項基本能力指標（教育部，2000，引自葉一舵，2013，pp.330-331）

- 增進自我了解、發展個人潛能。
- 培養欣賞、表現、審美及創作能力。
- 提升生涯規劃與終身學習能力。
- 培養表達、溝通與分享的知能。
- 發展尊重他人、關懷社會、增進團隊合作的能力。
- 促進文化學習與國際了解。
- 增進規劃組織與實踐的知能。
- 應用科技與資訊的能力。
- 激發主動探索與研究的精神。
- 培養獨立思考與解決問題的能力。

綜合活動學習領域四大目標（葉一舵，2013，p.332）

目標	說明
生活實踐	強調培養學生在真實生活中的實踐能力。
體驗意義	重視學生在實踐活動中體驗活動的意義，並在體驗、反思過程中增加對自己的了解。
個別發展	針對學生不同能力、興趣與需求，設計多元的活動，因材施教、提供個別發展的學習機會。
學習統整	學校成立「綜合活動課程小組」，運用校外資源進行若干學習領域的統整設計。

我國學校輔導發展特點（葉一舵，2013，pp.352-355）

- 官方主導，從上而下推行。
- 法規健全、剛性政策突出（學校輔導在許多政策都是硬性要求，並納入教育督導和學校評鑑範圍）。
- 學校輔導工作體系完整（從「九年國教」完成初步建置，到二十世紀初的教育改革，各級學校已經建立起較為一貫而完整的體系）。
- 普遍化程度高（輔導工作涵蓋層面廣、教師普遍接受輔導知能培訓、校內輔導機構共同開展輔導工作、建立普遍化的輔導工作網路）。

單元2 不同層級輔導人員專長與合作

推動有效的輔導工作，需要靠行政團隊的支援，全體教職員共同參與，建立系統化的組織體系，才能夠發揮輔導效益（王麗斐主編，2013a，p.13）。輔導工作絕對不是輔導教師獨力可以為之，而是需要從校長以降，結合全體教職員、家長、社區等資源的投入，方能竟其功。以往學校的輔導人員都是在教育體系的大學所培育的教育心理與輔導學系或輔導學系的畢業生擔任，國小輔導教師是初等教育系畢業的學生，且須修過20個輔導學分，就有資格擔任學校輔導的工作。隨著時代變遷，大家對於心理衛生教育的重視，尤其是民國91年諮商心理師法的通過，及後來專任輔導教師的迫切需求，我國在輔導人員的培育方面有更高的標準與內容。目前不同學級的輔導教師師資不齊，國小輔導教師是師範院校／綜合大學畢業、修習相關輔導學分就可勝任。國中輔導教師要求高一些，大部分是大學本科系（如教育心理、輔導）畢業，高中輔導教師是目前資格最佳者，許多是相關科系碩博士畢業，甚至擁有諮商師執照。

自民國97年開始，臺北市國小逐年增置一名減授12-15節課的專職輔導教師，同年教育部也開始補助各地方政府轄區國小，全面設置減授2-4節課的兼任輔導教師，而自民國101年起，國民小學就有編制內的專任輔導教師（專輔教師）（王麗斐主編，2013a）。國小雖有專任輔導教師之設置，但是各縣市參差不齊，大都會區（如臺北、台中、高雄）的專任教師人數較為齊全，但是其他地區則視縣市府的財務狀況而有區別，財務較緊縮的縣市，其學校專任輔導教師稀少（以屏東縣國小為例，在作者執筆之此時只有七位專輔教師），且一位專輔教師要負責一個學校的全體學生與教職員，工作量繁重不說，若還要負擔其他處室業務或授課，自然不能專注於輔導專業工作，除容易身心耗竭之外，也未能提升其專業知能。以大學諮商或輔導科系來說（以屏東大學教育心理與輔導學系為例），課程的安排是最為紮實、合邏輯的，學生從最基本的普通心理學、人類發展與生命教育課程訓練開始，大二進入輔導原理、教育心理學、人格心理學、社會心理學、諮商理論與助人歷程，大三則是進入應用課程，如個別諮商、團體諮商、兒童與青少年輔導與諮商，大四更進一步可修習家族治療、不同學派諮商理論、諮商倫理及諮商與輔導實習課程（分為上下學期「一」與「二」，可供學生全年實習），而且每一堂課都是完整的三個學分。目前除了大學相關輔導科系有系統地培養輔導人才之外，絕大多數的學校是以師培的課程來培養輔導人才，在課程的紮實度及系統設計上就有極大的缺失，不足以因應實際輔導現場之所需。

小博士解說

我國學校輔導工作之編制人員，仍依各縣市的財務情況來設置，都會區如臺北、新北市與高雄，因為財源充沛，往往可以在專輔教師之外，添設諮商心理師或臨床心理師與社工師，其他財政困窘縣市，可能連專輔教師的名額都沒有。

「以學生為本」的輔導人力資源生態圖（引自王麗斐主編，2013a，p.10）

教訓輔（教學、訓導、輔導）合一方案的限制與困難（林清文，2007，p.11）

整體方案對輔導新體制的規劃仍植基於輔導、訓導的二分思考，使得傳統學校訓導工作內涵無法朝向當代輔導運動和教育改革的動向而進步、更新。

方案中的組織調整構想仍落入訓導、輔導二元對立的思維，未能減少學校行政事務的負荷及學生輔導工作雙頭馬車的困局。

忽略各校「輔導工作委員會」既有體制的機能，不利學校輔導工作體制的經營與經驗累積。

削弱導師選任的價值與機能，不利「導師責任制」的實施。

忽略學生輔導專業分工的意義與事實需要，延續認輔制度的困難與扞格。

單元2　不同層級輔導人員專長與合作（續）

社工師擅長於尋找資源、連結資源，以及提供第一線的緊急服務（含通報與調查），臨床心理師則擅長於評估與診斷；有些縣市設立的「心理健康中心」，還有駐地精神科醫師駐診，只是時間不定（大部分是一週一個下午或一個上午）。輔導教師、社工、臨床心理師與精神科醫師，應該是輔導團隊中的核心人物，然而因為各自的訓練背景不同、理念不同，有時候對同一個議題的看法又有不同的解釋和定義，要整合這些專業的輔導人員發揮效能，的確需要很大的努力。除了彼此能夠維持適當、清楚的溝通，職責分明之外，還需要放棄一些本位主義的傲慢，大家共同為學生的福祉著想、齊心努力，這才是輔導之福！

兼任輔導教師通常是由本科系的教師或者是具有若干輔導知能訓練（如輔導學分班）的教師擔任，雖然有減授時數的優惠，但是輔導工作絕對不是輕鬆的。兼輔教師要花額外的時間與心力來協助學生，因此如果能夠讓兼任輔導教師與專任輔導教師組成一個固定的督導團隊，大家互相學習、支持及協助，這樣運作起來其效果應該更加倍！

國小與國中曾實施「認輔教師」制度，作為輔導人力之一環，通常是找一些對於學生較有熱情及願意提供持續關心的老師擔任，定期與學生晤談，必要時做家庭訪視或電話關切，也需要做輔導記錄、接受督導及自我評鑑（王麗斐主編，2013a，p.26），然而礙於有些學校教師工作繁忙、認輔意願低，不一定可有效聘僱或執行相關輔導工作。認輔教師基於與學生的情誼，可以做個別的晤談與了解，等於是讓學生有更多的支持系統與資源，但認輔教師不需要專業的訓練；倘若認輔教師認為學生需要進一步的協助，可與輔導教師共同商議如何更有效地協助學生（包括連結資源、做轉介與輔導的工作）。許多學校將認輔教師當作專輔教師的分身，是過度期待，也讓認輔教師有龐大壓力與不足感。若認輔教師、兼任輔導教師（或臨床心理師與社工師）與專任輔導教師成立輔導團隊，定期做個案討論或相關資訊的傳輸與連結，不啻為重要的學校輔導協助團隊。

有些國中小設有「輔導股長」。輔導股長也需要經過一段簡單的訓練，讓學生可以覺察到同儕之間是不是有人出現一些異狀（如衣著不按節令、突然畏縮）、或是班上有一些問題需要進一步處理（如師生關係或霸凌），甚至只是將輔導室的心理衛生宣傳資料傳達到班上，也都可協助輔導工作的進行。當然，現在國中小階段的導師，也都被期待能夠擔任第一線的輔導工作，畢竟導師與學生們的接觸最頻繁且關係也最親密，因此倘若班級導師能夠有一些初級的輔導知能，對於發現問題、危急個案或是做第一線的初步處理，也都有幫助！此外，有些學校的義工家長（媽媽）團體，擔任學生上、放學的導護或早自修到班級說故事的工作，在學校的親職座談或校慶（運）等活動上可協助，若能善用這些資源與人力在輔導工作的推行上，自然是加分！

學校輔導發展存在的問題（葉一舵，2013，pp.360-365）

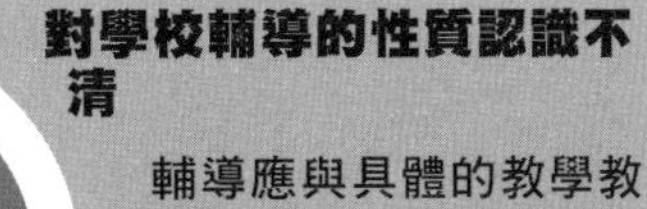

缺乏足夠的社會觀念支持

教師、家長和社會對輔導觀念的溝通不足，再加上輔導工作與校內外相關部門機構缺乏有效的配合

對學校輔導的性質認識不清

輔導應與具體的教學教育實踐相結合，但卻深陷於「課程化」的是非之中、游離在「專業化」與「普及化」之間、糾纏於輔導與訓導的矛盾或對立的關係上

輔導政策缺乏連續性、執行不徹底

學校輔導觀念與實施上的混亂，對原有的輔導體系造成衝擊，有些法規規定不夠明確、缺乏強制約束力、師資不足、人力與資源浪費

對輔導哲學基礎建構的忽視

未建立自己的哲學觀，導致意見分歧、只專注於技術層面

輔導工作統合困難的因應之道（林清文，2007，p.11）

◎ 更新學生輔導理念

◎ 簡化行政組織、統一事權

◎ 引進專業人員，提升專業工作品質

◎ 教師普遍參與輔導學生工作

＋ 知識補充站

我國輔導專業人員的編制，除了專任輔導教師之外，其他諮商師與社工師的進駐，通常與該縣市財務情況有關，財務狀況較佳者（如直轄市），不僅專任輔導教師編制足夠，也有其他助人專業的長期任職或進駐。

單元3　學校輔導工作內涵（不同學級的輔導工作重點）

輔導工作的目的是在幫助學生適性發展、發展良好的人際關係及增進心理適應（王麗斐主編，2013a，p.33）。學校輔導工作主要的服務對象有三個族群一學生、家長以及教職員，然而學校還是社區之構成元素，因此與社區間的聯繫與合作，也是重點之一，這是符合生態脈絡取向的現代諮商趨勢。學校輔導工作的目的，主要有教育發展、生涯發展、以及個人/社會發展。學校輔導工作一般分為生活（行為）、教育（狹義方面是指「學習輔導」）與生涯輔導三個區塊（劉焜輝主編，2010，pp.21-22），而在輔導工作項目上還加了「親職教育」的部分（鄔佩麗等，2017，p.41）。依據學生不同的發展年齡，各輔導內涵所著重的會有不同。小學階段著重與家長的聯繫及合作，養成學生良好的學習習慣與行為，健康生活作息，拓展對自我的認識，與他人建立有意義的關係；國中學習科目增多，踏出童年被保護的舒適圈，開始在歸屬感與自我之間擺盪，還要關切自己身心理勃發的青春期，及注意到親密關係的需求；高中除了延續國中階段的任務，也是未來升學或職業的準備期，生涯定向是很重要的一環。因為即將步入成人階段或出社會，成為貢獻社會的中間分子，更需要有人文的關懷素養；大學雖開始經營獨自生活，卻遭遇繁複的人際關係與互動，自我定位與未來發展是重要關卡。

有效能的學校是讓每個孩子都能夠學習，因此，學校需要營造一個氛圍，讓每個學生都能夠在學業上有同等機會成功。輔導諮商是教育也是學校工作的一部分，學校諮商師必須要能夠評估學生的能力，協助教師將學生放在適當的課程中並因材施教，同時提供父母親了解孩子的發展狀況與在校進步的情況，也能夠讓學生了解他們自己的生活目標與規劃。在這個持續變化的社會，一般人都會面臨如何做自己生涯決定的議題，學生需要了解工作世界是怎麼一回事？學校教師協助學生檢視他們的生涯興趣，對未來生涯的相關教育規劃，如何做適當決定及選擇。學生對自我了解更清楚，在做教育及生涯的選擇就會更成功滿意，因此設計活動協助學生學習社交技巧、認出個人優勢，可以讓學生過更滿意的生活；讓學生知道自己是誰、與他人的相似度如何、檢視自己與他人的差異，讓他們看見自己的優劣勢，並對自己是特殊獨立的個體有自信，也協助學生從自我中心的觀點能夠轉移到以不同、其他人的觀點來看這個世界，了解個人的個性如何與他人相處，是維繫健康及滿意人際關係的關鍵（Schmidt，1996，pp.34-38）。

小博士解說

學校輔導從最初層級的小學開始進行完善規劃與執行，對於接下來的學習層級都有極大助益與良好後效。

學校輔導工作目標（Schmidt，1996，pp.34-38）

個人／社會發展	教育發展	生涯發展
● 協助個人了解自我，並培養人際能力是教育及生涯發展的基石。 ● 讓學生了解自己是誰，與他人的同／異處與優／劣勢。 ● 適當評估自我能力、可努力之方向。 ● 讓學生學習從他人與不同觀點看世界。 ● 了解自己個性與人際相處模式，開展健康滿意之與人關係。	● 評估學生能力。 ● 協助教師將學生放在適當的課程中。 ● 提供父母親了解孩子的發展狀況與在校進步的情況。 ● 讓學生了解他們自己的生活目標與規劃。 ● 以終身學習為目標。	● 提供學生有關工作世界的正確資訊以及現存的生涯機會。 ● 評估學生的興趣與能力，與學生分享這些發現，然後讓學生能夠做適當的生涯選擇。 ● 鼓勵學生拓展自己的選項，同時留意未來生涯機會以及工作市場的變化。

學校輔導工作七大項目（整理自林清文，2007，pp.68-69）

項目	說明
組織與計畫	輔導工作需求評估、研擬計畫、溝通協調及計畫績效評鑑、輔導工作團隊資源整合。
輔導工作宣傳與教育訓練	心理衛生與輔導宣傳活動、學習適應教育、生涯發展教育、生命教育、性別教育、班級輔導活動的教育推廣、課程規劃和訓練。
輔導工作諮詢	教師輔導知能研習、教師認輔工作、親職諮詢。
評量與諮商	學生心理評量與資料運用管理、個別諮商、團體諮商。
治療與轉介	個案研討會、轉介、追蹤、地區輔導網路。
特殊學生協助	學習低成就學生輔導、特殊障礙學生輔導、資優學生輔導、自傷與自殺個案輔導、中輟生輔導、僑生外籍生原住民及文化不利學生輔導、轉銜輔導（轉學或轉換學習階層）、畢業生輔導。
研究發展	輔導實務專題研究、輔導案例研究（個案或團體）。

單元4 轉介服務

目前學校輔導工作分為發展、預防和補救性等三級體制，學校輔導教師的工作，主要包括諮商、諮詢及補救性輔導（林清文，2007）。通常輔導教師會接受大量由教師或行政人員轉介過來的個案，一般學生對於輔導室還是有標籤和汙名化的看法，因此輔導教師可以善加利用與當事人有機會接觸的時間來釐清或者是消弭輔導的汙名化。轉介過來的當事人抗拒是自然的，因此不必將其個人化，輔導教師如何讓當事人在短暫與自己的接觸之中，正確了解輔導諮商是怎麼一回事？自己能夠協助與扮演的角色為何？能夠從諮商中獲得什麼樣的益處？的確需要許多的經驗值與彈性創意。

目前各縣市皆有縣市級的「學生諮商中心」（簡稱「學諮中心」）為學校輔導工作之後勤支援單位，主要是處理三級預防的工作，然而需要經由學校轉介的動作、才做篩選處理，一般說來耗時甚久，通常無法處理危急情況，往往最後學諮中心通過學校申請、派案給諮商師時，危機情況已過或情況已不需處理，在效能上是有許多疑慮的。

轉介主要是轉移當事人到可提供不同類型服務的人或機構，能有效滿足當事人的需求。輔導教師應判斷當事人的需求是否超過機構或單位服務範圍和能力之外，以利轉介之進行。經常使用的轉介資源包括精神醫療、社會工作、法律諮詢及校內學科教師（林清文，2007，p.151）。轉介的迷思像是：將轉介視為一簡單技術，認為只有在危急時才需轉介，輔導教師對自己能力不了解（過早或太遲結束諮商關係），以及誇大當事人的轉介需求（林清文，2007，pp.151-152）。轉介的困難或缺失，包括轉介服務觀念不足或忽視轉介服務的必要性與效果，缺乏轉介的相關資源或清單，未加強資源機構間的聯繫與定期溝通，缺乏易於溝通的轉介表格，以及缺乏轉介服務的經驗累積（林清文，2007，pp.152-153）。

有效轉介的條件包括：判斷當事人的需求、了解相關資源機構、幫助學生及其家長使用轉介服務的技術；而不當的轉介也會造成學生信任感降低、人際焦慮、有被遺棄的感受等不舒服心理，甚至抗拒（林清文，2007， p.153）。輔導教師應具有轉介判斷的能力，也就是當事人情況是在自己能力和時間需求之外，為當事人尋求更好的資源連結與服務。輔導教師做初步研判，發現學生可能需要精神醫師的進一步診斷與開藥協助，或者是學生的經濟或生活情況需要社福機構同時協助，甚至是有些當事人需要長期的專業服務時，就可以做轉介動作。轉介程序完成之後，輔導教師依然要做追蹤與後續服務，不是將學生轉介出去就算結束，而是需要持續與轉介單位合作、或提供學生輔導，為當事人謀求最佳福祉。

小博士解說

學校輔導工作者應了解轉介是輔導工作中補救治療和發展資源的重要環節，其乃建立在助人工作「組織戰」觀念之上，也就是以眾人或眾機構的力量協助個人滿足其需求與適應（林清文，2007，p.152）。

輔導教師留住轉介（或非自願）當事人之方式

● 不要以轉介者（如級任老師或家長）的目標為諮商目標。（但可做參考）
● 不要「哪壺不開提哪壺」。（如：「你為什麼跟人打架？」）
● 從同理當事人心境與立場開始。（如：「這件事情發生你也很難過，可是又不知道該怎麼說清楚。」）
● 輔導教師表明自己的身分以及願意聽他／她的說法或故事的誠意。
● 輔導教師說明自己的困境。（如需要給轉介老師、家長或法官交代）
● 觀察當事人的身體、行為與其他特色，以正向方式敘述輔導教師的觀察。（如「你很有禮貌，喊了報告才進來。」「我猜不出你擅長的運動，但是你看起來很結實、肢體動作很靈活。」）
● 若當事人不知如何開始，輔導教師可以請當事人描述自己的優點或長處，醞釀友善、正向的情緒。
● 告訴當事人諮商師準備了哪些活動或媒體，想要如何進行，徵詢當事人的同意。
● 若當事人不願意待下來，就進行時間的妥協。（如「我們先談五分鐘，然後你可決定去留。」或是「我們談個幾分鐘，因為我要記錄、也給你／妳的老師交代。」）
● 倘若當事人不願意待，也不要勉強，不妨在其離去之時，告訴他／她，你／妳從當事人身上看見的優點（要有具體事實佐證）或學習，也歡迎他／她再度光臨。

轉介方式（林清文，2007，p.153）

轉介或照會 → 諮詢與被諮詢 → 共同設計輔導計畫與分工執行 → 專業經驗、知識分享

轉介之考慮因素（林清文，2007，p.153）

- 當事人需求在機構中未能獲得滿足
- 各種特殊形態服務之可能性
- 兼顧發展性目標

單元5 學校輔導組織與行政

一般說來從校長開始，學校教師、行政人員都是輔導組織的一環，只是每個人所負責的領域不同而已，學校的輔導行政編制也是如此（見右圖）。

校長的支持與否關乎該校輔導工作的成效與受重視程度，也是專業助人者其專業是否受重視之指標，尤以國中小為然。學校輔導工作應該是以團隊方式來進行，主要的輔導人員包含學校諮商師（輔導教師）、心理師、社工、醫護人員以及學校教師。學校教師除了教學之外，可以在學校輔導工作的推行中扮演以下幾種角色：傾聽與給予指導、轉介學生以及協同輔導、生涯或職業的教育者、輔導方案的支持與參與者、學生潛能開發的催化者，以及校園多重人際關係的橋樑（劉焜輝主編，2010，pp.59-61）。國小的輔導室若組織完善，基本上分為「輔導」、「資料」與「特殊教育」組（目前國小以全校25班以上，加上特教班3班以上，才有此三組之設置），然而因為人力不足、加上少子化趨勢，許多學校的組別也因班級數不足而縮編了，目前許多高中與大專學校也將資源教室的業務納入輔導。

專任輔導教師20班以下者設置1名，20班以上者增至2名。兼任輔導教師則是10班以上者設置兼任輔導教師1名；11班到20班者，兼任輔導教師增至2名；21班到35班者，專任輔導教師2名、兼任輔導教師1名；班級數在36班到50班者，專任輔導教師2名、兼任輔導教師2名；51班以上者，兼任輔導教師增設名額類推（王麗斐主編，2013b，p.45）。

由於輔導是教育的一環，因此學校的輔導處（室）與各處室（如教務、訓導、總務）的關係是彼此合作、協調的。以往學校的輔導工作在不被重視的情況下，輔導室常常必須處理其他處室的善後工作（如學生被訓導處記過之後，再轉介到輔導室「輔導」），甚至因為輔導業務不清楚，造成不屬於其他處室的工作，則歸輔導室負責，這當然嚴重傷害了輔導的專業性。目前因為社會變動、學生問題急遽增加的緣故，加上諮商師訓練課程的引入，輔導室的功能慢慢彰顯出來，而各處室之間的合作以及適當的界限、職責劃分也是必要的。

正式的輔導人員編制應該是在輔導室內（包括主任、專任輔導教師、資源教室特教老師、資料組老師、兼輔老師等），然而在非正式的編制裡面，全校的教職員都是輔導團隊的一員。此外，有些學校的資源較豐富，還可以訓練學生義工（或輔導股長）或家長義工（如義工媽媽）來擔任輔導事務推廣等相關的工作。

小博士解說

儘管輔導室內可以分為兩或三個不同的組別，每組各司其職，然而彼此之間的關係是合作、互補與協助的團隊，因此了解彼此不同專長、維持開放清楚的溝通是非常重要的。

學校輔導工作人員一覽表——國小 12 班以下（王麗斐主編，2013a，p.10）

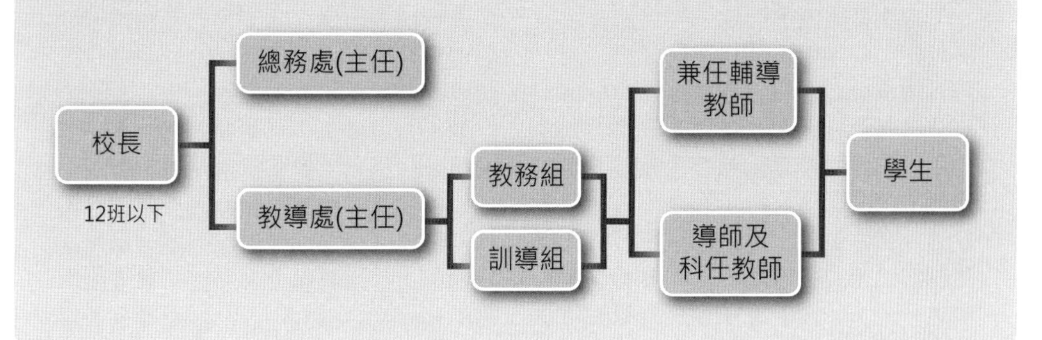

義工可以協助的輔導工作事項（不限於此）

輔導股長	義工媽媽
● 傳達輔導室相關宣傳品或發放手冊。 ● 接受基本觀察或同儕協助訓練。 ● 發現需要協助同學，並陪伴前往輔導室。 ● 提供班上上課或是同學狀況，可讓輔導教師預先知道需要介入處理狀況（如霸凌、轉學生適應情況）。 ● 同儕間若有紛爭，可以先居中協調（美國有「仲裁者」之訓練），若無效，則可知會導師或輔導教師做進一步協助。	● 陪伴需要者。 ● 勸導與安撫。 ● 說故事。 ● 擔任導護工作。 ● 觀察與發現需要協助學生或家長。 ● 接受基本危機處理訓練。 ● 協助學校推動相關業務（如親職講座、親師會等）。 ● 以家長身分，擔任必要之（或協助）家長諮詢。

＋ 知識補充站

即便是家長義工，若可以與輔導人員密切合作，不僅可以讓家長發揮所長、增加效能，更可將所學遷移到家庭與親子關係上，成為最佳「賦能」之展現。

單元6　輔導人員角色與功能

國小與國中（尤其是國小）學校的輔導工作效果，主要是靠主校政者（校長）是否重視輔導而定，校長若重視輔導工作，基本上會讓專業回歸到專業，讓專輔教師做自己專業範圍內的事務，不會讓其擔任教學或負責非輔導領域內的工作，這並不是說輔導教師不與其他相關單位或處室合作，而是特別強調讓輔導教師做他們所專長的事務。本章會將輔導系統中的不同輔導人員工作與功能做介紹，最後著重在專輔教師的功能上。

規劃學校輔導工作得要：依學校與學生需求做評估，進而進行計畫與執行規劃，還要做適當的人員、處室的溝通協調工作，最後做績效檢討（林清文，2007，p.87）。Weissberg（1982）歸納學生需求評估應同時兼顧三方面：調查學生使用輔導室（或輔導中心）的情形、問卷調查及學生的自陳報告，並依照學生身心發展理論為架構的驗證研究（引自林清文，2007，p.86）。有關學生使用輔導室或輔導中心的情況，通常在設計學生「初次晤談表」時，要學生填具或勾選想要晤談的關切議題，從這裡就可以大概知道學生的需求為何？當然還需要深入了解學生所填寫的內容作分析；倘若能夠做系統性的調查或是利用設計好的問卷，也都可以了解學生的需求及關注的議題為何？此外，教職員工或者是家長、社區民眾的觀察與訪問，也是了解需求的方式之一。了解不同層級學校學生身心發展與任務，再將全球和世界性的發展脈絡（如數位化、少子化人口老化等）列入考量，會有更精確的目標呈現。

一、班級導師

因為在國中小，級任老師或班級導師與學生接觸時間最多也最親近，因此班導都被視為是教育與輔導工作的第一線主要人員。國中、小班級導師的工作範圍包括：班務處理及班級經營，學生生活、學習、生涯、品行及身心健康之教育與輔導，特殊需求學生之關照和個案輔導，親師溝通與家庭聯繫，學生偶發事件和申訴事件處理，其他有關班級學生之教學、訓輔、總務等事務處理（王麗斐主編，2013b，p.67）。

導師是帶領綜合活動的最佳人選，因為他／她與學生最親近，班級導師若具備輔導、童軍和家政教育主修專長最佳，但更重要的是具備班級經營、活動設計、引導及人際關係的知能（林清文，2007，p.218）。綜合活動學習領域強調學生在真實生活中的實踐能力，協助學生表現自我並檢驗學習內容，重視學生在實踐過程中的體驗和意義，因此設計多元活動，讓學生有發展與學習的機會，同時鼓勵師生統整教材、將教學融入生活中，並鼓勵創新的教學方式，讓教師可以利用社區資源來教導學生（林清文，2007，p.209）。導師依據學生需求設計與帶領綜合活動，不僅可以多一堂與學生接觸、觀察與教育的機會，還可以在平日的學校生活中印證學生學習的成果與表現，也連帶評估自己的教學成效及可改善之處。

綜合活動課程的全面統整規劃與整體作業（林清文，2007，p.219）

- 活動需求調查
- 資源（經費、設備與人力）檢視
- 導師選任
- 決定活動目標
- 選擇活動內容與方式
- 增置設備
- 提供班級經營、活動引導及相關輔導知能研習活動
- 實施和績效評估
- 選用及補充活動材料

綜合活動學習領域最重要的實施原則（林清文，2007，p.209）

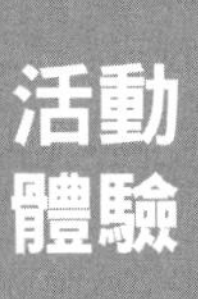

活動體驗

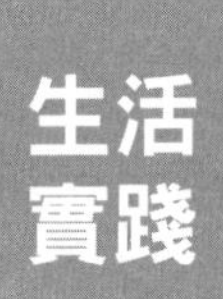

生活實踐

個別發展

學習統整

＋ 知識補充站

導師必須擅長於班級經營與師生關係、人際衝突與申訴事件的處理、親師雙向溝通跟家庭的聯繫，以及個案輔導並做適時的轉介。

單元6 輔導人員角色與功能（續一）

一、班級導師（續）

親師通常是最重要但也是最不容易的部分，尤其是在學生適應欠佳的時候，要與家長溝通，往往需要一些策略及技巧，才能夠達到雙贏的結果。班級導師不需要於學生在校遭遇問題時才與家長聯繫，此時家長的防衛是必然，若自己孩子常出狀況，當然不會想接導師的電話，也造成親師溝通的誤解或困擾。王麗斐等人（2013b，p.83）建議導師與適應欠佳學生家長的溝通可以：

（一）表達感謝與正向態度，肯定家長願意前來。

（二）協助家長表達他們對事件的了解、感受與想法。

（三）同理家長的情緒與感受。

（四）釐清與了解家長對於事情的期待。

（五）引導家長思考如何協助其子女從事件中學習、成長、適應與發展解決問題的能力，而非聚焦在究責的問題上。

（六）協助家長了解學校可能的處理方式、背後的善意，以及對學生人生發展的長遠意義。

（七）與家長找出親師合作的方式，並發展出良好因應的策略，必要時可將其子女轉介到輔導室進行二級介入性輔導。

二、認輔教師

教育部希望學校能夠善用認輔教師的資源，尤其是在第一級預防與發展性輔導，是很重要的人力資源。教育部對於認輔教師的功能敘述如下：經常性的陪伴與關懷，提供學生情感認同與行為楷模，危機問題的辨識與轉介。由於認輔老師會持續且固定地與認輔學生做個別談話和關懷，而且可以與導師及家長討論認輔學生的行為表現，加上保留與做記錄，可以更清楚學生的情況與進展。而其自身也定期參與輔導知能研習或個案研討會，增強自己的輔導知能（王麗斐主編，2013b，p.95）。

通常在甄選認輔教師的時候，會很注重認輔教師對於學生的關懷與態度，是否願意另外花費額外的時間及心力來關心與協助學生，這種對教育的熱誠，通常是甄選認輔教師的重要條件。此外，因為認輔教師需要與學生有相當程度的聯繫及接觸，因此認輔教師也可能需要與認輔學生的導師、任課老師或是家長、專輔老師等做適當的了解與聯繫，認輔教師在某些程度上等於是學生的「代言人」，在危機情況的時候，認輔老師與認輔學生之間的關係就變得非常重要！當然認輔老師可以用不同的方式來關懷學生，包括平常固定的談話、見面，或者是在上學時間不時有機會與學生做接觸，了解學生在學業、生活、家庭各方面的情況，並且給予學生適當的關懷與協助，讓學生覺得在學校不孤單，有個人關心他、也了解他，自然會願意修正自己的學習心態與表現，當然認輔教師也可以為學生尋找一些必要的資源來協助學生能更了解自己、更進步。

親師溝通要訣

- 不要有事情的時候才聯絡，而是平常保持固定的聯繫。
- 在與家長聯絡時，先稱讚孩子最近的改善以及表現，然後再給予建議或說明需要家長注意和合作的事項。
- 藉由課堂規定的作業，讓家長能夠積極參與學生的學習活動、也清楚孩子的學習狀況（像是在家庭作業中要求學生訪問家長最喜歡的食物、理由為何？）
- 在親師活動的時候，能夠事先與家長聯繫、而不只是用通知書來知會家長而已，而是在與家長電話溝通的同時，可以先說明此次親師活動的重點、也記錄下來家長想要問和想要知道的一些事情，除了了解未能出席家長的擔心與欲知事項，家長的出席率也會因此增加。
- 親師活動進行之前，導師能夠先準備好一切家長想要知道或需要讓家長知道的資料，如果可以的話，學校或導師也可以安排家長可能有興趣的議題（比如手機使用與管理、或 3C 產品對孩子發展的影響）講座，讓蒞臨的家長除了可以了解自己孩子在學校學習的情況外，也可以知道最新的資訊。
- 善用聯絡簿或相關聯繫方式，只要觀察或聽到學生的良好表現，都予以描述及稱許。

與家長溝通時（王麗斐主編，2013b，p.82）

- 以誠懇的態度並稱讚學生、再談問題。
- 運用正向語言溝通學生的問題行為（如「他很勇敢承認自己的錯誤，但這個錯誤有點嚴重。」
- 平時與家長保持聯繫，尤其是常跟家長報喜、鼓勵學生有好的表現，及運用聯絡簿、寫下學生的好行為。
- 以口語溝通，少用專業術語。
- 盡量用描述性的語句，用「情況描述」來取代「主觀評價」，客觀陳述學生在校的意外事件。
- 當學生發生事件時，即時溝通、不拖延。當學生在校發生危及安全、傷害或違反校規的事件時，老師應立即與家長溝通，溝通時最好先讓家長安心、情緒穩定。

＋ 知識補充站

通常認輔教師的遴選以熱心教育為第一優先條件，較願意聆聽學生、非批判性態度很重要，要不然只是將學生交給另一位威權人士，其效果不佳。認輔教師若加以訓練（可由專輔教師協助）或成立一個同儕合作團隊，更是一股重要輔導助力。

單元6 輔導人員角色與功能（續二）

三、輔導教師

倘若學校規模較大，有若干位專輔教師、或是其他專業助人者（如精神科醫師、臨床心理師或社工）的加入，自然在執行輔導相關業務時，較能得心應手。然而許多學校只有一位專業輔導教師之編制，因此也必須肩負起全校的輔導工作責任——規劃輔導工作重點、執行並作評估。然而之前一直強調，輔導工作絕非獨立可完成，因此專輔教師的規劃能力、聯繫相關資源並與其合作，都是專輔教師非常重要的能力與工作重點。許多專輔教師還是停留在個別作業的思維裡，因此經常面臨疲憊與耗竭的危險。儘管縣市政府會規劃專輔教師的定期團體督導或個案研討，但是通常因為經費之故，不能在短期內（如每月一次）進行，倘若遭遇學校或學生的重大事故需要處理（如天災或車禍），就會捉襟見肘、不足因應，甚至在學生或家庭發生生命重要失落事件（如父母離異或死亡、經濟變故），也無法做有效的善後與安撫動作，這樣的壓力會更增添專輔教師的耗竭速度。以下就專輔教師的業務與職責做一般性介紹。

（一）實施團體與個別諮商（包括心理測驗之施測與解釋），專輔教師主要工作是針對轉介或特別需要協助之當事人（學生、教師、家長等），提供個別晤談或團體諮商服務。

（二）規劃例行性、符合該校學生生態與需求的班級輔導（發展性、教育性與預防性），讓學生可以有所準備（如青春期或升上另一等級學校）或提前預防（如生命教育、霸凌防治）。

（三）提供家長、教職員與個案相關議題或親職諮詢。

（四）參與校內輔導團隊運作與會議（必要時承辦個案研討會議）。

（五）協助學校危機事件之處理與心理輔導預後工作。

（六）輔導相關業務行政（如個案記錄、匯報統整等經常性業務，以及建置以學校為本位的資源連結）。

若該校只有一位專輔教師且身兼輔導主任（或組長）工作，那麼其規劃與推動輔導工作就占很大的比重，甚至無法兼顧個諮或團諮等例行性業務。如果該校主政者又特別著重業績，要專輔教師申請政府或地方不同項目之活動與補助，不僅要像撰寫論文一樣擬定計畫，還要進行執行與最後結果／評估的責任。一般專輔教師需擬定輔導工作目標與計畫、推動與完成輔導相關活動（如個案管理、認輔、志工訓練、教師增能、親職活動、始業輔導、中輟生輔導、協助教師進行班輔等）、籌辦輔導相關會議、配合各處室相關教育活動等。

小博士解說

若全校只有一位專輔教師要肩負行政與多項輔導業務，很容易負荷過重而力不從心，因此專輔教師最好自己開始連結資源，並與教職員建立好合作關係，這樣就可以慢慢共同努力、謀求與增進學生福祉。

輔導教師三級工作項目與內涵（摘錄自王麗斐主編，2013b，pp.37-38）

輔導層級	工作內容	主要負責推動者	提供資源與協助者
初級預防	提升學生正向思考、情緒與壓力管理、行為調控、人際互動以及生涯發展知能，以促進全體學生心理健康與社會適應	全體教師	● 學校行政系統人員 ● 輔導教師（含主任、組長、專兼任輔導教師） 1. 規劃全校性輔導活動 2. 規劃輔導活動相關課程 3. 提供學生學習及生涯輔導之相關活動與課程 4. 規劃教師輔導知能訓練及課程 5. 規劃親職教育活動 6. 辦理及協助導師辦理團體心理測驗之實施與解釋 7. 輔導資料之建立、整理與運用 8. 協助學生適應環境增進自我認識及生活適應的能力 9. 參與學生輔導工作的執行與評鑑 10. 提供家長及教師輔導與管教相關知能之諮詢服務
二級預防	早期發現高關懷族群、早期介入輔導	輔導教師（含主任、組長、專兼輔教師） 全體教師 專業輔導人員（諮商心理師、臨床心理師、社工師及精神醫療人員等）	1. 實施個別諮商與輔導 2. 特定族群學生之團體輔導 3. 個別心理測驗的施測與解釋 4. 學校心理危機事件的介入與輔導 5. 重大事件發生後之心理復健與團體輔導 6. 校內輔導團隊的聯繫與整合 7. 協助建構輔導資源網路 8. 協助中輟學生之輔導 9. 個案之家庭訪視以及約談 10. 特殊家庭的訪視、協調與輔導 11. 提供親師輔導資訊與輔導策略 12. 適應不良、行為偏差學生之個案建立與輔導
三級預防	● 針對偏差行為及嚴重適應困難學生，整合專業輔導人力、醫療及社政資源，進行專業之輔導、諮商及治療 ● 在學生問題發生後，進行危機處理與善後處理，並預防問題再度發生	專業輔導人員（諮商心理師、臨床心理師、社工師及精神醫療人員等）	輔導教師（含主任、組長、專兼輔教師） 1. 個案管理 2. 支援重大事件發生後之心理復健與團體輔導 3. 學生嚴重行為問題之轉介，依個案學生狀況適時與專業輔導人員進行合作與追蹤 4. 精神疾病及心理疾病學生之轉介，依個案學生情況適時與專業輔導人員進行合作與追蹤 5. 了解、建立相關資源機構及網路（精神醫療團隊及機構專業助人團體等），並與之密切合作

單元 7　輔導教師或諮商師的連結功能與運用資源

一、以學校為基礎，成立輔導團隊

諮商不是獨立作業就可竟其功，專輔教師或諮商師在學校服務，除了要努力了解該校（或學生）的文化，與同仁（特別是其他處室）建立良好關係，行有餘力還要走出輔導室與學校、當地資源（包括硬體與軟體的人力）做有效連結，以這樣的生態觀點來進行輔導諮商工作可事半功倍。

絕大部分的小學或國、高中會要求班級導師擔任第一線的輔導人員，因為一來導師與學生相處時間較多（尤其國小還是帶班制），比較清楚學生個性、喜惡，以及家庭背景，也能就近觀察學生之表現或狀況；二來與學生關係較為親近、學生也較信任班導，願意與班導談論自己遭遇的困擾與議題；再則，班導與家長們接觸或聯繫時間較多，彼此較為熟悉，較早建立可能的合作關係，為了孩子的福祉，彼此可以互通有無、做適當的「政策連線」。因此，就主、客觀因素來說，教師希望可以成為一位人師與良師，輔導知能可以協助教師達成目標，同時也讓教師成為有效能處理學生問題的專家。因此與班級導師的溝通與合作是輔導有效的必要條件，雖然極少數班級導師以自己為本位，不希望他人插手自己班上事務（包括學生），甚至認為自己若求助於他人或輔導室人員，有損自己教師專業形象與自我價值，當然也有一些班級級任老師，老是把自己不喜歡的學生送往輔導室，這類型教師對於輔導工作都是需要克服的障礙，專輔教師要努力去突破。

許多教師或家長不了解諮商／輔導的運作或功效，常常會因為看不到孩子的進步或改變，而在有意無意中「破壞」了諮商效果，因此輔導教師／諮商師也要結合當事人的重要資源（包括重要他人），甚至如何讓師長注意到孩子的進步或改變，這樣才能夠讓當事人有繼續改變的勇氣與支持力量。

國小專輔教師設立之後，許多學校（特別是南部縣市）都只有一位專輔教師，要負責全校的學生輔導工作或親師諮詢，加上繁瑣的行政工作，很容易身心耗竭，因此若能與熱心的兼／認輔教師組成一個團隊，彼此可以討論、商議、支持與成長，將是緩解業務壓力又能增進輔導效能的不二法門。

雖然各縣市都有學生諮商師中心作為學校專輔老師的後送單位，但是，基本上學校的專輔老師還是需要負責該校所有的輔導業務，而後送的機制各縣市不一樣，通常需要經過篩選機制，耗時甚長，因此等到需要的服務到位時，可能學生已經轉校、學生問題可能已經不存在或者是更加劇，有點緩不濟急，加上學生諮商中心員額有限，若每位個案服務時間很長，可以提供的協助就更有限。

小博士解說

輔導工作不是自限於輔導室內，而是需要連結與結合相關在地與相關資源，讓當事人受到最好的照顧。

一般各級學校輔導教師知能與條件

- 服務對象之發展階段、特色與可能遭遇議題
- 諮商與輔導知能（班級輔導、個別與團體諮商）
- 資源建立與連結（包括在地資源與人力）
- 系統觀察與紀錄
- 方案設計與評估、資料處理與研究
- 教育及教室管理知能
- 溝通與親師諮詢
- 個案概念化
- 危機處理

輔導教師能力需求（整理自林清文，2007，p.70）

- 個別諮商能力
- 方案規劃與執行能力
- 輔導活動規劃及協調、訓練能力
- 量化資料處理能力
- 研究規劃及執行能力
- 個人特質的評鑑能力
- 團體輔導（與諮商）能力
- 設計宣導與諮詢能力
- 邏輯思辨
- 學生事務團隊資源整合與工作能力

學校輔導工作的溝通協調目標有四（林清文，2007，pp.95-96）

- 目標的溝通協調
- 工作項目或策略的溝通協調
- 工作權責分配的溝通協調
- 人力經費資源的溝通協調

+ 知識補充站

輔導教師是一門專業，但是也需要媒合資源、與其他專業人員（家長、醫師、社工等）合作，輔導教師要有較廣的生態、環境、脈絡觀點，才能夠真正為服務對象謀取更多的福利。

單元7 輔導教師或諮商師的連結功能與運用資源（續一）

二、整合及善用在地資源

學校舉辦許多相關的活動（像是運動會、家長會、親師座談、親職教育、危機處理、心理衛生等推廣活動）或演講，還有教師的家庭訪視等，不僅讓學校與家庭、社區關係更近，學校也可以回饋地方，同時讓社區家長更了解學校可以做些什麼、提供哪些服務；此外，校方及教師也可以進一步取得社區家長以及重要人物的了解與合作。

輔導教師和諮商師還需要了解在地的所有資源（包括物資、設備、專業人員以及人力），結合在地的資源，甚至整合在地資源做有效發揮，通常可以讓諮商輔導工作更具效能，也可以讓當事人懂得運用在地的資源來協助問題的解決，讓生活更舒適。輔導教師或諮商師也是社區的一份子，積極參與社區活動並提升社區居民生活品質與能力，也是諮商師與輔導教師的社會責任之一。像是若輔導教師或諮商師可以將「霸凌防治」成為該校（及該地區）的重點工作，並且做出效果（像是霸凌減少、友善鄰里），讓霸凌防治成為該地區的特色資源之一，這種「賦能」（讓當地居民有能力預防及處理霸凌相關事件）或將能力與資源留在當地的方式，可以成為社區的一項優勢，同時讓更多人因而受益。其他像是提供弱勢家庭的學童課業輔導、教會提供課輔場所、義工人員擔任個別課業輔導工作，也提供餐點或晚餐讓學童放學後可以略為充飢，更能專注有效學習。同時還可以做家長的親子或親職諮詢，甚至進一步做媒合、讓失業家長有工作的機會等等，這些一系列的相關輔助項目，不僅能夠讓弱勢學童受到照顧，也嘉惠其家庭，整個社區自然也會更具生產力與和諧。

三、支持團隊或團體

除了結合學校專／兼輔老師、導師、科任老師、行政人員以及職員，讓輔導工作能順利進行且更具效能之外，輔導教師與諮商師最好有一個屬於自己的支持或諮詢團隊（專輔教師團隊或與其他助人專業者結合），大家可以固定做個案研討、諮詢與督導，彼此支持打氣或者是分享相關新的研究或訊息，也可以一起參加研討會或者是演講（或研究）、做固定團體督導，讓自己的專業知能不落伍且更精進，同時可避免專業耗竭。當然，團隊之間的資訊分享必須要謹守專業倫理，特別是保密與界限維持的部分，不能犧牲或損害當事人的福祉。

目前同一學區或縣市的專業輔導教師，每一學期有固定的督導時間，然而這樣的繼續教育還是嫌少，有時緩不濟急。因此，若有地利之便，來自不同學校的輔導教師可以成立專業團隊，彼此互助、支持與鼓勵，甚至一起商量、解決面對的難題，這些不管是實質或是心理上的支持，都可以減少專業教師的心力耗竭，也可以進一步結合該區內不同學校的資源，大家戮力來為社區謀取更佳的福利。

小博士解說

雖然媒合工作機會不是輔導教師的工作項目，然而有時輔導教師較清楚可用資源與福利政策，可以幫助家長找到適當協助或補助。

可用之在地資源

- 學校、社福機構（如附近大學、家庭教育中心、縣市心理衛生中心或局處）
- 相關之互助協會或基金會（如人本基金會）
- 縣市學生諮商中心
- 求助熱線電話（如119、生命線、長照專線、醫院等）
- 社區家長、鄰里長、有力人士
- 私人諮商工作室或診所
- 教會或宗教團體
- 庇護或教養機構

支持團隊可以

- 固定時間聚會談論工作上遭遇之問題（經驗與專業分享）
- 資源分享與聯繫
- 個案研討（要注意資訊分享與保密之平衡）
- 提供情緒支持
- 固定聘請督導做進一步訓練與督導
- 激發與創發創意及處置方式
- 組成成長團體或讀書會（彼此支持）
- 危機事件時可提供經驗、分工與合作

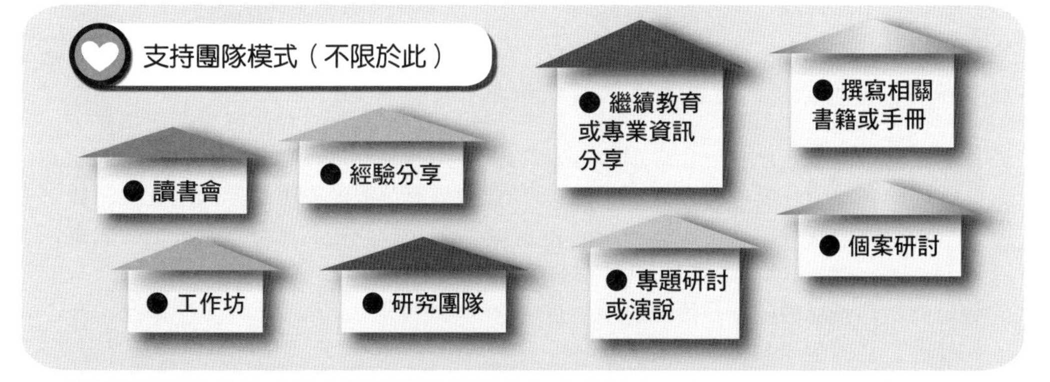

＋ 知識補充站

支持團隊裡的成員可以結合不同專業者，包含輔導教師（專、兼輔）、諮商師、臨床心理師、社工師、精神科醫師等，甚至是其他準專業人員（如義工、家長或家長會長）。

單元7 輔導教師或諮商師的連結功能與運用資源（續二）

四、輔導義工或股長之培訓

不少國小至國中階段有家長協助交通導護或說故事等義工團隊，主要是借用家長的專長協助學校，這是除了家長會以外，最能夠讓學校連結社區資源的一種途徑。雖然家長義工可以擔任長期的協助、其本身也會彼此做培訓與聯繫，然而許多家長義工在孩子畢業後就退出服務團隊，因此若學校能推廣心理衛生，讓更多的學生認識，這些能力可以陪伴他們很長一段時間，在不同場域發揮功效。

有些國小、國中或高中，班上有「輔導股長」這個職務的設置，通常他們的工作是屬於比較被動性的（像是將輔導室有關心理衛生的宣導傳單及重要資訊等張貼，將資料分發給班上同學，或是要舉行相關教育測驗等資訊的傳達），倘若可以更積極地培訓輔導股長或義工，或能夠多一份預防的作業，其實就可以減少往後所要耗費的社會成本。

輔導義工的培訓通常是從比較熱心、願意協助他人的人格特質開始篩選，有些學生比較有人際的智慧，在與人互動上也比較有技巧，甚至較有人脈。這些學生通常較開放、寬容、挫折忍受度高、也較快樂，倘若加以適當的訓練，可以讓他們覺察到一些可能需要協助的同學或者是關注的問題，將這些資訊能夠及時地與輔導教師做交換或討論，這樣也可以協助輔導教師做適當的班級輔導規劃和相關事宜的處理。

義工培訓內涵有時候視不同學校層級或需求而定，但是一般說來，較著重在第一級預防與教育的部分，包括如何辨識出危險情緒障礙或自傷、同學紛爭可以如何處理（如同「同儕仲裁員」）、若有同學遭受霸凌可以如何做初步協助等，當然也可以從更正向的角度做訓練，像是如何同理他人、傾聽他人的故事、用優勢的角度看他人、減少批判與評估、表達感謝與感恩、如何有效協助他人等。義工之培訓目標雖然是「成為輔導室可用之人才」，但是其更遠的目標是讓這些學生可以帶著這些能力與經驗，在目前與未來生活的各個階段與面向上都能使用。

另外，輔導教師也可以將成功人物當作自己的「專家資源」（這與「敘事治療」的「重新加入會員」觀念一樣），必要時由這些專家顧問出席協助有類似困擾的學生，像是曾是中輟、卻成功回到學校的「顧問」，或是在某個科目學習上有困難，卻克服成功的「楷模」，或提供學業家教，這些學生即便是畢業之後，還是可以邀請其擔任講座，分享自己經驗，對於學弟妹們的啟發與示範功能很大，也是其本身生命的重要成就與指標。

小博士解說

輔導義工可以是在編制內（如設置輔導股長）或編制外（如義工家長），除了職前訓練之外，還可定時做補強或繼續教育，不僅增加輔導工作人力與效能，還可以將輔導觀念生活化，成為個人之知能，運用在自己不同的生活面向上，也是輔導諮商普羅化的實踐。

擔任兒童諮商師注意事項（Erdman & Lampe，1996，cited in 王亦玲等譯，2015／2011，p.3-6）

一、了解兒童的認知與情緒發展程度。

二、資訊呈現的方法宜符合兒童的發展程度。

三、善用具體例子、實作活動、清楚的解釋規則，且對行為後果要小心解釋。

四、兒童的自我中心特性，讓他們無法看到其他觀點，或難以檢驗自己的想法與推理過程。

五、兒童對時間、次數、頻率常搞不清楚。

六、兒童的記憶力與期望可能是扭曲的。

七、要理解一個現實——兒童對他們生存環境中許多層面的問題，是無法掌控的。

八、兒童不想改變是可預料的，可能會出現哭泣、沉默、大笑、坐立不安、打架等行為。

兒童不可或缺的需求（Brazelton & Greenspan， 2000，cited in 王亦玲等譯，2015／2011，pp.1-7，1-8）

- 持續不斷的滋養關係
- 在（認知、肢體、語言、情緒與社會）發展上給予適當協助
- 基本人身安全保障
- 成人在適當的期待下設限，提供架構與指引
- 依據個別差異的適性發展
- 居住在穩定，支持與一致的社區內

＋ 知識補充站

當事人可能會餓或者是有依附問題的時候，諮商師偶爾可以提供一些飲料，像是藥草茶、果汁或者水給他們（Vicario，& Hudgins-Mitchell，2017，p.81）。

單元8 學校輔導工作目標與內容：各級學校的輔導工作重點

目前各級學校輔導工作，基本上可分為三個層次：發展性（或預防性）、補救性與治療性，或稱為「初級預防」（一般預防）、「次級預防」（早發現早治療）與「診斷治療」（危機調適）等三級預防。

學校輔導教師的工作當然涵蓋這三項，在「治療性」方面，有時候需要轉介給當地縣市政府的「學生諮商中心」協助處理，採取合作、協助的角色，通常是較為嚴重或需要較長時間治療的當事人。小型學校輔導教師通常只有一位，面對數百位師生，在時間上或是心力上常感不足，而學生諮商中心裡面有較為資深或有經驗的諮商心理師可以接手繼續進行治療，有時要配合精神醫師的診斷與藥物治療。

通常進行個別輔導的程序是：發現適應欠佳者（通常是行為、情緒或學業出現問題）→觀察與診斷問題行為成因→擬定輔導政策→進行輔導→修正處置方式、追蹤、評估。學校輔導工作不是輔導教師一人可以勝任，基本上需要從校長到工友、家長與社區人士的積極投入與參與，才可能成功圓滿。一來學生生活在家庭與社區裡，周遭環境對其影響重大，二來許多的行為或心理問題不是學生個人所造成，可能受諸多因素的影響。因此做好輔導工作，健全的社區與家庭是最重要的，當然也需要有對的政策與執行方式，才能竟其功！

學校輔導工作之目的，在於輔導人員運用專業知識關照學生需求，協助學生自我了解、認識世界，面對與適應學習、生涯、身心發展等議題，建立有益於個人及社會之生活目標，使其可充分發揮潛能，有最好的生活適應。以國中、小輔導工作為例：

一 國小輔導工作重點

（一）預防勝於治療（班級輔導與教育）；

（二）重視發展性輔導（了解孩子生理、社會、人格與情緒各方面的發展特色與需求，適時予以協助）；

（三）重視導師之輔導功能；

（四）重視親師溝通與合作；

（五）重視行為改變技術之運用；

（六）其他相關媒體的運用（如遊戲、繪畫、活動、音樂、繪本、演劇等）；

（七）重視特殊兒童（包括特殊才能或有障礙者）之鑑定、安置、教育與輔導。

二 國中輔導工作重點

生涯探索、發展議題（生理、性、情緒、獨立能力、人際關係、親密關係等）、藥物濫用或行為問題、壓力與調適、自我了解。此外，青春期是心理疾病萌發期，因為個體自身身心發展與社會要求雙重壓力下，更容易發病，也提醒輔導相關人員要注意。

小博士解說

一般將學校輔導工作歸納為生活輔導（或稱「行為輔導」）、學習輔導與生涯輔導等三項。

三級預防處理事項與方式

預防層次	第一級預防	第二級預防	第三級預防
重點	發展性或預防性	補救性	治療性
目標	協助學生或個人在生理、心理、情緒與社會成熟上的發展	當學生行為發生偏差、學習困難時，就需要介入處理，其目的是及早做補救與修正，避免問題坐大	當學生行為與問題發生嚴重偏差
處理方式	講座或宣導方式（實施心理衛生方案）	由認輔老師或是輔導教師諮詢或諮商、團體諮商	做適當環境安置、或轉介給諮商師或身心科醫師做較長期的治療
負責專業人員	導師、科任或認輔老師	社會工作者、輔導教師、諮商師	心理諮商師或精神科醫師

國中小生活、學習與生涯輔導目標與內容

	生活輔導	學習輔導	生涯輔導
國小階段	◎ 協助兒童認識並悅納自己 ◎ 協助兒童適應家庭生活 ◎ 協助兒童認識學校，並適應學校生活 ◎ 協助兒童認識人己關係，以增進群性發展 ◎ 協助兒童認識社區，並能有效運用社區資源 ◎ 協助兒童妥善安排並運用休閒生活，增進活潑快樂的生活情趣 ◎ 輔導情緒困擾等適應欠佳兒童，以疏導其情緒、矯正其行為 ◎ 協助特殊兒童開發潛能，並輔導其人格與社會生活之正常發展	◎ 協助兒童培養學習興趣 ◎ 協助兒童建立正確學習觀念與態度 ◎ 協助兒童發展學習能力 ◎ 協助兒童養成良好學習習慣與有效學習方法 ◎ 協助兒童培養適應及改善學習環境的能力 ◎ 輔導兒童升學	◎ 著重在自我認識，了解自我（包括個性、家庭、與性別）、能力、興趣 ◎ 認識工作世界與周遭環境 ◎ 了解工作特性與個人性格的相符條件 ◎ 了解職業存在之價值 ◎ 學習獨立作業及與他人合作 ◎ 休閒生活（兼有娛樂、自我成長與發展的功能）的重要性
國中階段	◎ 協助學生認識自我與悅納自己 ◎ 協助學生認識人際關係的重要性，並學習人際交往技巧 ◎ 協助學生適應家庭生活 ◎ 協助學生充實生活內容和學習生活技巧 ◎ 協助學生學習休閒生活所需具備的知識、技能與態度 ◎ 協助學生認識與關懷殘障同胞	◎ 協助學生認識學習環境 ◎ 協助學生了解國中小教學情境的差異 ◎ 協助學生培養主動積極的學習態度 ◎ 協助學生了解有效的學習策略 ◎ 協助學生準備考試 ◎ 協助學生檢討學習狀況與克服學習困難 ◎ 協助學生充實學習內容	◎ 著重生涯探索，協助學生探索與了解工作世界 ◎ 協助學生自我覺察興趣、能力、與價值觀 ◎ 了解勞動是貢獻社會的管道 ◎ 協助學生發展正確的人生觀 ◎ 協助學生熟知一切的教育機會、特性，並體認教育、生活方式、工作環境等之關係 ◎ 協助學生熟知各行業狀況 ◎ 協助學生了解社會經濟的結構 ◎ 協助學生建立對事物的價值觀，並培養其決策能力 ◎ 協助學生選擇及評鑑就業或再進修的方向 ◎ 讓學生熟知未來目標，確定其所欲擔任的角色 ◎ 協助學生有效安排工作與休閒時間

單元 9　學校輔導工作目標與內容：生活輔導

簡而言之，學校輔導工作內容主要含括「生活」、「學習」與「生涯」這三項，以下分別逐項詳細敘述與說明：

生活輔導或稱「行為輔導」，主要是針對一般學生，項目包含有日常生活、健康生活、休閒生活、社交生活、家庭生活、學校生活與人格發展的輔導。另外對於行為有偏差或是需要協助的學生提供教導、矯正與了解。學生的許多行為問題往往不是本身的緣故，而是反映出他／她當時所遭受到的壓力或是變故。學生的認知發展還未臻成熟，有時候心理或是情緒上的困擾或迷惑無法清楚表達，所以就以行為方式展現，輔導教師會將這些行為視為警訊或是學生發出求救的訊號，進行深入了解，而不是將其視為個人的偏差行為而已！學生的行為與其他生活面向的關係，如學業或人際關係等，都不應該切割來看，而是彼此互相影響的。許多學生或許擔憂家計，而未能在學業表現上充分發揮；有些學生可能擔心家人生病或是父母不和，無心放在學業上或是與同儕的互動上，自然影響到其成績表現與交友。

每個人都希望被了解、看到優勢，倘若其表現未達師長的標準、可能就會被忽略。而學生因沒有被看見或賞識，反過來就會認為自己不好，影響其自信，甚至會為了博得注意而做出讓人不喜歡或是厭惡的行為。助人專業者不應該與一般人有同樣的看法，因為受過專業訓練，這也是輔導教師與一般教師的不同。當輔導教師表現出願意去了解的真誠態度，學生就容易將心裡的困擾說出，師生就可以一起共商解決對策，學生的問題行為也就消失了。

學生出現需要關切的行為時，站在教學第一線的師長可以仔細觀察及記錄其行為出現的時間、頻率與內容。如果發現不對勁，先找學生試圖了解，同時與輔導教師及其他教師們商議，看看彼此的觀察有無相似之處。接著可以一起討論如何協助該生，不一定要先由輔導教師約談或做治療，先找學生最信任的師長會更為妥適、效果也更佳！

兒童生活輔導目標與內容是：

1. 協助兒童認識並悅納自己。
2. 協助兒童適應家庭生活。
3. 協助兒童認識學校，並適應學校生活。
4. 協助兒童認識人己關係，以增進群性發展。
5. 協助兒童認識社區，並能有效利用社區資源。
6. 協助兒童增進價值判斷與解決問題的能力。
7. 輔導兒童培養民主法治之素養，並協助其過有效的公民生活。
8. 輔導兒童妥善安排、並運用休閒生活，增進活潑快樂的生活情趣。
9. 協助情緒困擾等適應欠佳兒童，以疏導其情緒、矯正其行為。
10. 協助特殊兒童開發潛能，並輔導其人格與社會生活之正常發展。

小博士解說

以往導師還要做家庭訪視工作，現在的輔導教師有時也需要了解學生家庭與其境況，邀請家長前來是一種方式，有時家長工作忙碌或不願意前來學校，輔導教師也需要盱衡情況、做適當調整與安排。

兒童期較容易出現需要關切的行為（摘錄自梁培勇策劃主編，2009，pp.1-29）

偏差行為	特徵	行為表現	處理方式	共病（同時存在的疾病）可能
注意力缺陷／過動	注意力短暫、有衝動控制的問題	粗心、無法完成作業、無法依指示行動、遺失重要物品；扭動身體、無法靜坐、過度奔跑或攀爬、多話、搶著說話或打斷他人說話	藥物與行為治療	學習障礙 對抗行為 情感疾患（如焦慮、憂鬱） 妥瑞氏症
行為規範障礙與對立性反抗	無法維持適當人際關係、無法遵循社會規範	攻擊人或動物、恐嚇威脅他人或找人打架、破壞物品或欺騙；與人起爭執、故意挑釁、暴怒或易怒、責怪他人	藥物控制、認知行為治療、問題解決技巧	十八歲以後診斷為「人格違常」（需要長期治療）
焦慮性疾患	心悸、出汗、發抖、呼吸短促或覺得要窒息、胸悶或胸痛、噁心或腸胃不適、頭暈、不真實感、麻痺或刺痛感、發冷或臉潮紅、睡眠障礙	過度擔心而難以控制，會刻意避開讓自己焦慮的事物或場所（如社交或空曠恐懼症）	藥物控制或認知行為治療	恐慌症、憂鬱症或有藥物濫用問題
分離焦慮	害怕與依附對象分離	怕孤單而拒學或去其他地方、夢魘，預計要分離時，會有身體症狀出現（如頭痛、胃痛或嘔吐）	藥物治療、認知行為治療	憂鬱、焦慮
憂鬱症	其徵狀表現與一般成人或有不同	強烈情緒反應或行為改變，情緒悲傷或煩躁、行為無法靜止或活動減少、無價值感、自我批判、身體疲累或疼痛、食慾降低、失去興趣、孤立、學業表現失常、有自傷（殺）念頭	藥物與認知行為治療雙管齊下	焦慮、行為規範障礙、過動
選擇性緘默	沒有生理上的語言問題，大半時間不說話，在某些場合或是對某些特定人還是會說話	語言發展較遲緩、家長為人格疾患者、家人互動不良、出現在社經地位較低者	行為治療、藥物治療或社交技巧訓練	可能合併社交恐懼症、口吃或語言障礙
創傷後壓力疾患	遭遇重大失落或災難後的生心理壓力症候群、害怕失控	夢魘、難專注、強迫症狀、逃避、過度警覺或驚嚇反應、麻木、或失去現實感、解離症狀	藥物治療、認知行為治療、減壓團體治療	憂鬱、焦慮、恐慌
自閉症	大腦神經功能受損，導致缺乏與他人建立感情接觸的能力	刻板行為或重複動作、與人互動時無眼神接觸、社交關係貧乏、較無感受或表情、語言能力發展遲緩或有障礙、固執	早期介入、行為治療	過動、強迫性焦慮症、妥瑞氏症、情感性疾患、精神分裂症
學習障礙	語言或聽力發展受損、閱讀書寫或數學學習有障礙	思考衝動、注意力缺陷、學習動機與自我概念低落、社交技能差	行為分析與治療、社交技巧訓練、適性的教育（包括電腦輔助教學）	
智能障礙	智商低於七十、適應功能受損	缺乏適當溝通技巧、容易發脾氣、以破壞或攻擊性行為來表達情緒、被動依賴	行為治療與訓練	過動、情感性疾患、廣泛性發展遲緩、刻板動作

＋ 知識補充站

學校專任輔導教師直接服務項目有：個別諮商、團體諮商、班級輔導、全校宣導、信件或是網路服務、測驗、諮詢、資訊提供，以及教師、家長或學生增能訓練。

單元9 學校輔導工作目標與內容：生活輔導（續）

生活輔導包括學生的行為輔導，有些是因為發展階段受阻，只要加以教育、監控與協助，就可以恢復正常狀態。倘若是因為突發情況或自然災害而產生行為上的失常，就需要去探索原因並尋求資源，提供系統性之長期的規劃協助。由於兒童或青少年年紀尚輕，往後仍大有可為，因此在就學期間所發生的一些行為問題，我們都稱之為「偏差行為」，而不會將其視之為人格問題或犯罪行為，連法律都考慮到這一點，不將成年之前所犯下的輕微錯誤留下紀錄，其立意就在於兒童與青少年發展階段，難免會有摸索或犯錯的情況，都應給予適當修正機會；當然，隨著時代與環境變遷，價值觀丕變，許多國家也發現目前嚴重犯罪的年齡層下降許多，應該用嚴刑峻罰加以遏止，連鄰國日本都將成人犯罪年齡降為十六歲，可見一斑。

所謂的「偏差行為」指的是：偏離常軌、違背社會規範、主觀的痛苦或不舒服、功能失常、或不符合預期的反應（梁培勇，2009）。偏差行為產生的因素有許多，絕不是學童個人的因素而已，主要是生物、心理、與環境因素的交互作用所產生，因此必需要從較大的環境脈絡（生態）觀點來看偏差行為。

兒童期較常出現的偏差行為（若屬於發展性或心理層面者），經過診斷之後，醫療院所與學校就可以聯手一起協助，其預後情況甚佳。只是常常遭遇到的最大阻礙是家長，因為沒有家長願意承認自己的孩子「有問題」（汙名化），也擔心他人的眼光（認為自己是不適任的父母親）。然而孩子生病極少是父母親造成的，父母親有「病識感」、願意帶孩子去求助或找資源，才有可能讓孩子較快恢復健康與正常作息，況且現在醫療進步，許多處置方式的預後甚佳，不會耽誤孩子的未來。有時候校方會為了孩子考量自行作主、帶孩子去就醫或是做診斷，但是基本上孩子的監護權與親權還是屬於家長的，因此校方可以說服家長一起協助，就非常關鍵。

青少年由於生理成熟、自我期許以及社會所加諸的種種壓力（如不以兒童方式對待、加上負有更多社會責任），若本身有潛在致病因子（精神或心理疾病），就可能在青春期發病，成為另一種壓力源；此外，許多孩子是因為在生病（如憂鬱症、精神疾患）家長的養育下，有許多矛盾與困惑，在親情與作自我的衝突下，難免失去平衡，此時也需要更專業、多元的協助。有些孩子並不清楚自己的父母親生病了，礙於親情與社會眼光，總是委曲求全、也很難向外求助，此時學校老師們的觀察、探問與協助，可以補足孩子所缺乏的關愛與紀律，當然，還是不及家長的影響力大。

小博士解說

學生行為的管教與規範屬於學務處（之前是訓導處），但現在是與輔導兩處室的合作，輔導教師或較注重學生對行為的解釋、同理，並做適當的說服與改變。

學生較常出現的偏差行為（鄔佩麗、陳麗英，2010，pp.228-229）

行為種類	較常出現的行為
外向行為（有不滿情緒或壓力時，表現出對周遭環境的威脅）	如偷竊、暴力（言語與行為）、逃學或逃家、攜帶武器、破壞公物、參加幫派等
內向行為（或是「內化行為」，將外在環境所給的壓力轉向自身）	如自卑、憂鬱、懼學、人際問題（孤立、被排擠）、自殺或有自殺意圖
影響教室常規	如干擾教學、上課不當發言、上課睡覺、說謊、作弊等
學業方面的適應	如上課表現無聊、對所學無興趣、學習或考試焦慮（甚至出現身體上症狀，如腸胃不適、出疹子）、低學習成就等
其他不良習性	如有不良嗜好（抽菸、喝酒、吸毒、熬夜、上網）、衛生習慣欠佳、不懂禮貌等

現代生活變化速度快，加上大環境與科技進步，孩童所面臨的挑戰

- 競爭對象多，而且不是區域性的，而是全球性的。
- 要學習得更多，而且努力並不一定成功。
- 少子化的挑戰，備受寵愛或溺愛，家長期待高。
- 雙薪家庭多，許多原本的親職功能由補習班或外人所取代。
- 失能親職多，不少家長無法兼顧自己的親職責任，子女就無法受到應有的照顧，更甚者還有暴力與虐待情事發生。
- 電腦網路與手機平板入侵生活，彷彿生活中無法脫離電腦手機的掌控，甚至成為生活的避難所。網路世代的特色是較自我中心、自我感覺良好、少同理他人、將錯誤怪罪給別人、生活上較乏自律，也的確讓人憂心。
- 價值觀轉變，「速食」主義風行，青少年較無法容忍等待，許多東西或物品都要手到擒來，也不相信用功或是勞力的過程。
- 生活無聊感、無未來感，造成以玩樂、上網（手機）、嗑藥或其他娛樂性藥品來填補空虛。

單元 10 學校輔導工作目標與內容：學習輔導

學習輔導的目標是要讓學生可以有效學習，對學習有興趣，且能充分發揮潛能；協助低成就學生運用適當資源與方式，解決學習上的困擾；協助高成就或資優生發揮潛力、獲得最好成就。

學習輔導的目標與內容（引自王文秀、田秀蘭、廖鳳池，2011，pp.295-296），分述如下：

（一）幫助學生建立正確良好的學習觀念與態度，以利其終身學習。

（二）培養學生良好的學習習慣與方法。

（三）激發學生產生濃厚學習興趣。

（四）使學生實現學習的適切期望。

（五）輔導學生規劃學習時間。

（六）協助學生適應或調整學習環境、有效運用資源。

（七）診斷學生潛在的學習困擾。

（八）協助學生建立並發展有效的學習策略與能力。

（九）介紹學生運用學習所需之工具與書籍。

（十）培養學生主動針對需要，蒐集並統整資訊的能力。

（十一）培養學生獨立思考、判斷與做決定的能力。

綜而言之，也就是針對學生學習、課業、升學問題來提供指引與協助，包括補救教學，務期學生可以發揮所長、豐富生活。

學習輔導目標分為三項：（一）發展性措施——有效的教學；（二）預防性措施——以學習有困難的學生為對象，避免學習問題惡化；（三）補救性措施——對需要特別幫助的學生，應該採用個別補救教學、資源班課程活動、IEP（個別教育計畫）會議、特殊學生個案研討會等補救措施，來提高學生的學習能力（鄔佩麗、陳麗英，2010，p.215），依其不同目標有不同措施與行動（如右表）。

學習最重要的，除了天生資質（如智力、情緒穩定度）以外，還有許多環境脈絡因素。影響學習的因素基本上可分為以下幾方面：

（一）個人方面：性別、身心成熟度、準備度、記憶量、認知風格、情緒穩定程度、先前知識背景、學習經驗、學習方法與策略及時間規劃等，另外有無同儕支持與協助、同儕價值觀等。

（二）家庭因素：家庭經濟情況（可否提供良好學習環境與資源）、家長教育程度與期待、家庭氣氛、管教態度等。

（三）學校方面：教學設備、班級管理與氣氛、師生關係、教材適當性、教師之教學方式與態度等。

（四）社會方面：是否鼓勵學習、圖書館等相關資源之提供、電腦科技之普及與可接近程度等。

一般學校較常進行的學習輔導有（鄔佩麗、陳麗英，2010，p.215）：始業輔導（學生在進入新學習活動之前，了解後續活動目標、內容與進行方式，新生的始業輔導與轉學生的輔導也包含在內）、課業輔導（讓學生有效學習，提供其學習方法，培養學習態度與習慣）、升學輔導（協助學生做自我探索、學科探索與選組等）、與特殊學生輔導（提供適合學生能力性向之協助，除了資優教育之外，對於有情緒障礙或是學習方面有特殊需求的學生，應有個別化之輔導方案協助其有效學習）。學習輔導牽連甚廣，也需要學校相關團隊的共同合作與努力，效果才彰顯。

學習輔導目標（鄔佩麗、陳麗英，2010，p.215）

目標	措施
發展性目標	是以全體學生為對象，務期學生潛能得以發揮，因此有效率的教學讓學生可以學習有效是最重要的。像是提供閱讀讀物、徵文比賽、影片欣賞與討論等等，教師提供適當的資源與架構，讓學生可以有效學習並將之應用在日常生活中。
預防性目標	以若干學習有困難之學生為對象，為了避免問題惡化而所做的相關活動與方法，像是做性向測驗、或是潛能開發等課程，作為加強學生學習的效果。
補救性目標	是在問題發生之後，校方對於需要協助的少數學生做學習的救濟動作，像是加強課業輔導、適性或個別客製化的學習計畫、安排個案討論等。

影響兒童學習表現與成就的可能因素

影響因素	說明
個人因素	性別、身心成熟度、準備度、記憶量、認知風格、情緒穩定程度、先前知識背景、學習經驗、學習方法與策略及時間規劃、有無同儕支持與協助、同儕價值觀等。 個人能力落後同儕、社交技巧與溝通技巧障礙、發展性疾病（如智能或學習障礙、自閉、過動）、缺乏學習起點行為、缺乏動機與興趣、缺乏學習策略等。
家庭因素	家庭經濟情況（可否提供良好學習環境與資源）、家長教育程度與期待、家庭氣氛、管教態度等。 家庭結構複雜、家長期待不一（或過低、過高）、教養方式有歧異、家庭不睦、家庭經濟與資源問題、家庭價值觀（如不重視學業、重男輕女）、搬遷頻仍、家庭有創傷或失落經驗、家中有心理疾病或慢性病者等。
學校因素	教學設備、班級管理與氣氛、師生關係、教材適當性、教師之教學方式與態度等。
環境因素	居住社區與環境、圖書館等相關資源之提供、電腦科技之普及與可接近程度等。 所屬社區治安不良、公廟或信仰文化、社經較差或勞工密集地區。
社會因素	文憑主義、功利主義、市場主義（利益導向）等。

單元 11 學校輔導工作目標與內容：學習輔導注意事項

學習輔導其中一項是提供學生有效的學習技巧，包括：（一）提升學生的學習動機——主要是教師在教學上採用能引起學生興趣的教材與教法、滿足學生缺失性的動機（如勿讓孩子餓肚子上課）、讓學生確切了解學習的性質與對學習內容有所了解及目標為何、讓每位學生都有成功經驗的機會（也就是針對學生的能力來設計各種不同的作業）、善用教師的回饋來激發學生學習的意願（如對學生具體說出其表現特殊之處）（張春興，1996，引自鄔佩麗、陳麗英，2010，p.210）；（二）訂立學習計畫與時間管理——讓學生明白自己學習目標、履行計畫與步調、可以如何評估目標達成程度；此外，也要學生在上課之餘，能夠有效地安排自己時間，將時間做建設性地使用（如閱讀、準備課業、休閒安排等）；（三）有效閱讀方法（鄔佩麗、陳麗英，2010，pp.210-211）。

青少年的學習輔導還包括學習策略的教導以及練習，通常青少年會仰賴師長們給予一些容易記憶的口訣來學習某些科目，師長們當然也可以教導青少年如何創發新的記憶方式與深入學習的方法，甚至是一天不同時段學習的效率（如白天或入睡前適合背誦、每天中午做數學運算一題）。

此外，提供青少年適當的資源是很重要的，雖然現在網路發達、資訊爆炸，年輕學子有更多獲得資訊的管道，然而的確需要進一步將所得資訊做適當的分析、判斷與應用，這些資訊才能發揮其功能，因此如何讓學生能夠學習使用正確的判斷力，以決定資訊的真偽，就變得十分重要！雖然目前許多家長讓孩子參與補習班或安親班，也要進一步了解其學習情況與效果，與孩子及師長做充分溝通。許多孩子每天參與安親或補習班、才藝班，幾乎都沒有其他的時間可以自由應用，有的甚至連星期假日都被這些補習塞得滿滿地，讓他們幾乎沒有喘息的機會，這樣的學習壓力，到底成效如何？是否造成惡性循環（課業未起色，連帶也加重身體、心理的負擔）？的確也需要家長與校方注意。

然而，許多的學習還是需要下苦功才能將所學的扎根、或是經由練習來熟練。現在的孩子處於網路數位時代、資訊來源過多，也因此他們誤以為不需要去記憶或是深入了解，以至於他們所做的動作就是「下載」（download）與「卸載」（offload），因此也疏忽了學習的真正本意。

再則，兒童與青少年的同儕學習是這階段的主軸，因此如果可以請校內成績優秀、考上大學的校友、或者是一些偶像人物來分享一些學習的心得與策略，也是很好的方式。學習階段的人際與同儕關係嚴重影響其學習態度與成效，若有困難也要協助學生排除，有利於其學習與持續力。

小博士解說

不是所有的學生對於學校的學習都有興趣，但輔導教師可以針對提升學生學習動機、移除可能學習阻礙（如家長期待、學生學習困難）盡一份心力。

影響兒童在校表現的可能因素（Tucker，2017，p.271）

- 嚴重的發展遲滯
- 過動
- 與人的關係問題（像是忽視、虐待、不一致的照顧以及貧窮）

轉銜階段及轉學生的學習輔導

- 學生從國小進入國中或者從國中進入高中，學習科目會越來越多、也越來越有難度，因此除了安排新生始業典禮或訓練之外，若能夠進一步針對這個求學階段的學習及注意事項做全校宣導、適當的測驗（如學習或壓力量表）、與班級輔導的話，可能篩選出需要特別協助的學生，也更能夠協助學生進入狀況。
- 大部分學生進入新的學習階段，都經歷了失落經驗——也就是從熟悉的環境到另外一個嶄新、陌生的環境——因此失去了原來的支持及人際網路，而需要重建新的人際網路與支持系統，轉學生亦同。
- 轉學生可能因為不可抗拒的因素（包括搬家、父母親工作轉換、或者是學生本身在原學校的適應問題），因此做了轉學的決定，然而許多學校只是將轉學生安插到新的班級，卻沒有進一步去追蹤孩子的適應情況，也使得轉學生在努力融入新的環境時，較缺乏支持力量與資源，添加其學習與適應上的困難。
- 許多家長在處理學生的適應問題時，通常是以轉學作為因應之道，沒有針對孩子的適應問題做了解與解決，因此即便孩子進入新的環境，還是一直重蹈覆轍、也造成孩子一直轉學的惡性循環。
- 對於經常性轉學的孩子來說，失落經驗變成一種常態，也因此當他／她進入新的環境，通常不敢結交朋友，因為擔心這樣的情誼不能持久，也因此重複轉學的孩子，常常就是變成孤立無援的孩子，在人際關係上會退縮，也造成他／她不快樂的原因。

＋ 知識補充站

目前我國國小升國中之前的暑假，以及國中升高中之前的暑假，大部分的學校都有類似「轉銜輔導」的課程（主要是國、英、數），也就是讓兩個階段的學習差距能夠減少，以利下一階段學習的補救教學。

單元 12　學校輔導工作目標與內容：生涯輔導

生涯是我們賴以謀生與展現自己想要的生活方式，生涯輔導不是長大後才需要去思考的問題，而是從小就開始覺察與吸收、逐漸成形。生涯發展包含個人個性、興趣、想要的生活方式與工作等，因此「休閒」也相當重要，懂得培養一些嗜好／興趣或活動，不僅可以增進身心健康、打發時間、抒發情緒，也可以發揮創意、提高工作效能。一般針對生涯發展，都會強調三個領域的能力：個人——社會、學術、與生涯的（Emmett & Preston， 2001，p.75）。

生涯發展是持續不斷的過程，因此生涯輔導也要以動態與互動的角度來看學生的生涯發展，必須要同時兼顧教育與訓練者、雇主與政府的需求，以及因應勞動市場的變化（王文秀等，2011；鄔佩麗、陳麗英，2010）。以往是以傳統工作占優勢，近年來電腦科技的創新、以及人才競爭的張力，勞動市場的需求就產生了極大的變化，電腦技能是必要，而雇主也需要職員有移動的能力、不待在同一個地方，而是需要到外地外國出差、甚至常駐。

一、兒童與青少年生涯發展特色

兒童生涯發展特性包括：此時期處於生涯發展的「幻想階段」，對於未來職業的幻想，主要來自於對父母親職業的認識，接著他們的偶像人物就可能產生影響，近年對學齡兒童的調查就可見一斑，兒童們最想要做的是歌手與運動員，這與媒體風行的「我是歌手」類似的超偶節目有關。兒童對於職業有幻想的種類與內容外，還有職業的性別刻板印象（王文秀等，2011）。

青少年生涯發展特色包含：「幻想」、「不穩定」與「現實」三個階段。國小之後進入「不穩定」期，會出現興趣、能力、價值觀與轉型的認識與挑戰，最後才會顧及職場的實際條件與需求，正式進入「現實」期（鄔佩麗、陳麗英，2010，p.175）。

在國小階段的生涯能力是（Emmett & Preston， 2001，p.76）：（一）自我知識——了解正向自我概念的重要性、有能力與他人互動、了解終身成長與改變的重要性；（二）教育及職業探索——察覺教育成就的益處、了解工作與學習之間的關係、了解個人責任以及良好工作習慣的重要性、工作與社會的需求及功能有關、擁有技巧去了解與運用生涯的資訊；（三）生涯計畫——能夠了解生活中不同角色之間的關聯、熟悉不同的職業以及男／女性角色的改變、了解職業計畫過程。生涯教育首重自我認識（性格、興趣、能力與價值觀等），對自己了解越多，就會較清楚自己不喜歡的、以及自己有興趣的方向，也願意為厚植自己的實力而持續努力。

小博士解說

許多被診斷為有發展障礙的兒童與青少年，常常是根據他們的行為、而不是這些行為底下的可能因素所做的診斷（Vicario， & Hudgins-Mitchell，2017，p.85）。

兒童與青少年生涯輔導目標

階段	生涯輔導目標
國小階段	◎著重在自我認識，了解自我（包括個性、家庭、與性別）、能力、興趣 ◎認識工作世界與周遭環境 ◎了解工作特性與個人性格的相符條件 ◎了解職業存在之價值 ◎學習獨立作業及與他人合作 ◎休閒生活（兼有娛樂、自我成長與發展的功能）的重要性
國中階段	◎著重生涯探索，協助學生探索與了解工作世界 ◎協助學生自我覺察興趣、能力與價值觀 ◎了解勞動是貢獻社會的管道 ◎協助學生發展正確的人生觀 ◎協助學生熟知一切的教育機會、特性，並體認教育、生活方式、工作環境等之關係 ◎協助學生熟知各行業狀況 ◎協助學生了解社會經濟的結構 ◎協助學生建立對事物的價值觀，並培養其決策能力 ◎協助學生選擇及評鑑就業或再進修的方向 ◎讓學生熟知未來目標，確定其所欲擔任的角色 ◎協助學生有效安排工作與休閒時間

3C產品對孩子發展上的影響（Goodwin，2016）

孩子發展	影響
依附行為與關係	家長使用手機影響與孩子的直接面對面互動，也影響孩子日後與人的互動／關係。
語言	孩子需要從與家長互動對話中培養其語言能力。
睡眠	手機或電視藍光影響孩子的睡眠節律，孩子無法獲得充足有效的睡眠，影響其專注力與學習。
遊戲	手機遊戲讓孩子處於較被動角色，孩子還是需要傳統的遊戲活動——激發其創意、建立與人互動及合作能力。
身體活動	身體活動有助於腦部與身體發展。
營養	接收不良食物訊息或飲食不定時，都會影響孩子的營養攝取與發育。
執行功能技巧	影響孩子的專注力（如同時開許多電腦視窗）與學習力（孩子只是從電腦或手機「下載」與「卸載」，沒有真正去記憶或吸收）。

＋ 知識補充站

目前生涯發展教育議題所舉辦的活動項目不一而足，如：教師研習、教學活動、專題演講、參觀活動、宣導說明會、座談會、成長營、影片欣賞、博覽會、刊物、展覽或參觀活動、生涯檔案等。

單元12 學校輔導工作目標與內容：生涯輔導（續）

二、兒童生涯輔導的目標與內容

國小階段的諮商師可以在生涯輔導上協助學生（Miller，1989，cited in Muro & Kottman，1995，p.352）：（一）提升他的自我覺察；（二）提升自我技巧（如合作），以及（三）提供學生有關工作世界或領域的資訊。兒童生涯輔導的目標與內容是：

（一）增進兒童的自我覺察：認識自己、了解自己的能力與特性，進而喜歡、悅納自己。

（二）培養兒童正確的職業觀念：每個人的工作都有益於社會發展，也是個人回饋社會的積極方式。

（三）培養兒童正確的工作態度：盡力、真誠、責任。

（四）讓兒童了解教育與未來職業之間的關係。

（五）了解社會經濟狀況：了解個人工作與社會經濟之間的關係。

（六）增進個人對工作世界的認識：增加生活經驗，也從自己的日常生活中認識不同的工作與所需的能力。

（七）學習做決定的基本技巧：從日常生活中的選擇與決定開始，讓兒童學會自己做決定、也負起責任（像是選擇上學要穿的衣服、放學後學習什麼才藝等）。

青少年階段則是著重在生涯探索的部分，除了認識自我與工作世界之外，也要開始了解自我能力與工作之間的相關與連結（請見右圖），以及做決策及執行的能力。

三、生涯輔導進行方式

做生涯決定的三種資訊來源（引自劉焜輝主編，2010）為個人、個人與環境的關係，以及關於教育與職業的資訊。個人訊息可由自我探索而來，環境探索則是可以獲得人與環境的探索（對社會與經濟發展的了解、可能有的生涯阻力與助力之分析、家人或重要他人看法等）及資料探索（包括職業、教育與社會生活，可藉由出版品、媒體或網路訊息獲得）。

生涯輔導的進行方式，包括課堂上的講授與介紹、興趣與職業性向測驗、參觀與觀摩、網路連結與搜尋、建教合作、個別或團體輔導，甚至提早汲取經驗，也可以結合教育活動（包括教學、升學博覽會、資料展示、校友返校座談、社會人士經驗分享）；兒童方面可以用體驗式的教學，也可以讓他們從家人那裡了解工作性質。兒童生涯輔導主要目的是在「職業自我概念」的發展，著重其生涯的覺察。對於自我的認識攸關其生涯的面向，唯有讓兒童很清楚自己的能力與特性，才能夠對工作世界有更多的認識之後，將自我與工作世界做適當連結（哪些工作需要什麼能力，而我有什麼能力）（王文秀等，2011）。青少年階段可以有更多管道接近工作世界的環境，有些學生已經開始半工半讀、有打工經驗，或藉由建教合作，更能夠學習到除了技術層面之外，與人互動、工作態度與問題解決等能力，也對自己未來願景更清楚。

教育部頒12年國教「國中與高中職學生生涯輔導實施方案」生涯輔導目標

輔導目標	說明	內容
了解生涯發展的意義	目的在於喚起學生對生涯發展歷程的了解與接納，使學生在父母與師長的引導下，根據個人需求與現實環境之考量，開展最有利於其發展的生涯方向	(1) 了解生涯發展觀念與生涯規劃的重要性 (2) 了解個人對生涯發展的關鍵性角色 (3) 了解教育與工作、休閒及家庭生活的關係 (4) 了解生涯規劃應考慮的因素與個人生涯發展（未來教育、職業及生活方式）的關係 (5) 了解終身學習對適應未來生涯的重要性
探索與認識自我	目的在提升自我覺察與生涯覺察，加強對自我的了解，探索個人歷經不同時期的自我變化，進而更能接納自我，掌握影響未來發展的各種情境因素，做更好生涯規劃的準備	(1) 評估自己的能力、性向、性格、興趣、價值觀等特質 (2) 探索自己對各項特質的態度與接納程度 (3) 了解影響自己未來發展的「助力與阻力」 (4) 了解家庭、社會與經濟等外在因素對未來生涯發展可能的影響 (5) 擴展生涯發展信心
認識教育與職業環境	透過協助學生於自我認識的基礎上，進一步探索與個人特質相關之各項環境與資訊，做為生涯進路選擇之依據	(1) 了解學校教育目標、課程安排、進路選擇與未來工作間的關係 (2) 認識不同工作類型內容與各職業所需之能力 (3) 了解不同職業對個人的意義及對社會的重要性 (4) 了解升學進路與未來就業途徑及應做之準備 (5) 了解各行業發展趨勢與未來人力供需概況
培養生涯規劃與決策能力	目的在培養學生熟悉抉擇技巧，使其於未來面對抉擇情境時，能以理性的方法與態度做出最適切的決定，並據以擬定適切的發展計畫	(1) 了解自己的生涯願景、工作價值觀與生活風格 (2) 學習解決生涯問題及做決定的技巧 (3) 學習整合個人能力、性向、性格及興趣，做出合適的生涯決定 (4) 學習根據生涯決定擬定生涯計畫並能適時有效調整 (5) 學習如何與父母等重要他人討論「生涯規劃」問題
進行生涯準備與生涯發展	目的在配合所做之生涯決定，培養生涯發展上所需之各種態度或能力，以確實執行所擬定之生涯計畫	(1) 學習主動蒐集、評估與運用生涯資訊 (2) 增進人際溝通技巧與時間掌控能力 (3) 培養適切的工作倫理與工作態度 (4) 熟稔就業市場資訊網與求職管道 (5) 認識職場權益、義務與社會投入

青少年生涯教育涵括面向

- 自我覺察（自我認識）
- 教育覺察（所學的能力）
- 生涯覺察（自己想要從事哪些範圍的工作、自己想要過怎樣的生活）
- 經濟覺察（對於世界經濟趨勢、社會現況、家庭經濟情況的了解）
- 做決定（分析及評估資料與情勢、考慮可能後果）
- 起始能力（先備的能力為何、可以持續發展否）
- 就業能力（哪些能力與職業能力有關）
- 態度與鑑賞（對生活與人的態度及價值觀）

單元 13 學生資料蒐集（含測驗）與運用

學校針對學生的家庭、學習與生活等面向的了解，主要是靠許多資料的蒐集與累積，包含書面與非書面的資料、觀察、參與活動情況等，這些資料可以協助教師與家長為學生提供更有效的服務與協助。學生資料的蒐集包含：（一）學生資料表（如AB表）——是由學生自行填寫的基本資料（含自傳）及正式的成績或學習紀錄；從學生撰寫的家庭概況可以初步了解學生成長環境與可能需要留意的議題（如家庭結構、家人關係、教養方式等），也可以略為知道學生對自己的期許與學習狀況。（二）評量表——學校針對教育之用的興趣、能力、性向、人格或適應等測驗，可藉由標準化測驗、對照類似學生族群的常模，了解學生不同面向的成長與挑戰。（三）觀察——輔導教師、家長、導師或科任老師與教職員等，對於某位學生的接觸與觀察，提供了解學生在不同場域與他人互動及學習的真實情況。（四）家庭訪視或與家長接觸——除了可以知道學生的生活環境與附近社區特性之外，還可以了解學生與其家庭周遭之可用資源為何。單一測驗不應該作為重大決定（如安置或診斷）的依據，而是應該搭配其他觀察、學生成長或醫療史、家人或教師提供的資訊、醫師診斷等資料做統整判斷，而對測驗的解釋，也要注意測驗當時受試者的身心狀況、環境因素等條件。

有三種資訊是諮商師需要考慮的：當事人所描述的、觀察當事人，以及治療關係的觀察與反思（Okun & Suyemoto，2013， p.127）。當然資訊蒐集是涵蓋整個諮商過程，也因此隨著諮商進程與資訊越詳細，也會影響到個案概念化與接下來的處置動作。資料蒐集還包含當事人的醫療史、家族史、相關測驗或診斷、父母婚姻狀態與人際情況、小時記憶或創傷經驗等；諮商師在面對當事人時，可以依據當事人所陳述、偶而請其釐清或詢問相關問題，注意觀察或做自我省思，切記不要因為自己好奇而詢問當事人隱私、或者是與當事人無關的人事物（如當事人提及朋友，諮商師就讓其繼續說下去，有時可以問一下：「你從剛開始就一直提到這位朋友、還有你們曾經一起經歷的事，我很想知道這位朋友對你的意義為何？」）。許多資料可以互相佐證，有些諮商師會認為當事人說的不是事實而打斷（如學生打人卻說是被打），其實也不必要，就如同上例一樣，可以進一步詢問當事人細節以及對其之意義。

測驗也是收集與了解學生的管道之一。學校輔導工作中的測驗服務可以分為接案、施測、解釋結案與轉介等四個步驟（林清文，2007， p.158）。目前學校較常進行施測的是以國中及高中為主，有些國小也會有一些教育測驗（主要看學校的財務及購買的測驗而定），基本上都屬於符合學生發展階段所需的教育測驗（如興趣、性向與能力、人格、生活適應等）。

學生資料的蒐集方法（宋湘玲等，1991，pp.317-332）

測驗法	問卷法	晤談法	觀察法	個案研究法
以標準化工具測量個體行為、能力、知識或技能之多寡。	以一主題為範圍、調查主觀意見或客觀事實。	藉由面對面談話方式，就某主題了解受訪者之主觀意見或事實。	在自然或控制之情境中對個體行為進行觀察、記錄並做分析解釋。	針對個人、家庭、團體、機構或社區進行深入研究與了解，蒐集現況、過去經驗、環境因素等進行分析。

學生評量步驟（Minor，1980，引自宋湘玲等，1991，pp.308-317）

1. 覺察評量的必要性
2. 確定評量目標——希望藉此達成什麼？
3. 將決定具體化——選擇或分類？
4. 評估或預測，要對照何種標準——常模、標準、預期或自我參照？
5. 蒐集資料、進行實際評量
6. 分析與解釋所得資料
7. 溝通評量結果
8. 協助判斷或做決定、提供回饋

測驗功能（宋湘玲等，1991，pp.318-319）

- 測驗可以做為諮商前的診斷
- 為日後的諮商服務鋪路
- 引導諮商的過程
- 增加當事人做決定的經驗
- 協助當事人做決定
- 促進諮商晤談
- 可以激發學生的興趣
- 作為研究之用

＋ 知識補充站

測驗的種類有智力測驗、性向測驗、成就測驗、人格測驗以及興趣測驗。

單元 13 學生資料蒐集（含測驗）與運用（續）

若有危機事件發生，紀錄與資料保存就非常重要，倘若發現學生可能需要其他資源的挹注、甚至學生可能有教育（如學習困擾）或情緒上的問題（包括過動、統覺失調、衝動控制或憂鬱症），也可以做初步的診斷、篩選，然後進一步轉介學生到身心科醫師那裡去做確認，並擬定協助方案或計畫，持續輔導與追蹤，因此觀察、初評、諮詢、連結資源的能力很關鍵，這些資料都要仔細記載與保存。

一般屬於心理疾病範疇的評估或診斷，通常需要受過系統性訓練、取得資格之後，才能夠進行施測；若是一般的教育測驗，則需要經過一些施測的訓練（如施測程序、指導語、解釋）就可以進行施測。在解釋測驗結果時要特別注意：測驗解釋過程要引導案主參與思考；測驗結果不確定或模糊的部分，應被視為解釋過程的討論焦點；各種測驗的實施和結果的取得，都需建立在特定的假設之上；有時當事人可能抱持著要確認自己的能力、興趣或人格特質而來做測驗，就要催化及引導當事人做進一步探索（林清文，2007， pp.162-163）。一種測驗不應做為重要決定的唯一參考，而是需要輔以觀察、當事人其他相關資料、諮詢重要他人與其他教師等，才能夠協助其做重要決定或安置。測驗與學生資料的保存也有規定，特別是保密、誰能接近與使用，以及銷毀的部分，有些補習或是商業相關機構會利用學生與家長資訊、做為招徠學生或其他用途，輔導室必須與學校其他處室密切合作，勿讓個人資訊外流、甚至惹上官司（如洩漏個資或妨礙秘密罪）。學生學習轉銜（如轉學、升上另一學習層級）時，除了轉學有資料的轉移之外，其他學習層級沒有做這樣的轉移銜接動作，當然也因為是學生資料要注意維護，但是若有特殊情況（如學生罹患特殊或心理疾病、犯罪或虞犯保護管束），往往要靠在新學習層級單位的相關人士自己去蒐羅、詢問。

較大學校輔導室的編制還有「資料組」，除蒐集學生資料，提供教育與輔導用途之外，還可以陳列或提供一些生活、職業、教育與升學等相關資訊，雖然現在網路科技發達，許多機構或學校也將其相關資訊電腦化、公布在網站上，同時做了許多友善、可輕易接近使用的設計，但是若有紙本資料讓學生可以隨手翻閱，不僅閱讀起來較方便，也可以就近就教輔導室老師們。

此外，輔導室也可提供心理衛生相關的資訊、報導、書籍或雜誌、影片等，讓學生有機會翻閱與認識，甚至進一步做深入了解，同時可提供系所相關的營隊資訊（與教務處合作），甚至邀請相關系所畢業生或師長、本校畢業學生做重點式介紹與演說，經驗的傳承或現身說法，比較能夠深入脈絡、回應學生的疑慮或問題。輔導室提供主題週活動，讓學生或教師可以前來了解或諮詢。

國、高中測驗較常聚焦在

- 性向、能力測驗
- 生活適應測驗（包括憂鬱量表）
- 興趣、生涯測驗
- 人格測驗
- 學習診斷測驗（用來了解學生是否有學習上的障礙，需要進一步轉介、安置或協助）

測驗應具備的條件（宋湘玲等，1991，pp.319-320）

條件	說明
信度	指前後幾次測驗所得結果相符的程度，也就是測驗可靠的程度。
效度	是指一個測驗能夠測出它所要測量的某種行為或特性的程度，也就是它的正確性如何。
常模	是指某個範圍的群體在該測驗上表現的情況，可以用來評定和解釋個人的測驗分數。
實施與計分便利	施測過程要簡單且標準化，計分方式簡易、明確且客觀，測驗結果的解釋方便易懂。

解釋測驗結果（林清文，2007，pp.171-172）

- 輔導教師在解釋測驗之前應先檢視本身的測驗資格和能力。
- 測驗實施者應詳讀測驗的指導手冊並參照其指示方式解釋測驗結果。
- 測驗結果的解釋對象應只限於學生本人、家長或法定監護人。
- 解釋測驗結果應參考其他測驗的結果或其他方法得到的學生資料。
- 解釋測驗結果應盡量做描述性與事實性的說明，避免批判性的評斷。
- 解釋測驗分數時，應引導受試者就測驗結果表達反應與感受。

＋ 知識補充站

資料的使用主要是輔導、教學、行政與學生自我了解（宋湘玲等，1991，p.339）。資訊的提供還是較為被動，得需要學校相關人員腦力激盪、創發出一些新的執行或推廣方式，因應網路世代，讓師生家長都能夠主動自行汲取吸收。學校例行之教育或心理測驗應該要與時俱進、適當的對照常模，過時或久未修正之測驗不僅無效、也無參考價值。

單元14 個案輔導會議

專任輔導教師在必要時，需要召開個案輔導會議，請校長、學校不同處室的負責人、導師、科任老師、資源教師、家長，以及相關的社工或是觀護人等，群聚在一個會議室裡，大家一起來討論以下議題：目前處理的某特殊個案的主訴議題、相關背景資料、已經進行的教育與輔導策略、遭遇的困難為何、接下來該怎麼做等，相關人員腦力激盪，可以更全面地明白此位當事人的背景脈絡、可用資源，並達到共識，思考接下來的可行方式為何？因為一般在處理某位學生的議題時，經常是不同的處室或人員從自己的觀點或立場、針對學生的需求做處理，彼此之間較少照會或討論，因此倘若在做特別的處理（比如說安置或者是需要尋求其他機構的協助）之前，可能就需要做一個比較統整、充分的討論，相關的協助人員可以更了解彼此對於同一位學生所進行的策略以及效果、同時也明白其他人站在不同的角度是如何協助這位學生的、效果又如何？當然也可釐清家長可能的迷思，進一步取得家長的合作、一起協助孩子。

然而，許多個案輔導會議已經變成類似是結案或想要對學生或家長做交代的一個「善後會議」。通常是已經處理某位學生問題卻無預期效果、或是擔心學生步入另一階段的學習（或進入社會）之後，該如何協助的建議，最後都是做成決議，參與者一致同意（或背書）而已，對當事人的未來並沒有多大助益。比如說，一位學生即將畢業，但是他的精神狀況可能不足以勝任接下來的學習，而所參與的各處室人員與相關人士，會針對這個學生的背景資料、相關測驗或評估、主訴問題、以及輔導策略與成效，做一個摘要報告；接著可能會建議家長（如持續看醫生、吃藥、或是在生活上做哪些安排）或者是就接著下一階段的學習（如進入高中或大學），學生可能需要的協助與資源做一些建議，但是這些建議或資料會不會轉到下一個階段去?通常沒有人去追蹤。因此，理想中的個案輔導會議應該是在發現學生有特殊的問題或需求，得要連結各處室或者相關人員的資源挹注與協助時，就召開個案輔導會議（做更周全的計畫、資源結合與執行），但是許多學校卻將其當作「結案會議」來做，這與當初的想法有落差。因此，即便召開個案輔導會議，時間上都有點太遲、且目的不同。參與的專輔教師會認為自己的專業不受重視、未顧全學生福祉，家長認為只是學校給家長或上級一個交代、卻沒有好好照顧自己的孩子，這麼大陣仗開個會議，質疑其目的並非正向或有實質意義。

小博士解說

個案輔導會議其目的是針對某位當事人做較全方位的評估與協助，集結各相關人士的資源與挹注、做最節省及有效的處置，並做持續檢討與評估。

個案輔導會議要點（王麗斐等，2013b，p.137）

- 收集受輔學生的生態系統、相關人員對個案問題的觀察和了解，以及過去曾運用的輔導策略與成效，以形成個案問題的初步假設。
- 共同討論形成共識，擬定適當的個案輔導計畫。
- 分工執行個案輔導計畫，並定期檢討成效、修正及追蹤。

溝通的目的（林清文，2007，p.97）

- 增進共同目標的形成或釐清，凝聚力量
- 降低本位觀點的限制，增加可行性
- 了解需求的先後緩急，提高資源使用的效率，減少閒置浪費
- 增進相互了解，培養工作情誼
- 達成組織任務與滿足個人需求

輔導室人力資源（摘錄自王麗斐等，2013b，pp.33-35）

職稱	工作項目
輔導主任	擬定全校輔導工作計畫，編列輔導室預算，策劃與推動學校與社區關係，協調各處室推展輔導工作，並整合形成輔導團隊，督導各組輔導工作，提供諮詢服務，檢核輔導工作成效，統籌及協調校內外資源與運用，主持輔導工作與個案會議等。
輔導組長	擬定本組相關計畫與執行，規劃並協助教師實施班級輔導與教師知能研習，配合各科教學之輔導活動，辦理親職教育活動，建立志工制度，籌畫新生始業輔導，處理學生疑難問題，推行個案研究、個諮、團諮活動，實施個案管理，建立輔導資源網路，進行中輟生輔導等。
資料組長	實施與運用各類心理測驗，學生資料之建立、轉移、保管、分析與運用，蒐集與提供升學就業資訊，辦理畢業生追蹤調查與輔導，建立與管理學生資料，辦理生涯或技職課程，輔導活動教具製作保管與推廣，出版輔導相關刊物，辦理輔導室設備與布置等。
特教組長	擬定及執行與本組相關業務和計畫，辦理特殊生推薦、觀察、評鑑、安置、教學等事宜，規劃與督導特殊生個別教育計畫檔案之建立，辦理特殊生展演及競賽事宜，辦理教師與家長特殊教育知能研習，辦理特殊生之獎助或補助事宜，組織及運作特殊教育推廣委員會之事項及特殊教育評鑑，辦理特殊教育教材之研發或相關研究等。

單元 15　學校輔導倫理

在學校機構擔任輔導教師通常會有角色衝突（同時是諮商師與教師身分）的問題，而且兩個角色對於學生的要求不同，校方及學生對於教師與諮商師的期待也不同，倘若諮商師或輔導教師還擔任課程教學，角色權責就更加複雜，與同事、學生的關係亦同。學校諮商師需要在三個不同族群（服務的學生、學生家長或監護人、學校系統）之間取得倫理與法律上的平衡（Corey et al.，2011／2014，p.201）。就如同先前所提，諮商師並非獨立作業，需要接觸與連結相關資源及系統，學校諮商師與家長的關係就是合作的夥伴關係，可是又需要維護學生當事人的隱私權與自主權，又該如何拿捏？

我國自從學校輔導工作倫理守則在105年通過以來，對於在學校單位工作的輔導或諮商人員職權有較明細的規範。除了要注意學校政策、家長監護權以及學生權益之外，最容易出現的是保密及「通報與否」的問題。倘若校方刻意施壓、不希望案例向上呈報，以免影響招生或校譽，諮商師該如何做？若是校方的意見與諮商師不同，或者是家長不希望孩子被汙名化、不往上通報，怎麼做才是符合學生最佳利益？在通報之後的追蹤輔導是必要的，而不是以通報為了結、或是置之不理。

為了維護學生的學習權，諮商或輔導教師除非必要，最好一學期內不要固定在同一上課時段與學生晤談，以免剝奪其受教權益，因此即便是長期個案，也要注意晤談時間的安排。學生當然也有參與或不參與輔導相關活動的選擇，即使學校專輔教師接的多半是轉介過來的個案，當事人也有選擇參加與否或終止參與的權利。諮商師及輔導教師要注意與當事人界限和角色問題，不能以一己之私剝奪或侵犯了學生權益；此外，在紀錄的撰寫、保存、傳遞與分享也有相關規定。

學校輔導工作倫理特別規範了「校園合作」這一塊，除了重視團隊間的合作、資源共享外，也提到紀錄的傳遞與溝通，儘管文義上是鼓勵團隊合作，但是若不同單位或專業背景不同，對於個案或事件的認知與定義不同，要進一步合作的確有其難度，像是各縣市成立的學生諮商中心，基本上囊括了諮商師、臨床心理師與社工師，背景與受訓的範典（paradigm）不同，對於事件或其肇源的觀點亦各異，自然也影響接下來的個案概念化及處理方式，更遑論合作。若要以當事人利益為最佳考量，還要異中求同，溝通與摒棄本位主義才是上上之策！另外還有轉介與通報的處理，以及關於線上諮商、測驗與研究、評鑑與諮詢的規定也在其中，但是當然，列出的只是大方向的原則而已，面臨實際的倫理議題或兩難時，還是需要切記「紀錄」與「諮詢」，並隨時檢視倫理原則。

小博士解說

輔導教師若同時是諮商師，就受到學校教師職業倫理與諮商師倫理的約束，其所要接受的督導與繼續教育也是雙重的。

學生輔導法中的學生權益

權益	說明
學習權	提供必要的發展計畫與資源，提升學習動機與成效，協助其生活適應與生涯發展。
自主權與選擇權	尊重學生與其監護人之決定權、知後同意及選擇權。
受益權	考量學生之最佳福祉。
免受傷害權	維護其人格尊嚴及免受身心傷害。
公平待遇權	不分文化、族群、性別、性取向、智力與能力程度等背景，公平對待與尊重。
隱私權	避免私人資訊不當揭露或濫用。

協助做明智之倫理判斷

（一） 隨時複習相關的倫理議題，以及需要注意的部分。

（二） 倘若遇有「可疑」或是覺得「不對勁」的情況，就要就近、儘快尋求督導或是徵詢資深諮商師的意見，必要時還需要徵詢法律專家的看法。通常發現「不對勁」的情況需要有一種「專業的直覺」，也就是鼓勵諮商師要「相信」自己的直覺。

（三） 誠如上述，諮商師遇到任何「可疑」或是有可能危及倫理的事件（或狀況），都需要巨細靡遺地記錄下來，可以記錄在當事人的紀錄裡，也可以放在機構的正式流程紀錄當中。

（四） 相關倫理與法律的繼續教育是必要的，因為這些課程或是工作坊裡可能都會列舉一些實際處理案例可供參考，而講師也可能是熟稔法律與專業倫理議題的專家，可以提供相當重要的諮詢意見。

（五） 持續閱讀相關倫理案件的研究論文，可以讓自己有更多參考或依循的處理方式，而與同儕固定做個案討論也是不錯的方法，彼此可以互相提點或留意與倫理或法律相關的可能性。

＋ 知識補充站

學校諮商師或輔導教師較容易有雙／多重角色（因為同時是教師、負責行政或教學），以及分享資訊的保密議題，此外就是碰到危急情況該如何處理及通報的問題。

單元 16　輔導教師可能遭遇的倫理議題

輔導教師與其他專業一樣，有專業需要遵守的職業倫理，尤其輔導教師身兼教師與專業助人者，因此需要恪遵教師與輔導兩層專業倫理，然而學校規定與諮商師倫理或有不同，學生輔導法的施行，可供輔導教師執業準則之用，若與倫理或法律規定有衝突或疑慮，還是需要專業實務的判斷與處理。本節先做概述，細節部分會在本節稍後做闡述說明。

一、雙／多重關係與界限

輔導教師的第一個難處在於自己位置的認定。到底是輔導人員還是教師？學生是要把輔導教師當作諮商師還是一般的老師？輔導重視治療關係，因此是採民主平權的方式進行治療，而一般教師則仍保有教師專業的威權，學生是屬於權力較小者，在晤談時就不容易敞開心房、擔心被批判與評價，而學生也會擔心自己的事會被老師宣揚開來、無法保住秘密。儘管許多輔導教師並非諮商師公會之一員、不受公會之約束，但是仍有需要恪遵教師與專業的倫理法則，以取得服務對象與社會大眾（至少包含師生與家長）的信任。

輔導教師倘若遇到同事前來諮詢或諮商，既然是同事、又是諮商師，就會有所謂的「雙重」或「多重」（若又加上是學生家長）關係存在，讓關係變得很複雜，由於多一層關係、就多一層顧慮，還是要謹慎行事。輔導教師若還兼課，與學生的關係就同時是老師與諮商師，在權力或處理事情方式上可能會大相逕庭，因為角色不同、立場有異，目標也可能不一樣。輔導教師若不擔任導師或兼課，可能因此與學生、同事較無機會接觸，要推展輔導業務有較多困難，因而要想辦法積極去熟悉校內、外文化與服務族群。

我國只有高中輔導教師較少兼課的要求，可以專心提供其專業之服務。近幾年由於國內多起校園事件的影響，政府增設國小專任輔導教師名額，目前全校二十班的國小才獲得一名輔導教師的配置，二十班以上增設一名，以這樣的比例來看，無法因應需求，而許多非都會區學校的輔導教師竟然還被要求授課或擔任其他職責、與一般國小教師無異！

二、保密議題

輔導教師因為是學校的一份子，而老師之間不免會交換一些有關學生的訊息，輔導教師要特別注意「保密」的原則，哪些資訊可以透露？哪些資訊可能違反隱私權或是讓學生受到不必要的傷害，也都應嚴格把關與遵守。教師之間有所謂的「同儕忠誠」的原則，有些教師不希望自己班上的問題有他人干涉，然而若是問題嚴重、或已違反學生權益，該如何介入、又不影響同事情誼？的確需要很高的處理智慧。

三、服務對象未滿十八歲

學校學生通常是法律保護下的個體、受家長監護，倘若輔導教師發現學生受到家暴，該不該知會家長？而家長一旦知道，會不會讓受暴學生更陷於危險之中？此外，像是未成年懷孕或墮胎，可能都需要讓監護人知道，又增加處理的困難度。最好是有商量或諮詢的對象，也可以打電話詢問諮商倫理委員會徵詢意見，還要明瞭有關兒少的相關法令。

「兒童及少年福利與權益保障法」第四十九條規定（衛福部）

任何人對於兒童及少年不得有下列行為：

一、遺棄。

二、身心虐待。

三、利用兒童及少年從事有害健康等危害性活動或欺騙之行為。

四、利用身心障礙或特殊形體兒童及少年供人參觀。

五、利用兒童及少年行乞。

六、剝奪或妨礙兒童及少年接受國民教育之機會。

七、強迫兒童及少年婚嫁。

八、拐騙、綁架、買賣、質押兒童及少年。

九、強迫、引誘、容留或媒介兒童及少年為猥褻行為或性交。

十、供應兒童及少年刀械、槍砲、彈藥或其他危險物品。

十一、利用兒童及少年拍攝或錄製暴力、血腥、色情、猥褻或其他有害兒童及少年身心健康之出版品、圖畫、錄影節目帶、影片、光碟、磁片、電子訊號、遊戲軟體、網際網路內容或其他物品。

十二、對兒童及少年散布或播送有害其身心發展之出版品、圖畫、錄影節目帶、影片、光碟、電子訊號、遊戲軟體或其他物品。

十三、應列為限制級物品，違反依第四十四條第二項所定辦法中有關陳列方式之規定，而使兒童及少年得以觀看或取得。

十四、於網際網路散布或播送有害兒童及少年身心健康之內容，未採取明確可行之防護措施，或未配合網際網路平臺提供者之防護機制，使兒童或少年得以接取或瀏覽。

十五、帶領或誘使兒童及少年進入有礙其身心健康之場所。

十六、強迫、引誘、容留或媒介兒童及少年為自殺行為。

十七、其他對兒童及少年或利用兒童及少年犯罪或為不正當之行為。

少年事件處理法第三條（103年1月22日修正，由少年法院依法處理事件）

一、少年有觸犯刑罰法律之行為者。

二、少年有左列情形之一，依其性格及環境，而有觸犯刑罰法律之虞者：

（一）經常與有犯罪習性之人交往者。

（二）經常出入少年不當進入之場所者。

（三）經常逃學或逃家者。

（四）參加不良組織者。

（五）無正當理由經常攜帶刀械者。

（六）吸食或施打煙毒或麻醉藥品以外之迷幻物品者。

（七）有預備犯罪或犯罪未遂而為法所不罰之行為者。

單元 17　學校輔導教師的倫理議題：危機事件處理

學校若有危機事件，基本上校方會期待學校輔導教師或諮商師做全面妥善處理，最常提到的危機事件，包括重大意外（如地震、車禍）、自殺與失落（如家長過世）事件。適當且固定的防災演練（如地震、消防），也就是第一層次的預防是最重要的。學校學生若發生重大事故、或死傷嚴重，校方除了配合警政醫院及相關單位的處理流程（如報案、醫療、保險等）之外，自己本身要設置一位發言人（報告最新進度、讓相關人員知曉，同時滿足媒體報導精確的需求）、協調支援與協助單位（如基金會、宗教或鄰里）、不要讓他人任意進出學校、維持學生正常作息、安撫師生與家長等。若班級有重大失落事件（家長或學生死亡、受傷），導師責無旁貸、需要承擔處置工作，並聯絡輔導室教師或諮商師協助，諮商師自然會安排適當的班級輔導、教育、個別晤談等措施，若校內無輔導教師編制，一定要記得尋求當地可用資源（如護理人員、學生諮商中心、醫療院所等）。

學校平日就該讓學生了解情緒與壓力、自我管理與紓壓等相關知能，同時讓教師清楚自殺徵兆與預防，親師關係要努力經營、而非有事才聯絡，這樣或許能夠減少潛在的傷害。許多導師是站在處理自殺或自傷案件的第一線重要人物，在知會危機處理相關單位的同時，導師要先做正確動作、就可大大減少危機事件的發生或不良後果。導師若知悉某位學生情緒不穩、或是容易有暴怒出現，一旦學生要脅自傷或傷人，就可以盡量安撫其情緒、與學生對談，同時讓其他學生前去通報、並協助導師在現場處理（像是防止學生跳樓、抱住學生，但要特別注意自身安全）。學校輔導教師或諮商師也要（King et al.，cited in Corey et al.，2011／2014，p.226）：教育教職員有關青少年自殺風險與因素，建立同儕協助計畫、協助辨識高危險群學生，增加諮商師與教師自殺評估訓練、獲得學生自殺資訊，參與最近有關學生自殺主題的專業研討會或會議、協助管理自己的法律責任。若當事人自殺身亡，治療師準備了以下資料、被控不當執業的機率就較小（Jobes & O'Connor，2009， cited in Corey et al.，2011／2014，p.225）：證明執行了合理的評估與介入、尋求過專業諮詢、在適當時機做好臨床轉介，以及有近期完整的紀錄。學校本身經由校務會議並邀請相關專家討論之後，建立一套危機處理的標準程序（包括不同專責人員各司其職）、平日讓教職員工都可以熟悉其流程，這樣萬一有危機事件發生，就可以減少慌亂與資源浪費、迅速做有效處理。

小博士解說

即便讓潛在受害者知道威脅性的存在，諮商師的預警與保護責任絕不限於此，還需要進一步追蹤、持續做危險性評估與適當處置動作。

目前相關校園安全事件需要通報者有（整理自林家興，2014，p.209）

- 學生意外事件
- 校園安全維護事件
- 吸食毒品
- 學生暴力與不當行為
- 輔導衝突事件
- 愛滋病毒感染
- 兒童與少年保護違反事件
- 少女未婚懷孕
- 中輟生
- 性侵害、性騷擾、性霸凌

預警或保護責任的處理（修改自 Wheeler & Bertram，2008，cited in Corey et al.,2011／2014， p.220）

- 若你不清楚法律責任，就去請教律師
- 詢問關於當事人取得自傷或傷人的用具或武器、傷人之想像或意圖（這些都與特定受害者有關）
- 考慮所有可採取的適當步驟及每個步驟可能的後果
- 記錄所有你所採取的行動以及每個決定背後的理由

評估自殺危險程度（Corey et al.,2011／2014，p.229）

- 認真看待口頭直接的自殺警訊、並記錄所採取的措施
- 探索失落及分離的人際壓力
- 是否有過自殺企圖（歷史）
- 是否為憂鬱症所苦（睡眠障礙會加劇憂鬱的狀況）
- 監控當事人嚴重的焦慮及恐慌
- 絕望感與無望感
- 是否被診斷有嚴重或致命的健康狀況
- 評估當事人的支持系統
- 是否有計畫（計畫越明確、情況越嚴重）
- 是否有酗酒或藥物濫用的歷史
- 注意當事人行為（如分送貴重物品、結束生意或修改遺囑）
- 是否有精神科的病史和住院紀錄（情緒失控者較易傾向自殺）

單元 18 學校輔導教師的倫理議題：多重角色

學校輔導教師若有任教的班級，雖然有利於化解獨立作業與人際之間的隔閡，但是另一方面原有的師生關係也可能妨礙深度自我探索和開放性（林清文，2007， p.126）。學校諮商師或輔導教師較容易面臨雙／多重角色的問題，由於國小至高中階段，校方可能要求輔導教師或諮商師也需要負責導師工作或課程之教學，致使輔導教師在專業角色之外，又多了一種或多種角色，多一層關係就多一層處理難度，但是輔導教師或諮商師需要記得：決定與維護界限的責任都在自己身上，因此需要有智慧的判斷及行動。

倘若專任輔導教師只負責輔導相關工作，角色與職責自然清楚，但需要走出輔導室，儘量去接觸及了解所服務的族群，才能夠補足獨力在輔導室作業的缺點；此外，擔任學齡期學生的輔導工作，勢必與教師及家長有更多的接觸，而年幼孩子受到家庭的影響更鉅，這也是與親師工作須特別著墨之處，同時說明了輔導教師在面對親師時，較適宜擔任諮詢或顧問的角色。

從雙／多重角色延伸而來的，可能是保密的議題，教師轉介學生來輔導室、或是家長是孩子的監護人，倘若他們詢及孩子治療的狀況，輔導教師應該透露多少？哪些部分的資訊可以釋出？要謹記諮商紀錄與內容是屬於當事人的部分，即便當事人年紀尚小，諮商師也需要取得當事人的知後同意（尊重其自主與隱私權），才可對親師釋出相關資訊。諮商紀錄應該要謹慎保存，當事人絕對有權利了解紀錄之內容、會透露給誰、有何用途？

諮商紀錄有時需要轉移（如到下一個學習階段或另一位諮商師手中），或者是團隊合作（如其他輔導教師、教師、醫師及社工）時的資訊分享，甚至是上法院作專家證人，都需要取得當事人及其監護人之同意，這都是尊重學生自主、隱私權與受益權的作法。此外，誰能夠取得學生資料、資料的電子化與保存（通常是七年，但國內無規範），也都是學校諮商師需要注意的部分。

我國針對高風險家庭或家暴之通報都有規定，倘若輔導教師懷疑學生可能有受暴／害跡象，該不該按照規定通報？如果這個通報會影響到學生權益（如受暴情況更嚴重、影響親子及治療關係），輔導教師該如何處理？暫緩通報也會涉及一些危險性，諮商師需要承擔後果。最好的方式還是先徵詢其他資深諮商師、行政人員或法律人的意見，將通報、延緩通報或不通報的優劣點，以及可能的處理方式臚列出來，協助自己做較為明智的決定。通報的配套措施，如向當事人與監護人說明法律責任、後續處理方式（洪莉竹，2013， p.142），以及持續追蹤當事人的進展，都是非常重要的。

小博士解說

輔導教師面對著學生、是諮商師與教師的身分，學生在轉換上會有困惑，當然也影響著其在輔導過程中的表現，不管如何，輔導教師都要注意角色的界限，讓學生更清楚輔導教師的功能為何。

輔導教師擔任課程教學或不擔任的優劣（不限於此）

	輔導教師擔任課程教學	輔導教師不擔任課程教學
優點	與學生早已建立關係。	較能夠以平權、對等方式與學生相處。
	熟悉學生生活與學習情況。	較願意花費心力與學生建立關係、並傾聽學生的故事。
	較容易觀察到學生與平日或同儕表現不同處、及早發現異狀。	可站在較為客觀、不偏頗的立場認識及了解學生。
	可以更清楚學生在學校的人際情況，並了解其優勢及挑戰。	較容易建立平權關係。
缺點	容易有「擴散效應」——學生將教師在課堂上的態度轉移到輔導場域及關係。	較無法與學生有系統性的接觸與連結，需要與學生建立治療關係。
	容易有角色衝突。	除非學生自我揭露程度高，但學生可能為了保護自我形象、未吐露全部事實。
	教師對於輔導學生之目標混淆（要求學業成績的威權與諮商中的平權關係不同）。	需要其他員工或家長提供學生之相關資訊，需從更多管道了解學生之全面。

個案研究或討論需提供以下內容（林清文，2007，p.131）

提供內容	說明
個案資料的蒐集	客／主觀資料：包括基本資料、家庭資料、學校資料、測驗資料，面談與觀察資料、其他資料（已知或未知）
個人問題	相關人員的陳述、個人的自我陳述、輔導教師對當事人問題的看法（理論分析與診斷）
輔導方法	輔導教師對解決當事人問題的看法、輔導目標與策略、輔導方法
輔導成效的檢討	不只是有效無效，而是效果在哪裡？效果自何而來？

＋ 知識補充站

諮商心理師最好能夠經歷學校、社區和醫院三類型機構輪訓，最能成為獨立執業、有全科效能的諮商師（林家興，2017，p.141）。

單元 19　學校輔導教師的倫理議題：保密與隱私權

諮商關係是治療最重要的基石，倘若關係沒建立好，諮商師就無法與當事人取得合作、一起造成改變，當事人之所以相信諮商師，主要是因為信任的治療關係，尤其是保密的部分。一般人不喜歡向外人求助、更何況是陌生的專業人士，「求助」被視為是自己無能力解決、或是弱者的行為，尤其是求助於心理諮商，求助人擔心他人的看法（公眾汙名化）、也擔心對自我的評價（自我汙名），因此非到最後關頭不會去求助，或是提早結束治療關係。諮商師最起碼必須要保證在諮商室裡的相關訊息獲得保密，倘若當事人是法定無行為能力者（如未成年者、智能障礙或心理疾病患者）或監獄內犯人，其在受監護的情況下，許多事情不願意讓監護人（如未成年懷孕）或重要他人（家暴或被霸凌）知悉，諮商師該如何因應？保密有無限制？倘若有，又如何去平衡治療關係與通報的必要性？

（一）保密是維護當事人權益之必要，同時也是建立治療信任關係的關鍵。縱使在與未成年當事人晤談前，同時以口頭及在諮商契約裡說明保密的原則與例外，例外情況如當事人有自傷或傷害他人的潛在危險（包括法定的傳染疾病）、或當事人是實習生，在督導的協助下，有時與督導討論個案，也不在保密之列，或是當事人同時接受其他機構服務時、有一些資訊需要分享，以及當事人是由法院等機構轉介過來做強制治療者，保密都有限制，然而也都需要當事人的知後同意，讓當事人了解的同時，他／她可做選擇。

（二）倘若當事人是法律上所規範的「弱勢」（如未成年、無行為能力等），有時候需要獲得監護人的「知後同意」才可以進行治療，但是諮商師對於當事人的保密是否就要打折扣？若監護人不同意，但是有治療之必要，又該怎麼做？萬一，當事人是受到監護人之暴力或性侵，那麼要如何做才能維護當事人之安全？若當事人是被法院命令要接受強制治療，治療師在保護當事人隱私與法院命令要求分享資訊之間也需要取得平衡，這些也都需要注意。

（三）在進行個人或團體諮商時，「保密」的確是很重要的關鍵，管理得好有助於治療關係的建立、團體凝聚力之形成，萬一失當，就可能危害當事人或團體成員及整個團體工作，因此治療師還是要以當事人／成員的福祉為優先考量。在校園裡專輔教師不免會與所服務的當事人不期而遇，在初次晤談時就可以跟學生說明：「如果我們在校園裡相遇，你／妳可以不跟我打招呼，因為可能你／妳當時跟其他同學一起，對方會質疑我們的關係，可能就曝露了你／妳曾經求助的事實、妨礙了保密原則，除非你／妳沒有這一層顧慮、願意跟我打招呼，我就會回應。」免得學生不知如何因應，這就是「知後同意」。

保密例外

- 嚴重或可預見的傷害
- 傳染、威脅性命的疾病
- 有關結束生命的決定
- 法院命令
- 法律要求
- 即便需要打破保密原則（如保險公司或法院），也盡量提供最低限度的當事人資訊（只呈現重要訊息）

諮商師對於當事人權益

項目	說明
保護與提升當事人福祉	諮商師的首要任務就是尊重、保護與增進當事人身心健康與福祉。
紀錄與文件	對於與當事人的晤談錄音與紀錄文件等，都要依照機構的規定妥善處理與保存。
諮商計畫	諮商師與當事人共同擬定諮商計畫，表示尊重當事人的選擇，諮商師要監控進度、並隨時做檢視與修正，以維持計畫之有效性；諮商計畫是為當事人客製化的具體計畫，需要考慮到當事人的個性、能力、發展階段與其所處之環境脈絡及資源等。
支持與合作的系統或團隊	了解當事人的支持系統對其有不同意義（不管是靈性、社團、鄰里或家庭成員），諮商師都可以在當事人的同意下，盡量去認識與了解，做必要的連結。

學校輔導工作項目

- 衡鑑與評估（了解學生個性與潛能、學習困擾、個別差異）；
- 定向服務（新生輔導、適應新環境）；
- 安置服務（安排至適合其能力與需求的班級或教材學習）；
- 生涯輔導（興趣、性向與未來志業）；
- 諮詢服務（對第三人的服務：教師、行政人員、家長等）；
- 諮商服務（個別與團體）；
- 追蹤服務（了解處理學生問題之後的發展與情況）；
- 評鑑服務（輔導需求與績效，以作為未來計畫參考）。

＋ 知識補充站

諮商師需要預先思考：萬一自己不能執行業務時，諮商紀錄該如何處理？（Corey et al., 2011／2014，p.165）

單元19　學校輔導教師的倫理議題：保密與隱私權（續）

（四）保密也涉及當事人的資料、紀錄之保護，還有做研究要注意，勿洩露可認出當事人身分的線索等，有些內容也可能涉及法律議題（如通報與否、犯罪事實等），都需要留意。諮商師最好先弄清楚或了解相關的一些法律，免得因為責任之間的衝突造成保密的誤判（Corey et al.， 2007）。輔導教師以未成年人為服務大宗時，也要尊重當事人隱私與保密的權利，若要洩漏一些資訊給家長、監護人、教師或社福單位，都要做好預先告知的動作，取得當事人的了解。不同學校對於取得監護人同意有不同做法，專輔教師要先去了解。

（五）倘若當事人的情況涉及通報之必要（如高風險、虐待或自傷／殺），通常會有通報時間的急迫性與限制，輔導教師可以與當事人商議通報的處理及優劣處，甚至暫緩通報（需要做諮詢、負起責任），尋求最佳（也就是受傷害最少）之解決方式。

學生是有能力的個體，自然也享有其自主及隱私權。諮商師若需要與他人（如家長、督導、律師、法官、精神科醫師、社工或合作團隊等）分享當事人的私人資訊，也要事先與當事人做說明，並取得其同意，同時注意傳輸管道是保密而安全的，倘若當事人已過世、也不能洩漏當事人資訊，除非已獲得當事人的同意。

有諮商師擔心若將保密限制先說出來，有些當事人可能就不願意做揭露，當然揭露多少也是當事人的選擇與決定，而信任的治療關係可以化解當事人的這些疑慮。諮商師若同時服務多位當事人（如親子、家庭、或團體），保密就更不容易，然而還是需要強調其重要性，這當然也包含相關影像、錄音與紀錄等。當事人是其自身相關資訊的擁有者，當事人要求看紀錄是權利，若資料可能傷害當事人，諮商師就要小心斟酌與評估。諮商師擔任督導或諮詢，也受到同樣的約束。

諮商師最好凡事都可以取得當事人之知後同意，即便當事人的年齡小也不例外，可以採用當事人容易理解的方式做說明、解釋。牛格正與王智弘（2008，pp.128-131）提及「知後同意」所包含的要素有：（1）完整資訊——過程中要提供給當事人完整資訊（諮商師的角色與專業資格、諮商目標、處理方式的選擇、過程中可能的冒險、結果利弊），也開放給當事人發問，以協助其做合理決定。（2）自由意願——當事人有權利接受或拒絕諮商服務，若當事人是非自願個案，也可以清楚了解自己的權限。（3）資格能力——當事人有資格與能力行使同意權，未成年者可取得其監護人之同意。（4）充分理解——以當事人可以理解的語言溝通、了解。

小博士解說

保密的限制有：自傷、傷人或有人受傷的可能性、預警的責任、錄音或錄影、紀錄的覽閱與保管、法院機構或特別轉介個案、督導、個案討論或研究、強制通報案例。

諮商紀錄（整理自Corey et al.,2011／2014，pp.156-160）

- 以描述性、非評價的方式撰寫。
- 目的為：提供高品質服務、維持服務的一貫性，是提供合宜照顧的證明。
- 提供治療師回顧處遇內容之歷史。
- 在面臨訴訟時，提供諮商師自我保護。
- 防止不當執業。
- 進行轉介時，有助於持續照護。
- 沒有紀錄，治療就沒有發生。

諮商紀錄類別（Corey et al.,2011／2014，pp.159-160）

進展紀錄（progress note）	過程紀錄（process note）
記載對當事人處遇觀點的方式。	心理治療紀錄。
存放在當事人的臨床紀錄中。	記載當事人之反應，以及治療師對當事人之主觀印象。
行為紀錄。	限於諮商師個人使用、不輕易與人分享。
內容包含診斷資訊、當事人功能狀態、症狀、處遇計畫、結果、替代性計畫及當事人進步情況。	內容像是當事人之移情、親密關係細節、幻想或夢境等，以及治療師的想法、感受、反應等。

＋ 知識補充站

個案會議就是個案管理者（通常是輔導教師）基於資源統合的目標，邀請相關人員共同協商、整合個案輔導經驗及後續輔導策略的管道之一（林清文，2007，p.130）。

單元20　學校輔導教師的倫理議題：當事人為未成年人或法律上無行為能力者

諮商師在學校機構或是一些社區機構、甚至是私人心理診所，都可能遇到未成年、或法定無行為能力（如身心障礙）者，要取得其家長或監護人之首肯、進行諮商，需要有知後同意。一般在學校等教育機構，通常會事先取得家長或監護人之同意，甚至將諮商視為教育的一部分，因此無多大問題，但是在若干情況下，這些未成年者不希望自己的事讓監護人知曉，或是監護人不允許孩子繼續治療，諮商師該不該進行協助或繼續提供服務？在我國通常是親權大於孩子的隱私權，因此要特別慎重處理。倘若當事人是未成年或無法定行為能力者，常常會碰到許多倫理議題需要注意。

在當事人的同意下接受諮商（尊重其自主權），對於治療的預後效果較佳、當事人也較願意為自己負起責任，只是許多孩子（特別是非自願性求助）會認為來見諮商師是汙名化標籤、而且是對方要求其作改變，因此會有許多的抗拒與不情願。許多孩子是經由轉介管道進入諮商，有些甚至是家長要求，諮商師不必強迫孩子做治療，而是在說明清楚之後，讓其有選擇之自由，甚至先以五分鐘談話開始，慢慢讓孩子體會與諮商師談話是沒有威脅的，或許就有機會讓他／她從「抱怨者」或「訪客」變成真正的顧客（當事人）。

法律上通常較重視親權或監護人權利，有時候治療師若發現孩子的確需要治療，但未能獲得監護人之知後同意，就得下功夫去溝通與說明，甚至是在進行孩子的個別諮商之前，先與家長及孩子會談、取得共識，這樣子接下來的治療工作才會順利。若是家長或監護人不同意孩子接受治療，而諮商師認為孩子有接受協助之必要，諮商師該如何？在某些情況下，可以直接取得孩子之同意，只是諮商師必須要評估孩子的能力、問題嚴重性、可能風險及相關法律等（Corey et al.，2011／2014，p.172）。美國的諮商師視當事人的情況，有權利讓當事人作強制治療（如有自殺危險性逕自送醫院），但是並不能保證當事人願意繼續合作與治療。

保密條款可讓孩子覺得安全、隱私受到保護。孩子進入諮商，知後同意與保密協定及其可能的限制，是否讓孩子清楚明白？孩子若擔心自己所提的事可能涉及家長或教師等成人，保密的限制又該如何說明與處理？諮商師可告知孩子諮商進展的情況，基本上，家長或監護人無權利接觸諮商紀錄，若家長堅持要看紀錄，諮商師可以口頭說明或是另以簡單的摘要方式呈現。美國法律規定：若未成年孩子涉及性侵、藥物問題、傳染病或墮胎等事宜，並不一定需要家長的同意（Lawrence & Kurpius， 2000，cited in Corey et al.，2011／2014，p.172），我國的情況則不同。

三級預防處理事項與方式

預防層次	第一級預防	第二級預防	第三級預防
重點	發展性或預防性	補救性	治療性
目標	協助學生或個人在生理、心理、情緒與社會成熟上的發展。	當學生行為發生偏差、學習困難時，就需要介入處理，其目的是及早做補救與修正，避免問題坐大。	當學生行為與問題嚴重偏差時。
處理方式	講座或宣導方式（實施心理衛生方案）。	由認輔老師或是輔導教師擔任諮詢或諮商、進行團體諮商。	做適當安置、或轉介給諮商師或身心科醫師做較長期的治療。
負責專業人員	導師、科任或認輔老師。	社會工作者、輔導教師、諮商師。	諮商師、心理師或精神醫師。

學校心理師的業務與工作範疇（林家興，2017，p.120）

- 問題評估與診斷
- 個案管理
- 心理衛生預防推廣
- 諮商與心理治療
- 諮詢與轉介
- 心理測驗與衡鑑
- 危機處理
- 心理衛生教育
- 督導及訓練

兒童不可缺的需求（Brazelton & Greenspan， 2000，cited in Henderson & Thompson，2011／2015，pp.1-7，1-8）

- 持續不斷的滋養關係
- 成人在適當的期待下設限、提供架構與指引
- 基本人身安全保障
- 在（認知、肢體、語言、情緒與社會）發展上給予適當協助
- 依據個別差異的適性發展
- 居住在穩定、支持與一致的社區內

＋ 知識補充站

當事人可能會餓或者是有依附問題的時候，諮商師偶爾可以提供一些飲料，像是藥草茶、果汁或者水給他們（Vicario，& Hudgins-Mitchell， 2017，p.81）。事實上，提供食物給年幼的當事人還有安撫情緒與滋養（nurturing）的意義。

單元21 適用於學校（兒童與青少年）的諮商理論與技術

以下章節會針對較適合現階段學校（兒童與青少年）諮商的理論及實務運用作介紹，然而並不是指其他理論無擅長之地，只要諮商師或輔導教師願意將自己相信的理論融入實務經驗裡，並打造客製化，適合當事人的諮商模式，也都是適合學校的諮商理論。

諮商理論是個案概念化基礎

我們在處理問題時，都會想出一些解決方法，而解決方法的背後一定會有一些依據，也許是根據之前類似的成功經驗、或是邏輯思考，而不是憑空臆測或發想。諮商是專業助人的一門、是科學也是藝術，要經過一連串系統的訓練，最重要的就是諮商理論。諮商理論是科學或經驗驗證之後所獲得的結果，唯有扎實的諮商理論作後盾，我們才會有解決問題的歷史、脈絡及架構可循，延伸出來的才是有效的解決之道。

理論提供我們組織和運用訊息的方法，有理論的引導，輔導教師才能夠針對當事人關切的議題作定義、推理可能肇因，然後思考介入與解決之道。理論幫助諮商師了解人格模式和問題成因、解釋行為的改變，提供人際因素、諮商目標、技術、歷程與預期結果等相關細節，因此諮商師應用理論來解釋他／她的觀察，並組織他／她得到的資訊，整合之後做初步的個案概念化，循此選擇適當的介入方式來協助當事人（Henderson & Thompson， 2011／2015，p.3-1）。

所有的諮商理論對若干當事人或議題都是有效的，但是沒有一種理論是適合所有的當事人與議題，因此儘管諮商師會有偏好的核心理論（基本上是可以解釋自己的生命經驗者），但是基本上應熟悉所有的諮商理論，這樣在協助當事人時，也較易做整合動作。

諮商並非「技能」之事，專業助人者絕不是「匠工」，而是有心、有熱情，加上系統的理論與技術訓練為基底，才有能力協助他人。新手諮商師常常在與當事人晤談一兩次之後就黔驢技窮，不知道將當事人帶往何處去，或甚至只是協助當事人「解決」了表面呈現的問題，卻無法深入了解與處理問題根源或錯綜複雜的脈絡，當事人就會認為無效，或是一直重複出現同樣的困境，這都是欠缺札實理論為背景之故。

一位正統訓練出來的諮商師，在正式接觸諮商理論之前，最好有人類發展與心理學的基礎知識，對於當事人會有最基本的了解，而其訓練過程中至少經歷過多次理論的淬鍊，通常要經過近十次的重複閱讀相關諮商理論，差可約略理解與釐清若干諮商理論的取向與學派。因此，在這裡特別提出適合學校的諮商理論，要注意的是：每個理論都有其了解議題與介入處置的基本立論，也都適用於不同族群。

諮商理論大體上可區分為情感（體驗）、認知、行為等三個取向，它們之間的關係如右表（是彼此關聯且相輔相成的），只要從任何一部分切入，也都可能造成改變。也因為人是生活在環境脈絡中，因此還要特別提到生態脈絡與系統取向。

不同取向的諮商理論、學派與主要觀點

理論取向	學派	主要觀點
體驗與關係取向	人本中心學派、阿德勒（個體）心理學派、完形學派、存在主義學派	重視人的創意與行動力，強調個人感受與主觀經驗，將治療視為當事人與治療師一起參與的旅程，強調治療關係的品質，肯定當事人的潛能、對於自己問題有解決的能力，與動力取向治療的最大不同，在於將治療責任轉移到當事人身上。
認知行為取向	行為主義學派、BASICID、理情治療學派、認知治療、溝通交流分析與現實治療	行為主義是從「學習理論」而來，人類的學習是受到「刺激－反應」模式規範，而某個特殊問題就是對於一套刺激的反應，適應與不適應的行為都可以經由「學習」獲得。 「認知取向」的治療主張：人的行為與情緒，主要是受到個人「詮釋」事件的影響，因此「思考過程」就是很重要的一環，許多人可能因為偏誤的思考，而導致情緒或行為上的不安與失序。目前認知治療結合了行為學派治療，而行為學派也加入了認知因素。
後現代取向	敘事治療、焦點解決諮商、女性主義治療	每個人都是主體，都有其價值與觀點，意義是從人的互動中產生、共創出來，同時重視語言的使用。
心理動力取向	精神分析學派、新佛洛伊德學派、心理動力治療、自我心理學、客體關係學派、自體心理學派	相信人類基本上是受到本身生理驅力與早期經驗的影響，潛意識的動機與衝突影響目前的行為，這些心理的力量（psychic forces）是非常強烈的，甚至讓我們以為是天生的衝動使然。
生態脈絡取向	多元文化諮商與家族治療	生態脈絡的諮商，主要是考量人與環境之間的關係，「人」與「環境」是互相生成與影響的，人類依據自己對於所處周遭環境的了解，會對生活脈絡作反應、也可以創造生活。

＋ 知識補充站

學校輔導工作者應了解轉介是輔導工作中補救治療和發展資源的重要環節，其乃建立在助人工作「組織戰」觀念之上，也就是以眾人或眾機構的力量協助個人滿足其需求與適應（林清文，2007，p.152）。

單元 22 個人中心學派

「人本取向」或稱「關係與體驗取向」。所謂的「關係與體驗取向」，顧名思義就是重視治療關係與個人之實際體驗或感受，同時注重人的創意與行動力，強調個人的主觀經驗，把治療當作是當事人與治療師共同參與的旅程，如同儒家的中心思想，也就是認為人性本善，只要適當引導就可以成就良善個人與社會。

人本取向相信人有充分發揮功能的傾向，人有向上向善的潛能，只要提供當事人正向、信任與溫暖的環境，就可以促使其朝自我實現的方向邁進，而自我實現是終生持續的歷程。

Carl Rogers（羅吉斯）所創的「個人中心」（person-centered）學派，認為要讓當事人來引導諮商過程運作的方向，治療師就可以做得更好，而治療關係是讓當事人改變的必要且充分條件。治療師以自己為工具、以當事人為中心，治療關係本身就是治療，諮商師會以同理的態度，進入當事人的主觀世界（內在參照架構），重視其情緒與內心世界，以人性的關懷及理解，讓當事人對自己有新的了解，重拾自己的能力，去面對生命中的挑戰。

一、主要觀點

諮商著重關係品質，治療師必須能夠接納與同理當事人，當事人才會相信自己、有能力面對與解決生活中的挑戰。成功的治療除了關係品質、治療師的特質之外，羅吉斯認為治療師需要提供三個核心條件，也就是「無條件積極關注」、「同理心」與「真誠一致」，以不批判、溫暖、信任的態度來關切當事人與其福祉，站在當事人立場去體會其感受、想法與行為，並表達出來，治療師同時要前後及裡外一致、展現真誠的透明度。

二、治療目標

諮商聚焦在當事人的感受、經驗上，而治療關係若可以達到相互信任、接納與自發性（spontaneity），就會有正向的結果出現。羅吉斯認為人之所以出現問題是因為「理想我」（ideal self）與「現實我」（real self）之間的差距過大，導致個人所覺知的自己與真實的自己「不一致」，由此可見，羅吉斯將當事人視為「適應不良」的人，而非「病人」。也因為當事人進入諮商室時，是處於「不一致」的狀態，治療師相信當事人有資源與能力面對自己關切的議題或挑戰，治療目標是讓當事人不以他人對自己的評價（如師長或外在價值觀）為依歸，而是以自己的標準來看待自己（內在自我評估標準），在不需要仰賴外在的關注下，成為一個有自尊與自信（達成一致）的人。換句話說，治療師提供平等、溫暖、悅納的關係，讓當事人從自我接納開始，願意看見與發揮自己的能力，坦然面對所遭遇的挑戰，並試圖解決問題。

小博士解說

「理想我」是指自己想要成為的自己，而「現實我」則是在實際生活中的自我模樣，若兩者差距太大，我們會對自己更不滿意。

促成改變的關鍵因素（Corsini，2008，cited in Henderson & Thompson，2011／2015，p.3-2）

促成改變的因素	說明
認知（了解自己）	了解自己並不孤單、別人也有相似問題的「普同感」，了解自己並獲得新的觀點（「頓悟」），藉由觀察與模仿他人（「示範」）學習做自我改善。
情感（愛身邊的人）	受到接納或者重要他人的無條件積極關注而「自我悅納」，當事人意識到諮商師與他人的關懷，自己也想付出愛（「利他性」），諮商師和當事人之間產生的情感連結（「移情」作用）。
行為（做好工作）	當事人能實驗新行為並且得到支持與回饋（「現實感測試」），可以表達憤怒、恐懼等情緒而且被接納（「允許表達」），在「互動與相互影響」的前提下，當事人願意承認問題的存在並思改變。

體驗取向治療的基本原則（Pos，Greenberg，& Elliott，2008，pp.93-94）

- 體驗是想法、感受與行動的基礎；
- 人們有行動、選擇與自我決定的潛力；
- 人是多面向的，整合所有面向時功能最佳；
- 當其關係是接納、不控制，且真誠、心理不缺席（psychological presence）時，此人能發揮做最佳功能；
- 成長與發展是潛能，最好的是終其一生都在進行著。

個人中心原則（Westergarrd，2011，p.42）

- 我們都是特殊的。
- 人性基本上是良善的。
- 我們都有自我實現的動機。
- 我們都需要被愛與被認為有價值。
- 我們都處在為自己生活做最好決定的位置。

＋ 知識補充站

立即性（immediacy）在以下情況下使用最佳：（一）諮商師感受到當事人強烈情緒未表達出來時；（二）在當事人將情緒投射到諮商師身上時；（三）治療師發現諮商關係緊張時；（四）當立即性的回饋是必要時（Westergaard，2011，p.56）。

單元 22　個人中心學派（續）

三、治療技術

由於個人中心學派是以「關係」為重，因此不以技術取勝。治療師把自己當作最重要的治療工具，具備了核心條件等特質，就可以有效進行諮商，當然還有「立即性」、「重新架構」以及諮商師「自我揭露」的適當運用。這個學派幾乎適用於所有文化，因為每個人都希望被了解與認同、尊重與愛，當事人在充分體驗當下的情況下，學習接納自己、自我認同與成長，也做改變的決定。

四、個人中心學派在學校諮商中的運用

個人中心學派將治療關係視為最重要的療癒因子，平等的關係讓當事人覺得自己被重視，治療師不是專家，而是願意聆聽、催化當事人發揮潛能的人。兒童與青少年階段是處於「真實我」與「理想我」之間差距極大的時期，但是他們的需求還是與一般人無二——都需要被看見、被認可，因此諮商師「會傾聽」的耳朵是認可當事人最重要的方式。傾聽就是將舞台讓給當事人，不要帶著先入為主的偏見來聽故事，而是保持開放與接納的心，好好聽當事人怎麼說，也讓他／她有機會說出自己的故事。對於兒童與青少年族群而言，這樣的平等關係、願意傾聽，而且能深入同理當事人的內心世界，可能都是第一次遇見，他們感受到的是被接納的自信與價值。

兒童與青少年因為年紀與生命經驗不足，常常被視為是「弱勢」、「無能力」的人，而且一般人對於他們所說的話也採不信任的態度，因此一般人認為的「偏差行為」都是從成人的威權定義而來，讓兒童與青少年更無法為自己發聲、說出他／她所認為的事實真相（或感受），因此傾聽與開放的心態，讓他／她覺得被照顧、接納、尊重，接下來他／她才願意打開心防、聽諮商師說，或是有進一步的改善動作出現。「願意聆聽」的力量很大，也展現了接納、認可、願意了解的意向。

諮商師在傾聽之前，通常要做敏銳的觀察，不是僅限於在諮商室裡，還要走出諮商室去接近當事人所生活的世界，也許當事人在班上上課常會出現無聊狀態，或是被同學奚落，然而到運動場或是操場，他／她可能擅長運動、遊戲，也與其他人有良好互動，這些都可以讓諮商師更了解當事人。

兒童或青少年常常因為被聽見而願意做改變，加上諮商師的深度同理，與當事人平等的關係，會讓當事人覺得被了解與認可，而諮商師視當事人有能力去處理自己面臨的議題、只是暫時「卡住」罷了，因此當事人會有勇氣採取行動、也承擔責任。

在面對兒童或青少年當事人時，治療師適時適當地使用自我揭露是可以的，減少了他們對權威人士的害怕與神祕感，但是也可能因為使用時機不對或不當，讓當事人覺得諮商師沒有能力協助，特別是有些青少年會挑戰諮商師，諮商師還是一貫採同理與接納態度，不要將其「個人化」（認為當事人在攻擊自己），這通常是他們的試探動作，不要在意。

個人中心技巧

諮商技巧	說明
積極傾聽	眼神接觸、身體姿勢放鬆、臉部表情與聲調不做作。
同理心	設身處地站在對方立場去體驗、感受與思考，並將這些說出來讓當事人知道。
情感反映	正確反映當事人表面與內心的情緒，目的是邀請當事人去探索更多。
立即性	將在當下的當事人行為做描述，不帶任何批判，目的是讓當事人思考並檢視治療關係。
摘要	將當事人所說的，以自己的話做重點整理，其目的為表示聽見、了解，或可做釐清。
挑戰	針對當事人所言所行不一致處做說明，希望當事人可以進一步思考或解釋。
有效的問題	當事人願意誠實回應、不擔心暴露自己缺點，有助於治療關係之經營。

同理心三步驟

同理心三步驟	案例舉隅
事實陳述（A）	當事人說：「我那天莫名其妙被老師處罰，其實也不是我的錯，我只是經過而已，老師就以為是我把同學的作業弄到地上。」
情感反映（B）	當事人說話很大聲、還比手畫腳，表情有點難過與生氣。
同理心（A＋B＝C）	諮商師說：「你說自己被老師誤會、莫名其妙受到懲罰，你很生氣、難過、覺得自己很無辜，但是對方是老師，又不能對他怎樣（無奈）。」

注：同理心就是從天生的悲憫之心而來，換位思考、感同身受，然後將其表達出來讓當事人知道。

＋ 知識補充站

兒童與青少年最討厭虛偽或表面功夫，因此諮商師的真誠以對，是相當關鍵的 。不需要以成人的角度或標準來要求他們，他們自然會發現展現真實的自己是可以的，當然也願意發揮實力、重拾對自己的重視與信心。

單元 23 阿德勒（個體）心理學派

Alfred Adler（阿德勒）是以「全人」的觀點出發。他認為人是「社會性」的生物體，受到社會因素的影響與促動，人是「完整」（holistic）的整體，也是積極、主動、有創意、做決定的個體，不是命運的犧牲者，因此個人會主動選擇自己想要的生命形態。

一、主要觀念

阿德勒提出最重要的觀念就是「社會興趣」（social interest）。「社會興趣」是指個體對他人的正向態度，與自我認同、同理他人有關。人生活在人群中，因此願意與他人相處、與人建立良好的關係、願意服務及貢獻他人，就是社會興趣的發揮。人類行為主要是受到社會興趣所驅動，而「社會興趣」也是評估一個人適應情況的指標。

其次，每個行為背後都有其目的。一個人的行為與人格是受到自己的「目的」所影響。人有自由意志、也有選擇之自由，因此個人的行為是「有意識」下的決定，而不是受天生的性驅力所左右。每個人都有自己的「虛構最終目標」，這些虛構目標就是引導個體朝向未來的動力，而這個「虛構最終目標」可能會有錯誤，只要加以導正（往社會興趣的方向）就可以航向光明未來。

每個人有不同的「生命形態」，生命形態指的是終生引導個人生活、組織其現實世界，及給予生命事件意義的核心信念與假設，而根據這些信念與假設也決定了我們的行為目標，倘若這些假設錯誤，也可能導致錯誤的行為與生命目標。

阿德勒認為許多孩子的行為出現問題，是因為沒有受到認可與鼓勵，因此許多的行為其實是「適應」問題，而所有的問題都是「社會性」問題，人類行為主要是受到社會關係所驅動。

阿德勒是最先採用家族治療的心理師，他也將民主平等的觀念帶入治療中，因此，阿德勒學派特別重視「家庭星座」（family constellation）與「家庭氛圍」（family atmosphere）對於個體發展的影響。每個家庭成員的特性、孩子出生序、手足的性別與家庭大小都會影響孩子在家中的地位，而家庭氛圍是屬於拒絕還是支持，也會影響孩子對自己的看法；沒有受到鼓勵的孩子會變成「適應不佳」的孩子，他／她可能有所謂的「錯誤目標」，導致他／她運用「引起注意」、「權力鬥爭」、「報復」或是「自暴自棄」的方式企圖取得在家中的地位與認可。

阿德勒以「社會心理地位」（psychosocial position）的角度來研究出生序，有別於實際上的出生次序（chronological position），其中最重要的決定因素就是當事人本身、父母親是如何「看」個體在家庭中的地位？他研究了五個出生序，包括獨子、老大、兩位手足中的老二、老么與中間的小孩，各有不同的特性（如右表）。

「自然結果」（natural consequence）與「邏輯結果」（logical consequence）：這個觀念常常被運用在家庭、親職以及教育現場上。所謂的「自然結果」就是不需要人為操作、自然生成的結果，像是走路走太快容易跌倒，「跌倒」就是「走路太快」的自然結果；「邏輯結果」則是經由人為操弄而產生的後果，像是媽媽說沒把功課寫完就不准看電視，「不准看電視」就是「功課沒寫完」的邏輯結果，我們日常生活中的法律也是邏輯結果的設定。

「虛構目標」（Gilliland，James，& Bowman，1989，pp.39-40）

目標	說明
主導	在與人關係中喜歡掌控與主導。
獲取	總是期待自他人處獲得些什麼、依賴他人。
逃避	逃避問題、不想負責或承擔。
想要成就	成功是唯一的選項，不能忍受失敗。
控制	喜歡有秩序、不能忍受無序或髒亂。
受害或是殉難者	兩者都受苦，但是前者較被動、後者較主動。
表現好	總是表現出有能力、有用、總是對的。
表現對社會有益	與他人合作、也貢獻自己。

不同（社會心理地位）排行與性格

排行	性格特色
老大	較為保守傳統也威權、可靠、過度負責、內化雙親的價值觀與期待、完美主義者、成就傑出、占主導優勢、勤奮努力、口語能力較佳、較有組織、行為良好也較符合社會期待；常常是領袖的角色，會以衛護家庭為先，與長輩的關係較好；老二出生之後，老大會感受到失寵、喪失原有地位與重要性。
兩位手足中的老二	若與老大差距三歲以內，可能就會將老大當做假想敵、競爭的對手；他（她）會先從老大擅長的地方下手，若是發現無法超越，就會朝不同的方向發展。老二較照顧人，表達能力亦佳，也常感受到競爭的壓力。
獨子	較獨特、自我中心、也孤單，擁有老大與么子的性格，習慣成為注意焦點，與成人關係較佳，較早熟也很早學會與成人合作，在自認為表現不佳時，容易有偏差行為出現。
么子	有類似老大與獨子的特性，除了知道後面沒有追趕他的人之外，基本上是被寵愛的，也予取予求、我行我素，喜冒險、自由自在，具同理、社交能力強、也有創意，獨立性甚高，縱使家人對其無太多期待，但卻常為了與其他手足並駕齊驅、而成為成就最高者。雖然么子最早發展成人使用的語彙，也可能採用父母親的價值觀，但可能是一個保守黨或是一個背叛雙親價值觀的人。
中間的小孩	通常是「被忽視」的孩子，覺得家中沒有他（她）的擅揚之處，所以會朝家庭外發展，也因為較少被注意到，所以擁有較多的自由與創意；在外的人際關係與脈絡較佳，認為自己要認真努力才可能獲得認可、懷疑自己能力、反抗性強、有同理心。若家庭中有衝突，中間的孩子常擔任「和事佬」的角色，也對他人的批判相當敏感。

+ 知識補充站

雖然需要協助的個案已經獲得其他資源接手或協助，輔導教師仍要注意後續的追蹤與評估，一來可以知道當事人的情況與進度，二來也用以反思處理案例的有效程度。

單元23　阿德勒（個體）心理學派（續一）

二、治療目標

個體心理學派的治療目標在於——促進或重新導正當事人有益社會的興趣，成為對社會有貢獻的好公民，降低當事人自卑與憂鬱情緒，改變生命形態及目標，因此教育意味濃厚。

三、治療技術

個體心理學派的治療技術包括有：早期記憶（藉以分析生命目標與性格）、分析典型的一天、家庭星座分析、善用正確有效的鼓勵、設定合理的邏輯結果、矛盾意象法、面質、在湯裡吐口水（讓當事人得意的行為不再滋味甜美）、逮到自己（停止某不適應行為）、按鈕技巧（管理情緒）、逃避陷阱（不再重蹈覆轍）等。

四、個體心理學派在學校諮商中的運用

（一）了解當事人行為的動機

個體心理學派認為每個行為背後都有動機與目的，因此需要了解行為背後的目的，就可以做適當的處理，這其實也呼應了「人需要被認可」的需求。諮商師不是以專家身分，而是嘗試著用「猜測」的方式試圖了解當事人，多了民主平權的意味，自然容易讓當事人敞開心房。兒童與青少年行為背後的動機也許是希望引起注意（那麼就給予他們所需要的注意就可以）、權力鬥爭（就不需要一時不察、陷溺其把戲中）、報復（去了解與接納其受傷之經驗與感受）、自暴自棄（那麼就多給予小小成功經驗）或是無聊（接納其無聊情緒、鼓勵其做創意發揮），順著當事人所需要的，做適當因應。

兒童或青少年受限於語言及認知發展尚未成熟，有時候無法精確表達自己的想法，於是採用最直接的行為來表示，因此諮商師就可依據其行為之表現去猜測背後可能的動機，這樣就可以清楚其目的為何？一般說來兒童行為背後的目的有：討好他人（怕失去寵愛或是擔心被排擠）、優越者（自我認同的部分，需要讓自己勝過他人才有價值感）、控制者（擔心失控，因此主導慾強），以及尋求舒適者（不想費太多力氣過生活，因此會逃避責任、自願當老二）。

兒童或青少年的行為不會出現「問題」，只是「不適應」而已，「不適應」的背後是「不被鼓勵與認同」，因此只要清楚其動機，即可找出適當的因應方式。阿德勒學派不將兒童視為「有問題」的孩子，這也會影響了兒童對自己的看法——不會認為自己無可救藥，也讓周遭重要他人從不同角度看兒童的情況，對於行為的改善有較佳的期待。孩子需要被了解與認可，當這些需求都滿足了，他們就可以朝向對「社會有益」的方向發展，諮商師使用「猜測」的方式詢問，孩子會覺得自己被尊重與了解，接下來也較容易合作。在當事人朝著引起他人「負面認可」（也就是往對「社會無益」）的方向前進時，不要將其視為個人人格的缺點，而是能夠同理其為何如此做的原因（因為需要「被看見」），相信孩子之前曾經努力過、只是未達一般人設定的標準，因此肯定其潛能、換不同的處理方式必定會有所改變。

兒童不適應行為背後的動機（以「感受」來作動機判斷）可能有

背後動機	給人的感受	解釋	處理方式
引起注意	會讓人情緒上覺得「很煩」	可能其目的就是引起你的注意。	老師給予適當的注意就可以解決。
權力之爭	會讓人情緒上覺得「生氣」	因為他（她）想要證明給你看「誰是老大」。	因為兒童想要展示「誰是老大的掌控權」，老師要避免與兒童直接衝突。
報復	會讓人情緒上覺得「受傷」	有可能是以前他（她）也曾經受過傷，因此採用同樣的方式來「報復」你、讓你可以感受到他（她）的痛。	表示兒童本身曾經受過傷害，因此想要「以其人之道還治其身」，老師要去安撫兒童、同理其情緒。
自暴自棄	會讓人情緒上覺得「無望」	因為某人有過太多失敗的經驗，對自己失去信心了，也不期待他人的協助。	表示兒童之前有過太多失敗的經驗，已經沒有嘗試的勇氣，老師要常用鼓勵、漸進式的嘗試，讓他／她有小成功，慢慢恢復自信。
無聊	會讓人覺得「莫名其妙」	可能就是因為生活太無聊了，所以就做一些動作來排遣。	表示兒童覺得生活缺少刺激所以很無趣，老師只要明白、理解、幽默一下就可以了。

一般人的生命形態（Adler，1956，Mosak，1971，cited in Seligman，2006，p.80）

- 規劃或統治他人
- 追求卓越與完美
- 迴避人際與他人的挑戰
- 追求成就
- 討好或贏得他人讚許
- 殉道者或受害者
- 控制與管理
- 尋求安慰與舒適
- 仰賴他人、需要被照顧
- 提升社會福祉與進步

單元 23 阿德勒（個體）心理學派（續二）

（二）使用正確具體的鼓勵與讚美

阿德勒認為兒童沒有行為偏差的問題，只有「不適應」的問題，或是「缺乏鼓勵」（discouraged）使然，因此具體而有效的鼓勵可以讓孩子看見自己的亮點與能力，這樣的鼓勵才有效，可以支持孩子繼續往前。阿德勒學派因而倡導正確的鼓勵方式，也就是採用「有具體證據」的鼓勵替代炫麗無實的鼓勵（如「妳好聰明」、「你好棒」）。具體的鼓勵一定有行為的證據，像是：「謝謝你安慰妹妹，還把玩具讓給她，你是好棒的哥哥。」「你幫同學拿作業，真的好貼心！」正確的鼓勵會讓兒童同時知道自己行為被看見、且受到認同，也明白怎麼做是對的（有益社會的方向），這樣孩子也會持續表現被認可的行為。

具體有事證的鼓勵是容易說服當事人的。每個孩子都有其優勢，只要仔細觀察，或是詢問孩子或其重要他人，也都可以發現。從孩子進入諮商室開始，治療師就可以從孩子的一言一行中去發現他／她的強項，而且在讚美時舉出實際行為作為佐證，孩子就可以知道哪些是屬於「可欲」（desirable）行為，不僅協助他／她更了解自己、也對自己更有信心；對懷疑性較強的青少年來說，這些具體的佐證才可以說服他／她，而不是治療師為了博得他／她的好感而說的。

（三）設定邏輯結果

行為後面會產生結果，但是有些結果是「自然」生成，但是這樣靠自然結果的學習方式太慢，有時要付出的代價不斐，而在生活中或是教育場域上，為了讓下一代學習更多，通常會使用「邏輯結果」。

所謂「邏輯結果」，顧名思義就是要符合「邏輯」，也就是「合理」。小朋友要寫完功課之後，才可以看電視，這就是「邏輯結果」的使用，如果小朋友不寫功課（行為），家長用打罵方式（結果），並沒有促使「寫功課」完成的事實，因此對小朋友來說是「不合邏輯」的。要設定符合邏輯的結果，才可以讓工作完成的同時，贏得孩子的尊重與信任。

（四）早期記憶

阿德勒學派的許多觀點都可以用來了解兒童，像是「早期記憶」、「排行」、「家庭星座」與「家庭氣氛」。輔導教師可以用「早期記憶」的技術，了解兒童的生命目標可能是什麼？性格如何？重要他人與其關係如何？以及對世界的看法。早期記憶事件當然越詳盡越好，讓當事人儘量回憶，然後記錄下來，通常是以當事人八歲之前的記憶為主。諮商師可以將早期記憶記錄下來，包括發生時年紀、事件（是主角還是旁觀者）、裡面參與的人物（可能與重要他人有關）、事情結果（可以一窺當事人的生命態度）以及當事人的感受（可以藉由當事人的感受來了解其性格），通常可以猜測正確率達八九成。

小博士解說

一般學校輔導教師較少做早期記憶的回顧，然而過往的成功經驗或重要他人的觀點，是可以用來激勵與提醒當事人的。

不同鼓勵方式比較舉隅

無效的鼓勵	正確的鼓勵
你／妳好帥／漂亮	你／妳的眼睛很亮、很有精神！
你／妳真聰明	你／妳會去想該怎麼解決這個問題，很棒！
你／妳好棒	你／妳替我拿東西，謝謝幫忙！
你／妳是乖孩子	你／妳願意在那裡安靜等我，謝謝你／妳！

早期記憶示例

六歲上幼稚園時，因為與朋友爭執被老師罰站，當時不高興、覺得不公平、生氣，後來母親來接我回家，聽了我的解釋，讓我覺得母親是公平的，也受到尊重，鬆了一口氣。

七歲時跟同學一起回家，兩個人在路上看到一隻顏色鮮艷的鳥，驚呼漂亮，因此耽誤回家時間，被母親罵，但是不覺得委屈，後來告訴母親回家路上的經過，母親猜測鳥的種類可能是什麼。

七歲時與哥哥爭玩具，哥哥刻意將玩具弄壞，被父親責罵，自己還去安慰哥哥，哥哥笑了，自己也覺得高興。

分析：

- 重要他人「母親」出現兩次，與母親關係深，也體會到母親的關愛與公平。
- 當事人認為對錯很重要、被公平對待也很重要。哥哥被責罵時會去安慰哥哥，可見能夠同理他人情緒，哥哥以笑回應，與兄長之手足情份不差。
- 老師與父親是威權角色，當事人對其較無著墨，也可能反映出對於權威人士的不信任。
- 當事人或許勇於挺身仗義，對事物好奇，也願意去探討未知。
- 三個事件前兩件是參與者，在生活中的主動性大，也願意嘗試去改變或改善。
- 三個事件中有兩件（二、三）是正向結果，顯示出當事人對生命有正向看法、也過得較為快樂。

單元 23　阿德勒（個體）心理學派（續三）

（五）家庭星座與家庭氣氛

阿德勒是最早從事家庭治療的學者，他相信每個人的性格是自小就養成，孩子從重要他人的對待中看自己、也定義自己，雖然有時候會有錯誤解讀，但是這些對自己的看法就形成了「終極目標」，也影響其生命形態。從「家庭星座」裡可以了解兒童在家中的排行、家中成員、家長對待方式、家庭氣氛等，都可以協助了解兒童的個性、養成及在家中的地位。家庭是影響兒童最重要的因素，了解家庭成員彼此互動的情況，知道家庭氣氛是威權、壓抑、拒絕、批判貶低、不和諧、不一致、物質主義、過度保護、憐惜、無望或殉道者等不同的氛圍，其所產出的兒童也會有不同的性格。

兒童與青少年當事人，儘管受到原生家庭極大影響，但是也要看當事人自己的解讀與感受，才是塑造其人格的重要關鍵，這也說明了人是可以「選擇」的（人並非被動）。這裡所謂的排行不一定是指實際的出生序，阿德勒學派稱之為「社會心理地位」——也就是個體對於自己在家中的位置，父母親對待的態度來評定或解讀，也因此實際排行老二的可能是實質上的「老大」，如果排行老大的較不被父母親信任、或是表現較差，老大的位置就可能被接下來受重視的老二所取代。阿德勒的排行少了「性別」的因素，在中國傳統的家庭裡可能因此而有差異。從當事人不同的排行與家庭氛圍，可以藉此更了解當事人所處的情況與情緒、可能的想法，要進一步做介入就較能切中問題。

阿德勒做家庭治療時，甚至從更廣的生態、社會脈絡的角度來看當事人，這也給了諮商師很好的提醒，特別是面對兒童與青少年當事人的時候。通常當事人因為年齡以及能力的限制，卻又希望可以出一份力量、協助家庭問題之解決，因此往往會成為家庭問題的「代罪羔羊」，因此把周遭的脈絡線索放進來，不僅可以更了解兒童與青少年的行為，而在做處置時，將當事人環境中的其他資源也納入考量，效果事半功倍！

（六）典型的一天（a typical day）

阿德勒學派有個治療技巧是「典型的一天」。有時候可以詢問兒童這一天是怎麼過的，藉此可了解孩子日常作息，所做的活動與接觸的人，在了解兒童的生活、時間管理與家人互動情況上非常有用，同時若要當事人嘗試改變一下，也可在典型的一天中插入一點小改變，讓當事人試驗一下，有成功經驗，接下來的改變會較為容易。像是要改善當事人繳交作業的情況，不需要要求他／她在短時間內完成所有作業，而是將作業分成好幾小部分，讓當事人完成一小部分之後，體驗其成就感，願意持續努力，偶而也要「限制」一下（如「你／妳可不要一下子就寫完喔！」）挑戰一下諮商師對當事人的「質疑」，而在當事人完成挑戰的同時，給予大大的讚賞！

典型的一天示例

五年級的阿昌因為不交作業被轉介到輔導室。據班導宣稱，阿昌之前都沒有過這樣的情況，於是輔導教師請阿昌將這一天從起床開始的作息做說明。阿昌提到自己放學之後，會直接回家，然後吃點心、看電視，一直到媽媽下班回家，叫他去洗澡與寫評量，寫完評量他就累了、上床睡覺。

諮商師先開阿昌的玩笑，說他是不是喜歡得到老師的注意，要不然本來會交的作業怎麼不交了？阿昌不好意思地否認，諮商師於是肯定阿昌是有能力完成作業的，詢問他願不願意做一點小實驗——請他把點心時間延後十分鐘，先「偷偷」寫作業。結果阿昌願意一試，他還在點心時間之前就完成了所有作業，感覺較無壓力。當然諮商師後來了解阿昌還有一些心事，所以也在後來一併做了處理。

自我心理學派的治療目標（Mosak，2005，cited in Nystul，2006，p.189）

一、增進當事人的社會興趣

二、協助當事人克服沮喪感受、減少自卑

三、修正當事人的觀點與目標，改變他們的生命腳本

四、改變錯誤的動機

五、協助當事人讓他覺得與他人平等

六、協助當事人成為對社會有貢獻的人

＋ 知識補充站

除了出生序之外，還必須考慮到家庭大小、孩子能力表現、健康情況、手足間年齡差距與競爭情況、家庭中發生重要事件（如意外、生病、流產）、家長態度等，若是老二發現自己可以超越老大，可能就取而代之，這與家人的對待方式有關。出生序的影響只是一種「傾向」，並不是絕對的，主要還是看父母對待孩子以及孩子如何解讀自己的地位，另外，也有必要將「性別」因素與社會文化列入考量。

單元23 阿德勒（個體）心理學派（續四）

（七）平權民主

阿德勒是第一個提出在治療中「平權」與「民主會議」觀點的學者，因此治療關係是「平權」對等的，沒有所謂的成人威權，治療師在與當事人晤談時，是以平等、猜測的口氣，而不急著建議或命令。諮商師尊重當事人，不論其性別、年齡、社經地位或背景，展現出來的「態度」，讓當事人感受到被尊重與被平等看待，同時諮商師也很謙虛展現自己「願意從當事人身上學習」的態度，讓當事人覺得自己很不錯。阿德勒在做治療時，讓當事人感受到無威權的真誠關切，而且當他詢問與兒童同來的家長或教師之後，會請家長或教師暫時退場、要給當事人有機會敘說自己的故事，而不是以成人的眼光來「定義」問題，這一點很符合其民主的態度。

尊重兒童或青少年當事人自我陳述的權利，並且以不批判，甚至是欣賞鼓勵的態度面對，不僅讓當事人覺得被接納、認可，也讓其覺得自我權益被尊重，諮商師要取得當事人的進一步合作就不是難事。阿德勒所提倡的家庭民主會議，不因為兒童或青少年的年齡，而將其投票權益折半，而是回歸到「人」的基本權利，這樣的民主教育也落實在個別諮商、團體諮商與家庭治療上。阿德勒是最早進行家庭治療的一位學者，在進行治療時，會先聽家長的陳述（通常是孩子的「問題行為」），接著會將家長遣開、仔細聽孩子敘述自己這一方的故事，也從這裡取得孩子的合作，看是不是可以了解孩子行為的目的，並做適當的處置，這如同後現代治療將當事人視為「自己問題專家」的理念！將個體心理學運用在家庭治療時，尊重每一個人的發言權與感受，讓每個人在家庭中可以有所歸屬、同時擁有自我獨立的權力。

（八）夢的分析

阿德勒對於夢的解釋與佛洛伊德不同，他認為夢是「情緒的工廠」，將夢視為提升個人覺察的管道，而不強調夢的象徵意義。一般人在夢裡，會將自己白天所遭遇的問題做演練與解決，因此「夢的分析」也可以是生命形態分析的一環。一般來說，我們在做兒童與青少年諮商的時候，很少用到夢的分析技巧，然而有時候請當事人敘述夢境或者做解釋，也可以成為在諮商晤談裡的一個主題，藉由說夢、釋夢，可以更了解當事人對自己的看法、生命中所要的東西，也藉此協助當事人朝向對社會有益的方向努力。

小博士解說

阿德勒將夢視為我們白天遭遇問題的「解決演練」，聽聽孩子說夢，或許可以從中了解當事人所思、所感以及盼望，也可以協助當事人更了解自己、以及可以做的努力。

阿德勒的人格理論與佛洛伊德學派的不同（Gilliland et al.，1989，p.37）

一、在人格發展上，社會動機先於性衝動

二、思想與價值觀的主要來源是意識層面的

三、決定行為的因素比遺傳或性驅力更多

四、正常心理發展是循「選擇模式」（model of choice），而非不同程度的心理疾病

阿德勒學派的主要理念（Ansbacher，1977，cited in Gilliland et al.，1989，p.43）

一、人本取向（humanistic）——重視人與社會的福祉

二、完整的（holistic）——視人為一整全個體

三、現象學的（phenomenological）——從個體觀點來看世界

四、目的導向的（teleological）——個體受主觀未來所引導

五、場地理論的（field-theoretical）——在個人與社會及物理環境互動過程中，考慮到個人的感受、想法與行動

六、社會取向的（socially oriented）——視個人是主動對社會做反應，也貢獻社會

七、方法論上是操作取向的（operational in its methodology）

＋ 知識補充站

阿德勒認為夢是「情緒的工廠」（factory of the emotions）（Warner & Baumer，2007，p.136），日有所思因此夜有所夢，而在夢境中是常常將白天所遭遇的問題作演練與解決，夢的分析也可以是生命形態分析之一環（Mosak，1995；Nystul，2006）。

單元 24　認知行為學派

一般說來，認知行為學派是最容易入手與進行的諮商理論，因為我們經常是以語言為溝通工具，企圖以說服或是建議他人的方式（試圖改變對方之看法）來做溝通。當然諮商不只是說服而已，還需要取得當事人的認同與合作，才能有效協助其做改變。

一般說來，行為學派的基本觀點是「改變行為才是真正的改變」，認知學派的基本立論是「改變認知就能夠造成行為與生活哲學的改變」，目前這兩個學派都採用了彼此的觀點，也就是只要改變行為、認知與感受任何一項，就可以造成改變。

一、主要觀點

Ellis創立了「理情行為治療」（Rational Emotive Behavior therapy，REBT）。他認為人基本上是屬於享樂主義（會趨樂避苦）的（Dryden，2007），但同時有理性思考與非理性思考的潛能，理性就是增進個人幸福與存活機會（因此是彈性、不極端、合邏輯與現實），而非理性則是妨礙幸福與存活的（因此是僵固、極端、不邏輯、與現實不符）。人天生就傾向於發展非理性想法，但是也有潛能去抗拒這個發展，而人的知覺、思考、情緒與行為是同時發生的（Corey，2009；Dryden，2007；Nystul，2006）。主要的心理困擾（psychological disturbance）是對生活實境或覺知的困擾反應，源自於非理性思考，因此只有無條件接受自我、做出理性符合現實的反應，而且有適當的困擾容忍度（disturbance tolerance）才是健康（Dryden，2007）。

Beck創立了認知治療（Cognitive therapy，CT），他認為人的行為基本上受到自己信念的影響，也就是我們的情緒反應與行為深受認知觀念的影響，是我們對自己或是情境的思考、信念與解釋，也就是我們賦予的意義如何（Westbrook，Kennerley，& Kirk，2008）？而人的認知、情緒或感受、行為與生理等四個系統彼此交互影響。

二、治療目標

理情行為的治療目標是減少當事人的自我挫敗感、獲得一個更務實、可忍受的生活哲學，也就是減少當事人的焦慮（自責）與（對他人及世界的）敵意，教導當事人自我觀察與評估，以確保情況的改善（Gilliland & James，1998）。認知治療的諮商師基本上是聚焦在「問題」上，接著檢視當事人信念或基模的合理與否，然後就要讓當事人進入現實世界去檢視其信念（或基模）之可信度，發展新的因應方式（Beck & Weishaar，1989；Kellogg & Young，2008），也就是：（1）解除症狀、解決問題；（2）協助當事人獲得新的因應策略；（3）協助當事人修正認知架構以防復發（Moorey，2007，p.307）。

三、治療技術

REBT結合了情緒、信念與行為三者，所以它的諮商技術也至少包含這三類，情緒技巧的主要目的，是讓當事人在治療師協助下的改變過程中，可以體驗自己的情緒反應，同時認清、質疑、與改變自己的非理性信念，強調「喜歡」與「必須」之間的差異；而認知技巧主要是用來增進當事人改變信念，處理的是當事人生活中的「應該」與「必須」；此外，行為技巧的主要目的，是運用不同的技術讓當事人改變不可欲行為，同時也有更好的適應行為產生，因為改變行為的同時，就可以改變認知。

行為主義治療的主要觀念與目標（Nystul，2006，p.237；George & Cristiani，1995，pp.90-91）

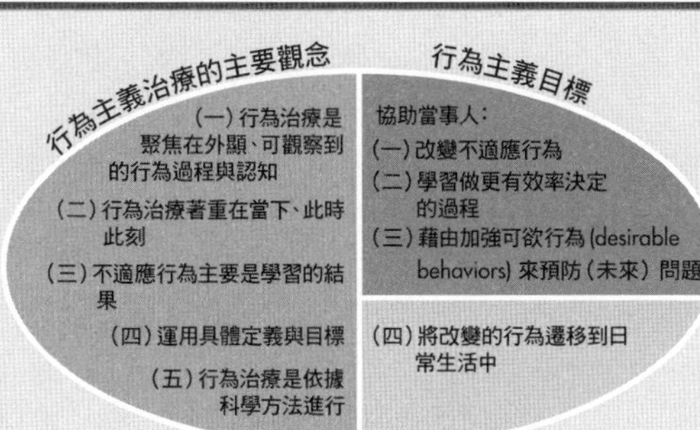

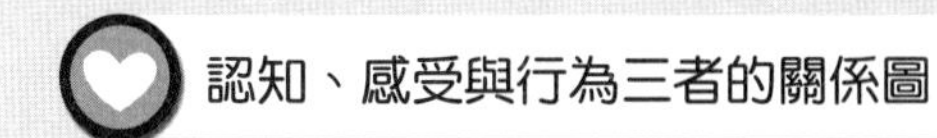

認知、感受與行為三者的關係圖

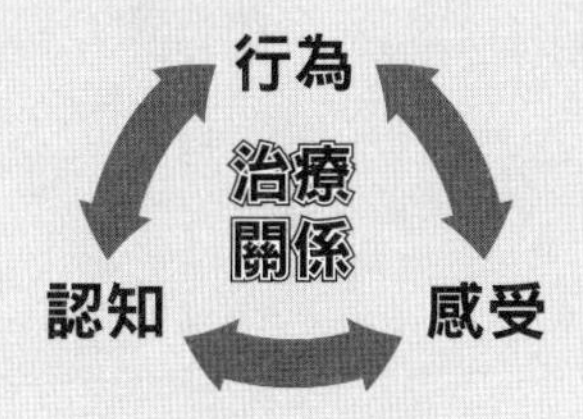

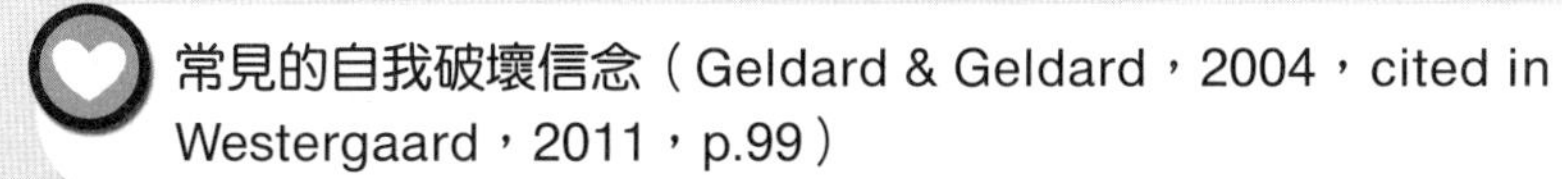

常見的自我破壞信念（Geldard & Geldard，2004，cited in Westergaard，2011，p.99）

自我破壞信念	舉例
應該、必須的信念	「我必須要跟他做朋友，畢竟每個人都喜歡他。」
災難式信念	「如果我跟這個有關係，就一定會出差錯！」
「總是」與「從不」的信念	「我常常出去也沒有出什麼問題啊！」
挫折忍受度信念	「我的老師們總是在講一些無聊的話，說什麼我以後會很有出息之類的。」
責怪他人的信念	「這不是我的錯，都是我朋友害我的！」
負面的自我知覺信念	「跟其他人相比，我覺得自己又胖又醜。」

＋ 知識補充站

諮商師將兒童行為視為正向動機時，就有機會創造互動機會，也讓孩子了解他們自己、別人怎麼看他們（Pereira，Smith-Adcock，2011，cited in Smith-Adcock & Pereira，2017，p.115）。

單元24 認知行為學派（續一）

三、治療技術（續）

Ellis認為當事人在每次晤談之間的學習比晤談時段更多，因此「家庭作業」就相當重要，而REBT鼓勵當事人去執行協調之後的作業，也將家庭作業視為諮商過程的核心（Dryden，1999）。

認知治療所使用的技術包含許多，除了Beck研發的治療方式與程序之外，還有放鬆練習、系統減敏、心理與情緒想像、認知與明確示範、停止思考（thought stopping）、認知重建、冥想、生理回饋、語言神經計畫與「眼動減敏及歷程更新療法」（EMDR）等（Gilliland & James，1998）。

四、認知學派在兒童與青少年諮商中的運用

（一）提供不同角度的思考

治療師的一個功能是「為當事人開啟另一扇窗」，許多兒童或青少年是因為生命經驗與認知發展有限，因此問題解決方法就會較少，提供兒童或青少年相關的一些可能解決方法（特別是有人用過的），他們其實就很容易理解。像是：「你說是出拳的力量比較大、還是要把拳頭收回來的力量大？」「以前我聽說過一個跟你一樣大的同學說，別人罵我三八、可是我又不三八，所以就不用理他（對號入座）！」

（二）改變認知

從當事人所舉的案例中去找尋改變的契機。像是當事人若認為只要考好成績，就會得到別人的讚賞，但是她卻無法達成，因為她的成績不佳。讓當事人去做一項作業，訪問重要他人、說出她的優點並舉證。如果這項作業完成之後，當事人還是沒有被說服、自己還有其他優點可以得到認可的話，可以讓她去看看自己喜歡偶像的優點，延伸到每個人都有不同的優點與能力，只要對社會有用就好。

（三）故事或是其他經驗分享

諮商師可以利用繪本、故事書與影片作為媒介，或是談話的題材，讓當事人可以從中學習到一些智慧或道理，甚至可以看到別人也有這樣的經歷而不孤單，別人可以成功、我也應該可以！年幼孩童容易將自己投射到書中人物身上，這樣的潛移默化功能十分有力！

兒童與青少年也喜歡聽故事，不一定要以專輔教師自身經歷的故事來做引子（畢竟相隔有年代距離），而是以他們同儕的故事來舉證，更具說服力。

（四）家庭作業

使用「家庭作業」的目的可以延續諮商效果，也可以讓當事人嘗試與試驗不同的行為與解決方式，通常也會讓他們在認知上產生改變（像是當初認為不可行的、卻可以做得到）。「家庭作業」除了要配合諮商目標，也要為當事人「量身打造」，同時要注意當事人當時的處境或環境是否可以讓其順利進行作業（如讓當事人訪問家長，家長卻認為是「擾民」）？最好的方式是與當事人商議家庭作業要做些什麼？倘若不成，可以以哪一種方式取代？取得當事人的合作，「家庭作業」的完成率才會提高，也才能達成當初預計的目標，而善用不同形式的作業，可以達到既定的效果。

貝克三欄舉隅

事件	當下的感受	可能的想法	其他轉換的想法
被老師罰站	很生氣	自己倒楣	可以抽空休息一下
同學誣賴我	生氣、難受、無奈	她怎麼可以不相信我？	也許她在氣頭上，過一陣子事情就清楚了
上學遲到	緊張、擔心	老師會認為我是壞學生	只是遲到一次，下次改進就好

注：採用貝克三欄的方式來檢視自己可能的非理性想法，也可以是家庭作業之一。

將「一定」、「必須」的用詞做適當改變

原始句子	改變後的句子
我這一次「一定」要成功	我「希望」這一次結果可以比上次更好
我「必須」要在十分鐘內趕到	我「想要」在十分鐘內趕到
她「應該」要買東西給我才對	她「可能」會買東西給我

注：有時候我們所使用的語句是「絕對」、「極端」的，這會產生許多額外的壓力，因此做適當的變更，也可以改變認知。

＋ 知識補充站

青春期孩子有所謂的「向內攻擊」（或「內化」）行為，不是將一些症狀向他人宣洩，而是加諸在自己身上，因此造成情緒上的憂鬱或沮喪。青春期的憂鬱症呈現的特色是氣憤不安、不溝通、對他人批評很敏感；而「外化行為」就是將徵狀表現出來（對自己或他人發洩），如自傷或暴力（Dixon，Rice，& Rumsey，2017，p.330-331）。

單元24　認知行為學派（續二）

（五）重新架構或重新框架（也可參見後面的「焦點解決」）

許多孩子因為不善於語言表達，因此就採用最直接的方式——行為——來表現，而其行為背後的動機是需要被了解的，一旦被了解之後，才可能與孩子商議其他有效的解決之方。諮商師的另一項功能就是提供當事人另一個思考角度或觀點，「重新架構」是可以使用的技巧之一。此外，運用「重新架構」技巧，也可以探索孩子行為的動機，像是「打人」，諮商師可以進一步詢問：「你也不想出手打他，可是因為他太煩了、你告訴過他很多次他都不聽，所以你才會生氣動手。」「重新架構」還可以看見孩子的優勢，如對一個懶散不寫功課的孩子：「你喜歡按照自己的方式寫作業，不喜歡別人叫你做什麼，是不是？」進一步的「重新架構」還可看到事情的不同面向與希望，如：「你有保護自己的能力，因為你的力量很大，我相信以你這樣的力氣，可以用在更棒的地方！」

「重新架構」是從不同的觀點（通常是「正向」的觀點）來看問題，這是諮商師的責任與能力。所謂「重新架構」是指諮商師需要提供當事人不同的思考與看事情的窗口，像是孩子說：「我跟我媽常吵架。」諮商師使用重新架構的回應是：「哇，妳們母女倆儘管意見不同，但是很努力溝通啊！」有人誤會「重新架構」是替另一方說話（像是：「妳媽是為了妳好」），事實上並不是，而是從不同的觀點來看同樣一件事情，而諮商師使用適當的幽默，也是另一種重新架構。

（六）適當運用行為技巧

對於兒童與青少年族群來說，許多事物光是靠想像，效果不大，若是能夠說服他們做一些體驗式活動或測試新行為，這些都有助於其想法或情緒之改變。一般說來，最常使用的行為技巧，像是測試假設、行為預演或角色扮演、安排活動、認知作業（包括寫日誌或紀錄）、想像、實驗、放鬆練習、冥想、呼吸控制、運動、肯定訓練等，也都可以成為當事人的「家庭作業」，用來造成或維持治療效果。此外，運用「自我對話」（self-talk）的方式來改變一些不合理的「自我陳述」（self-statement）也是不錯的方式。例如，對於自信不足的兒童或青少年，常常在發生一些負面或是非自己預期的事件時，可能就會「自動地」心裡os說：「你看，我就是這麼笨」或「我不可能做好」，嘗試用新的和正向的自我陳述（如「做錯一次，不會讓我變笨蛋」或「多試幾次，我就學會了」）來替代舊有的、負面的自我陳述。久而久之，自信心也會適度提升，至少不會每一次都將箭靶指向自己。

小博士解說

認知學派主要是改變當事人觀點或想法，在小學階段的孩子，通常想法上較僵固、不變通，若能提供其他故事或想法，很容易說服他們。

Beck與Weishaar（1989，p.296）列出了一些常見心理疾病的「認知側面圖」（cognitive profile）

疾病名稱	資訊處理的系統性偏誤
憂鬱症(depression)	對自我、經驗與未來持負面看法
輕躁症(hypomania)	對自我與未來的誇大想法
焦慮症(anxiety disorder)	對生理與心理危險的感受
恐慌症(panic disorder)	對身體與心理經驗的災難式解讀
恐懼症(phobia)	在特定、不可避免的情境感到危險
偏執狀態(paranoid state)	歸因於他人的偏見
歇斯底里症(hysteria)	對動作或感受的不正常觀念
強迫思考症(obsession)	對安全的重複警告或懷疑
強迫症(compulsion)	運用特殊儀式來抵擋覺察到的威脅
自殺行為(suicidal behavior)	對解決問題的無望感與無能
厭食症(anorexia nervosa)	害怕變胖
慮病症(hypochondriasis)	歸因於嚴重的醫療疾病

「認知取向」治療的共同點（Corey，2009）

(一)治療師與當事人是合作關係

(二)心理困擾主要是根源於認知過程的功能受到干擾

(三)改變認知造成感受與行為上的改變

(四)屬於短期教育性的治療方式

＋ 知識補充站

「家庭作業」是認知治療很重要的一部分，不僅可以用來蒐集資訊，提供當事人將治療所學運用在生活上的機會，也可以讓當事人真正去體驗與試驗。在給當事人作業之前，需要與當事人協商並說明作業的意義與功能、清楚的方向、可能遭遇到的干擾等，也就是規劃「家庭作業」需要與諮商時段所發生的有關聯、合理有邏輯、符合當事人之生活情況、要有周詳規劃（並防止可能之困難或問題）。

單元 25　現實治療

現實治療是由葛拉瑟（William Glasser，1925-2013）所創發，「選擇理論」（choice theory）就是現實治療的骨架（Glasser， 1998）。Glasser（1975）定義「現實」包括我們生存世界的限制，對當事人來說現實固然痛苦殘酷，但是會慢慢改變，「責任」是滿足基本需求的表現（但是同時不能剝奪他人的權利，這就是「道德」），也因為「討論」不負責任的行為無濟於事，因此需要積極「行動」，改變才可能產生。

一、主要觀點

（一）行為改變的因素

造成行為的因素有行動、感受、想法與生理等面向，只要啟動「行動」與「思考」就可引發改變，所以讓學生可以從小的動作或作業開始願意去嘗試，或者改變他的想法，改變就可以產生。

（二）人有五種基本需求

人類的五種基本需求為：生存與孕育下一代、愛與隸屬、獲得權力、自由與樂趣，現實學派特別強調其中的「愛與隸屬」。對兒童與青少年來說，也需要滿足這五種需求，除了生存所需的營養安全之外，有人愛、知道自己隸屬於家庭或被同儕接納，對生活有若干掌控感，而不是都靠他人決定，得到適度的活動與選擇自由，在生活中有樂趣與快樂，就是滿足其需求，也會朝正向成長。

（三）行為都經過選擇

人的行為是經過選擇的，因此諮商師的工作是：協助兒童選擇有效的行為滿足其需求。

由於「現實治療」是以「選擇理論」為基礎，認為人的每一個行為都經過自己的選擇，因此也可以在諮商過程中提出「選擇」讓學生自己做決定。像是對於非自願當事人，可能有許多抗拒行為，那麼不妨讓他／她做一些選擇，如：「你可以不需要在這裡待一節課，如果我們可以在五分鐘之內，把該做的做完，你當然就可以離開，你認為呢？」或者：「你在這裡可以不說話，或者也可以做一些事情？我這裡有一些繪本、玩具，你要不要試試？」選項中要很明顯地讓當事人可以區辨出哪一個「較喜歡」〔通常就是諮商師要他／她做的選擇（待五分鐘或做些事情）〕，這樣他／她就會更容易做選擇。

二、治療目標

現實治療的目標有：行為改變、做更好的決定、增進重要關係、讓生活更好，以及心理需求可以獲得更有效且滿意的結果，換句話說就是可以學習做更好和有效的選擇，對自己對生活更能掌控（Corey，2009）。

小博士解說

我們隨時都在「行為」（behaving）。現實治療所謂的「全部行為」（All behavior）就是我們努力去滿足自己需求的最佳企圖，是由不可分割的四部分（行為、思考、感受與生理）所組成（Glasser， 1998; Glasser， 2000， p.65），這四部分都是同時發生的，因此行為都有其目的。

現實治療過程（Glasser，1972，cited in George & Cristiani，1995，pp.95-96）

治療進度	說明
（一）涉入（或參與）	溫暖與了解的關係
（二）聚焦在行為而非感受上	強調當事人知道自己在做什麼
（三）聚焦在當下	除非過去與現在行為有關，才需要去探索過去
（四）做價值判斷	當事人要檢視自己所做的，並檢驗是否為負責的行為
（五）擬定計畫	訂出具體執行計畫，將不負責的行為改為負責任的行為
（六）做出承諾	計畫只有在當事人願意做出執行承諾時才有價值
（七）不接受藉口	不是所有計畫都會成功，但是一旦計畫失敗，就要發展新的計畫，而不是檢討為何會失敗
（八）去除懲罰	計畫失敗無需懲罰，只要繼續執行未來計畫便可

現實治療的WDEP系統（Corey，2001，p.83；Glasser & Wubbolding，1995）

W（wants，想要）	探索當事人想要、需要與覺知的為何？
D（direction，方向）	探索目前所做的，是不是自己想要前往的方向？要如何達到？
E（evaluation，評估）	評估當事人目前所做的，是否協助其往目標邁進？
P（planning，計畫）	發展具體現實的計畫來達成目標。

單元 25　現實治療（續）

三、治療技術

現實治療學派較少提及「技術」層面的運用，治療師主要會選擇適當的技術做介入（如同理、專注、傾聽、隱喻、適當使用幽默感、自我揭露、摘要與聚焦等），其他則以「原則」居多，像是：治療師態度要堅決、公平與友善，不批判、不預設立場，建立界限、遵守專業倫理等，還有一些「必不做」（不要爭辯、不用老闆式管理、不批判或強迫、不貶低自己、不灌輸害怕、不找藉口與不輕言放棄）。治療師主要是讓當事人有「希望感」，這是改變很大的動力。

四、現實學派在兒童與青少年諮商中的運用

（一）協助當事人做有效的選擇與行動

當事人之所以發生問題，主要是用了無效的方式來滿足其需求，因此諮商師的任務之一，就是協助當事人可以採用「有效」的方式滿足他／她的需求。像是當事人運用暴力欺負同學，這樣家長才會來學校關心他，諮商師可以讓當事人理解怎樣的行為可以獲得家長「關心」而不是「擔心」，也針對其「可欲行為」（符合社會期待）做讚許與增強，這樣當事人就會持續朝這個方向前進。兒童與青少年往往會認為自己無所選擇，但是這樣也逃避了責任，而現實學派治療師會讓當事人看見自己是有選擇的，但是這樣的選擇是否達到自己想要的目標？倘若沒有，可以做更有效的選擇嗎？

（二）適當的計畫與執行

現實學派治療師會協助當事人擬定可行的計畫，並隨時做評估與修正，務必達到目標。倘若學生想要有更多朋友，那麼諮商師就與其一起研擬該怎麼做？也在每次執行之後，評估效果如何，成功的方式就保留下來，較無效的方式就做改進。學生執行計畫需要有人陪伴與鼓勵，才容易堅持下去，諮商師正好可以擔任這樣的角色。

（三）永不放棄

現實治療的一個很重要原則是「不放棄」，沒有逼迫的涵意，只有一直陪伴與鼓勵。兒童與青少年是很容易被放棄的一群、也容易在沒有持續支持下自我放棄，有時候是因為成人不了解、沒有耐心去探討可能原因，所以連帶地孩子也就自暴自棄了。諮商師不願意接受藉口（當事人用來逃避之用），同時也以鼓勵、正向的態度，協助當事人擬定可達成的目標，陪伴當事人，也成為當事人願意商量的對象。現實學派治療師掌握現實條件、對錯規則，以及負責任態度，協助當事人過著滿足其需求，又不妨礙他人權利的有效生活。

小博士解說

Glasser以「選擇理論」為現實治療的理論基礎，而「選擇理論」是一種內在控制的心理學（internal control psychology），解釋了我們為何與如何為自己的生命做決定。

現實學派治療與傳統治療（特別是精神分析）之差異（Glasser，1975，pp.51-71；Glasser，1998，pp.116-117）

一、傳統治療相信心理疾病的存在，而且可以做有效分類，但是現實治療師認為當事人被貼上「心理疾病」的標籤，就不能負責地與治療師合作，而診斷只是用來選擇合適的處置方式；

二、傳統治療會深入探索當事人的過往歷史，以了解病因，但是現實治療盡量不涉及當事人的過去，因為了解原因無助於改變現狀。治療不需要去長期探索問題，因為問題通常都是不滿意目前的關係，既然問題是存在當下，就不需要花太多時間去調查當事人的過去；

三、傳統治療處理移情的問題，現實治療師則以真實自我與當事人連結；

四、傳統治療強調當事人必得了解自己潛意識的情況、獲得頓悟之後才可能改變，而現實治療並不侷限在潛意識的衝突裡；

五、傳統治療避免接觸道德議題，但現實治療強調行為的道德責任；

六、傳統治療不重視「教育」的成分，而現實治療聚焦在教導當事人有效滿足需求的方式；

七、傳統治療的諮商師與當事人儘量維持客觀、疏遠的治療關係，但是現實學派的治療師卻是全心投入；

八、傳統治療會花很多時間在探問與傾聽當事人對徵狀的抱怨，這也是當事人選擇在目前所做的，但是「選擇理論」要教當事人——我們唯一可以控制的就是自己。

人類的全部行為就像是汽車的四個輪子

注：前輪的運作可以帶動後輪的傳動，任何一個行為的改變也都可能牽動其他行為之改變（張傳琳，2003）。

＋ 知識補充站

「選擇理論」說明我們的需求不是「直接」被滿足的，而是我們自出生開始就注意到做哪些事會讓我們「感覺良好」，然後將這些資訊都儲存在大腦裡，於是大腦裡就建立了一個我們「想要」（wants）的檔案（稱之為「優質世界」，quality world）。優質世界構成了我們生活的核心，而「人物」就是我們優質世界裡最重要的元素。

單元 26 敘事治療

敘事治療（narrative therapy）與焦點解決短期諮商（Solution-focused Brief Therapy，or SFBT）是屬於「後現代取向」（post-modernism）的治療，其理論是以「後建構主義」（post-structuralism）為基礎，主要理念有「主體性」（每個人都是主體、都有其價值與觀點）、「意義」（意義是從人的互動中產生、也共創出來）、以及「語言」（重視語言的使用）。

後現代取向重視當事人的觀點與其內在參考架構，將當事人視為自己問題的專家。基本上不管是何種理論取向的諮商師，若是能夠以「正向的意圖」（positive intent）來看當事人，就可以協助當事人更了解自己，不會加深其挫敗感或無力感，這樣不僅可以讓諮商過程順利進行，也讓他／她有機會從他人角度來審視自己。

敘事治療從1980年早期紐西蘭與澳洲開始發跡，主要代表人物為Michael White（1948-2008）與David Epston（1944-）。White不以病態觀點來看當事人，也摒棄所謂治療師的「專家」立場，強調一個人的多元身分與故事，而人的身分、價值觀與信念都因為文化與語言而有不同。

一、主要觀點

（一）建構與社會建構理論

Michael White的治療哲學是從「社會建構理論」（social constructism）而來，不僅個體受到文化與環境的影響甚鉅，而所謂的「事實」也是個人經驗之後所發現的真相，我們是藉由創造自己對環境的建構而顯現出對世界的理解與意義。

從社會建構理論而來的觀點，說明了語言的使用與文化因素，形塑也創造了個人在文化中的意義，White 與Epston特別注重語言的使用，甚至強調治療師本身要對語言相當地敏銳，也能夠正確地使用（Payne，2007）。

（二）敘說與解釋形塑了生命意義

從敘事的觀點來說，「個人」是由故事所建構而成，治療師邀請當事人決定自己喜愛的故事版本，協助他們留意適合這個版本的生命經驗。每一個人也是藉由「敘說」來定義自己生活的意義，因此每個人所說的故事也決定了我們是怎樣的人、會有什麼樣的行動（Halbur & Halbur，2006，pp.75-76）。然而我們所敘述的故事，在許多情況下是受到文化或社會價值（「脈絡」）所影響的「主流」故事（dorminant stories），欠缺個人的主體性，也因此加重了「問題」的嚴重性。敘事治療學者認為我們的故事是多面向的（multistoried），不限於一個「主流故事」，即便一個事件也可以有不同故事產生（Morgan，2000）。

（三）觀點與多元身分

敘事治療所謂的「觀點」（perspective）代表的是看事情、給予生命意義，也是一種生活方式（Bubenzer，West，& Boughner，1994，cited in West & Bubenzer，2002，p.358）。文化、社會與政治因素會影響在其中生活的人，特別是與權力有關的一切，滲透到個人生活及更廣範圍，因此敘事治療師看見主流社會的觀點對一個人生命與觀點的影響。每一個人有不同的身分（如同時是父親、兒子、兄長等），治療師將當事人視為自己生活的專家，認為人有技巧、能力、信念、價值觀與承諾等，協助其減少問題對自己的影響。

後現代治療的幾個共通點（Tarragona，2008，pp.172-175）

一、受到不同領域（涵括了哲學、人類學、歷史、語言及文學理論）的啟示。

二、採用社會或人際對知識與認同的觀點。

三、注意脈絡。

四、語言是中心概念。

五、治療是夥伴關係。

六、重視多元觀點與聲音。

七、重視地方性知識（或是個人的知識）。

八、當事人是主角。

九、治療師的公開或透明。

十、注重「有效的」方式。

十一、個人動能（personal agency，能夠自己做決定並採取行動）。

敘事治療師協助當事人重新建構故事的方式

一、運用問題來鼓勵當事人去反思不曾注意到（或被忽略）的資源。

二、運用其他技巧來協助故事的展演（包括使用「外化問題」、深描故事、了解「特殊結局」，並創造出當事人所喜愛的其他特殊結局）。

三、寫信或是給予獎狀激勵（也肯定）當事人的成就。

四、邀請與當事人相關的重要他人參與（包括儀式，這些見證人可以讓當事人新的故事浮出檯面）。

敘事諮商師的功能（Halbur & Halbur，2006，p.77）

- 了解當事人最初所敘述的故事
- 外化問題（externalize the problem）
- 尋求特殊結果的可能性
- 解構故事
- 發展也豐厚新的故事

+ 知識補充站

敘事治療讓當事人看見自己在「主流社會（或文化）」所定義的「單一身分」之外，還有其他被忽略、漠視或是刻意壓抑的「非主流」身分（identities）。

單元 26　敘事治療（續一）

（四）解構「人」與「問題」的連結

敘事治療最著名的就是使用「外化問題」。「外化問題」就是不將「人」與「行為」聯結在一起（如對「霸凌他人的學生」說：「讓別人不好過這件事對你的影響是什麼？」），可以讓當事人有空間去創思解決之道，不自困於問題當中，甚至是抽離出問題情境，讓當事人脫離「負面身分」，創造出個人更多元的身分。

二、治療目標

敘事治療目標通常由當事人決定，治療師陪同當事人重寫他們的生命故事，換句話說，就是協助當事人打破「膚淺描述（繪）」（thin description），與當事人「共同著作」（re-authoring）新的、當事人較喜愛的生命（與關係）故事。對White來說，治療就是「關於個人敘事的再開發，以及自我認同的重新建構」（White，2007／2011，p.70）。例如協助一位「霸凌加害者」（主流社會的觀點）重新看見自己其他的身分（如「會保護妹妹的好哥哥」或「體貼的兒子」），而不是單一、負面的「霸凌加害者」而已。

三、治療技術

（一）問題技巧

「問問題」是為了要引發經驗而非蒐集資訊，在引發了當事人更多較喜愛的實際經驗時，問的問題就有治療功效。基本上有以下幾種問題（Freedman & Combs，1996）：

1.「解構問題」（deconstruction questions）——協助當事人從不同角度看自己的故事，如「你希望同學尊重你的意見」。

2.「開放空間問題」（open space questions）——一旦問題角度拓寬了，就有許多空間可以容納「特殊結局」，如「當你不是那麼在乎別人的看法時，你想做什麼？」

3.「較喜愛問題」（preference questions）——在與當事人一起共構新的故事時，要一直反覆確定故事的方向與意義是不是當事人較喜愛的？

4.「故事發展問題」（story development questions）——一旦空間足夠容納一個特殊結局、或當事人喜愛的發展時，就可以開始詢問讓故事更深描的問題，鞏固新身分的故事。

5.「意義問題」（meaning questions）——邀請當事人從不同的角度反思自己的故事、自己、以及與他人的關係，可以讓他們重新去思考與體驗特殊結局、較喜愛方向與新建立故事的影響等。

（二）外化問題

治療師會詢及「問題」對當事人的「影響」，也會問當事人對「問題」的影響為何？就是將「人」與「問題」分開，協助當事人從不同角度思考問題。外化問題是「解構」敘事的一種形式，可以用來決定形塑當事人生命的真正效果（White，1991，cited in Becvar & Becvar，2009，p.262）。由於「外化問題」是將當事人與問題做切割，不讓「問題」成為個人內在、不可改變的缺陷，而當事人也可以抽開距離去看自己面臨的困境，比較容易思考出解決之道，如「沒有問同學就拿走她的東西，對你來說有什麼影響？」重點不在於「問題」，而是其背後所持的信念（Halbur & Halbur，2006，p.77）。

敘事治療過程（Reid， 2011，pp.154-160）

- 傾聽充滿問題的描述
- 命名與外化問題
- 去發現當事人有能力的線索
- 建構另一個可能的故事
- 在新的故事裡，登錄證據以及加入聽眾

外化問題的效果（White，1989，cited in Payne，2000，pp.55-56）

一、減少人與人之間無建設性的衝突（如夫妻之間的互相責難）。

二、減少失敗的感受（因為問題並不代表人本身）。

三、可以為彼此的合作鋪路、共同對抗問題。

四、打開新的可能性，個人可以採取行動恢復自己的生活。

五、讓個人可以擺脫壓力與重擔，採取更有效的方式去處理問題。

六、對問題而言，可以打開「對話」的可能性，而不是個人的獨白。

使用外化問題的限制（Payne，2007，pp.62-64）

一、外化的技巧必須在「後結構」的假設架構上進行，要不然其價值有限。

二、外化並不一定總是適當的，只是在解構某些固定的、積習已久的主流故事時最有效。

三、經由「命名」來做外化，有時候失之過簡或過難，無法真正協助當事人。

四、當在定義「壓迫」的情境（如被威脅、虐待）時，「外化問題」就不適當，此時要特別注意使用時的態度、信念與策略。

+ 知識補充站

「外化問題」在治療過程中不斷地被使用，這樣的作法並不會讓當事人逃避責任，反而會讓當事人更願意承擔責任（White， 2007／2011）。然而外化技巧並不是用來解釋破壞性或淩虐式的行為（而此類行為所隱含的信念或假設可以用外化方式處理，像是家暴事件中的施暴者，其信念可能是「想要家庭更團結」）（Payne， 2007）。

單元 26　敘事治療（續二）

（三）解構與重寫

敘事治療師認為已經經歷過的故事可以賦予經驗意義，而當事人所選用的故事也決定了他／她是怎樣看自己的。大部分當事人可能受限於主流論述的影響，將自己定位為受害者或是無力的弱勢，敘事治療就是要協助當事人看見主流故事之外的「非主流」故事，然後將其強化、成為個人的主流故事。敘事治療運用「解構」的方式，讓當事人不再受到主流文化與論述的影響，擺脫了受文化限制與壓迫的主流故事（或是「浸潤在問題中」的故事），讓當事人有機會去探索某個情境或事件的其他不同面向，重新建構（重寫）一個屬於自己的、可能的其他故事（或身分）（Monk，1997）。

（四）治療地圖

治療有所謂的「地圖」（map），也就是可以遵循的方向。通常是當事人先仔細描述問題、為問題「命名」，治療師指出故事中的線索（看到更多的可能性），然後依據這些可能的線索問一些問題，形成了所謂的「子計畫」（sub-plots），可以修正原先的故事，開啟改變的可能性（Payne，2007）。治療師與當事人在敘事治療過程中，遵循著當事人想要的身分與方向，累積有力的證明故事（深度描繪），慢慢將新身分鞏固起來，也讓當事人看見了希望及可以繼續努力的路徑。

（五）治療文件（紀錄）

敘事治療師善用其他可以支持新故事或線索的證據與資料，也不時提供當事人這些可以保存或重新拿出來見證的素材，用來強化、鞏固與鋪陳當事人新的故事與身分。

治療師會將治療過程中的所有一切都記錄下來或蒐集起來，也鼓勵當事人這麼做，主要是因為這些紀錄或是資料都是有關於當事人的想法、發現與成就。Epston認為書寫的文件或紀錄，不會像對話一樣很快就消失，而且還可以在往後重複閱讀，而其影響可以持續下去（cited in Becvar & Becvar，2009，p.262），也提醒當事人曾有過的經驗與領悟。

不管當事人的年紀與性別，若能善加運用文件或紀錄，都可以對當事人未來面對挑戰或遭逢生命困厄之時，重新回味自己曾有過的成功經驗或榮耀，對當事人來說，就是延續諮商療效的一種有效方式。在治療過程或是結束治療關係時，諮商師可以將自己觀察當事人的努力與進步（或是諮商師從了解當事人，或是自其身上所學到的）書寫下來，交給當事人留存，許多當事人都會好好保存，也藉此提醒當事人有過的努力與輝煌成就。

（六）重新加入會員（re-membering）

治療師也會邀請與當事人相關的重要他人加入治療（可以是觀眾、目睹當事人的改變與受到的影響，或是其已過世的親友或重要人物），邀請他們「重新加入會員」，這些都可以是重要的「目擊證人」（external witnesses），讓當事人新的認同與身分，因為有人目睹作證而更為紮實及可靠（Payne，2007）。

諮商師在敘事治療裡的角色（Halbur & Halbur，2006，p.76；Nichols，2010，p.96；Payne，2007）

- 共事者（collaborator）：積極參與治療過程，也問一些必要的問題。
- 與當事人的「敘事對話」是一種互動且合作的關係。
- 治療師扮演決定敘事方向（發展）的重要角色。
- 協助當事人重新檢視自己看事情的方式、也讓當事人可以從不同的角度來探看事物。

敘事治療的貢獻（整理自 Monk，1997；Corey，2009）

- 請當事人開始一趟共同探索、尋求被問題所遮蔽的才藝與能力之旅，以「資源」或「優勢」為基礎的治療，可以提升希望、讓當事人更有動力去改變，治療是樂觀、正面的取向。
- 在敘述故事過程中，不只改變了當事人，也改變了聽故事的治療師。
- 敘事治療同時也注意到文化、社會與權力在當事人困境上所扮演的角色，涵括了許多多元諮商的優勢。
- 敘事取向提醒治療師態度與運用問題的能力，是任何治療都可以借鏡的。
- 以書信紀錄方式來鼓勵當事人，這些書信都可以反覆閱讀，對當事人是很棒的一種支持與提醒。

在學校進行敘事治療或其他治療都可善用目擊證人的方式（舉隅）

- 找曾經中輟，但回到學校完成學業的學生擔任顧問，可邀請其與其他潛在中輟生對談。
- 邀請曾遭受霸凌、但已不再受暴的學生講述自己的故事，提供自己如何面對霸凌。
- 請見證學生改變的家人／老師／學生出席擔任證人。
- 請學生敘述不在身邊的重要他人（包括逝去的親友）曾經給予的支持或賞識。
- 藉由學生的偶像（目前或歷史人物）來對學生說出期許的話。

＋ 知識補充站

敘事治療過程很輕鬆、有目的，治療師採用「去中心」（de-centering）的立場，也就是將治療視為「雙向」的過程，運用「撤退」（taking-back practice）（在治療師意識到與當事人的對話影響到自己的生活時），維持「透明可靠」（也要當事人留意到治療師本身能力的限制，諮商師不只會反思自我、也明確表達出自己的價值觀，同時也讓他人知道自己的生命經驗，不是站在「專家」的立場）（Payne，2007；Andersen，2003）。

單元 26　敘事治療（續三）

四、敘事治療在兒童與青少年諮商中的運用

（一）故事的功能

我們都喜歡聽故事、也喜歡說自己的故事，兒童與青少年也是如此，敘事治療給他們有機會說自己的故事，而且是有力量、以他們為主角的故事，這樣的立意與做法就是對當事人最好的尊重與重視。以兒童及青少年為主角的故事，更可以讓其發揮想像與創作力，肯定自己的用心，看到可以努力的未來。個人自故事當中塑造自己與生命意義，這些被強化的故事也是提點當事人的其他優勢。

（二）將問題與人分開

敘事治療師不會以「問題」為焦點，而是從問題去衍生解決方案與意義，這樣的治療是較有深度的，也讓人印象深刻。敘事治療刻意將「人」與「問題」分開的「外化問題」方式，可以讓當事人不受主流文化的壓迫，重新得力且看見解決之道，這是一般傳統治療師無法做到的。想想看，一位被診斷為「強迫症的學生」，在諮商師口裡是「一直想洗手這件事對你的影響是什麼？」就不會讓當事人有受害、無法改變的無助感。

（三）治療文件與見證人

每一次諮商過後，當事人會更清楚自己的優勢，而諮商師細心觀察的紀錄或是送給當事人的證明及獎狀，這些文件可以長久保存，不僅讓當事人可以隨時回顧，也在生活遭遇困挫、感覺無希望或需要時，可以拿出來回味，因此而重新振作。在實際與兒童或青少年晤談過程中，若可以藉由「過來人」的同儕經驗來影響當事人（將其聘為「顧問」），也是很好的一種賦能方式；例如發顧問證書給一位曾輟學又復學的國三學生，在下一次碰到一位有類似經驗的學弟時，特別邀請這位顧問出席，由他與學弟分享自己的經驗與想法，證明這位顧問的說服力甚佳！

（四）多元身分與故事

敘事治療看見個人的多重身分，也讓當事人看見自己其他重要的身分與能力，有些被社會輕忽的角色（或「身分」），也因此得以浮凸與重現。像是主流社會所讚許的「好學生」並不是每個人都辦得到，若不是「好學生」的當事人如何得到正面認同或肯定？敘事治療師協助當事人看見自己的其他身分（如「照顧弟弟的好姊姊」、「為父母分攤重擔的好女兒」），對當事人來說是賦能而有力的，也重新塑造了當事人對自己的看法與信心。

小博士解說

人類是「解釋」的動物，我們會將日常生活中所經歷的賦予意義，而我們對於自己的故事，是將一些事件以特殊方式，透過時空加以連結，然後找到解釋的方式或是讓其有意義；然而我們所敘述的故事在許多情況下是受到文化或社會價值（「脈絡」）所影響的「主流」故事，欠缺個人的主體性，也因此加重了「問題」的嚴重性。

敘事治療示例（五年級女生）

諮商師：「常常洗手這件事是怎麼影響妳的？」
當事人：「我一直洗手，手很痛。」
諮商師：「所以妳聽到有聲音叫妳這麼做？」
當事人：（點頭）
諮商師：「是男的還是女的聲音？」
當事人：「男的。」
諮商師：「他怎麼說？」
當事人：「妳好髒。」
諮商師：「我們可以叫它『髒先生』還是什麼嗎？」
當事人：「『髒先生』好了。」
諮商師：「什麼時候『髒先生』最喜歡來鬧妳？」
當事人：「爸爸載我要回家的時候。」
諮商師：「所以妳一下車…」
當事人：「就趕快去洗手。」
諮商師：「什麼時候『髒先生』會一直煩妳，但是妳不理它的？」
當事人：（臉上露出笑容）「音樂課、英文課的時候。」
諮商師：「它拿妳一點辦法都沒有！」

敘事治療師的態度或觀點是諮商過程的關鍵（Corey， 2009; Morgan， 2000; Nichols， 2010）

- 治療師保持「未知」（not-knowing）、好奇的立場
- 尊重當事人是自己問題的專家
- 以尊重、開放、合作的態度與當事人對談

+ 知識補充站

當事人是專家，也是主動參與治療過程的重要人物。一般的敘事治療時間，通常較一般的治療要長，一次治療不限於四、五十分鐘，有時甚至延長到一個半小時或更多，因此敘事治療不是一個短期治療（Payne， 2007）。

單元 27 焦點解決治療

焦點解決短期諮商（Solution-focused brief therapy，SFBT）是1980年間由Steve de Shazer（1940-2005）、Insoo Kim Berg（1934-2007）及同僚在Milwaukee的Brief Family Therapy Center所發展出來的。

一、主要觀點

（一）個體的個殊性

SFBT相信每一位當事人都是特殊的，採用的治療方式也應該是「適合」此當事人的特殊方式。

（二）聚焦在「未來」與「解決之道」

治療師不需要去挖掘問題的起源或歷史，把焦點放在「解決之道」上，同時聚焦在「未來」，就是要當事人看到沒有問題困擾的未來、也鼓勵當事人尋思可能的解決方式。

（三）強調小改變

一點點的小改變，都可以引起漣漪效應，造成更大的改變（所謂「漣漪效應」是「系統觀」的一部分）。

（四）當事人是專家

運用當事人帶來諮商場合的任何可用資源，強調當事人就是自己問題的專家，把解決問題之鑰放在當事人身上，也肯定當事人為問題所做的努力與嘗試，強調使用當事人所用的語言，也是尊重當事人的一種做法。

（五）無效的方式就不要繼續使用

當事人也思考過解決的方法，然而有些方法即便無效，當事人還是繼續使用，讓問題更糾結，因此應該要尋思其他方式，達成有效結果。

二、治療目標

焦點解決諮商的目標是協助當事人過更平衡的生活，對於未來所關切的議題有更多的資源可以運用。目標可以有三種形式——改變對於問題的作為、改變對問題的看法，以及找出資源、解決之道與優勢（O'Hanlon & Weiner-Davis， 1989，cited in Seligman，2006，p.417）。

三、治療技術

SFBT的許多技巧會讓人誤解是只有不同的「問法」，但是要謹記SFBT的諮商師重視語言的功能、創意的發揮與優勢的立場。焦點解決所運用的技巧許多是承自「敘事治療」而來，像是「評量問句」、「例外問題」、「奇蹟式問題」等。強調諮商師正向、和善的焦點解決態度，主要技術如下（de Shazer，Dolan，Korman，Trepper，McCollum，& Berg，2007，pp.4-13）：

（一）找尋過去的解決方式——一般人在遭遇問題或困難時，都會想辦法解決，只是解決程度不如預期，但是這並無損於當事人的能力，同時治療師也可以從中了解當事人已經試過哪些方式、成功機率如何、有沒有可以加以改善的？

（二）找尋例外（Looking for exceptions）——SFBT的治療師認為聚焦在「負面」會讓系統停滯、改變更困難，因此著重在優勢與資源上，更可能引發有利的改變。問問題，而不是指導或詮釋。

（三）聚焦在「當下」與「未來」的問題導向。

（四）讚美——「讚美」是焦點解決諮商裡非常重要的一環。讚美不僅傳達了治療師全程仔細聆聽的專注與尊重，也表示關切當事人。

焦點解決諮商受到 Milton Erickson 實作觀點的啟示（Murphy，1997，pp.31-32）

（一）「沒有一般的當事人、也沒有一般的理論」——也就是每一位當事人都是特殊的，採用的治療方式也應該是「適合」此當事人的特殊方式，這頗符合「因材施教」的教育理念。
（二）時間效率——不需要去挖掘問題的起源或歷史，把焦點放在「解決之道」上。
（三）聚焦在未來—— Erickson 的「水晶球」（crystal ball）問法就是要當事人看到沒有問題困擾的未來，也鼓勵當事人尋思可能的解決之道；檢討過去雖然有助於對問題的了解，但也容易讓人陷入失望之境，但是如果瞻望未來，可以讓當事人覺得事情可以有改善的希望，較願意有努力的動力。
（四）強調小改變——只要是朝向當事人可欲方向的小小改變，都可以引起漣漪效應、造成更大的改變；具體而微的改變，不像抽象夐遠的目標那麼不可及，可以激勵當事人願意投注心力去努力，也體會到目標其實是可見、也可能達成的。
（五）實用性——將當事人視為自己問題的專家，肯定當事人為了解決問題做過努力，也運用當事人可能的資源，會讓當事人對自己具有信心，也在解決問題過程中習得能力。
（六）強調使用當事人所用的語言，就是同理當事人對於問題的看法，可以藉此了解當事人的內在架構，也傳達對當事人的尊重，當然也為建立良好諮商關係鋪路。

焦點解決的基本理念（Connie，2009；de Shazer et al.，2007，pp.1-3）

（一）如果沒壞，就不必修理。
（二）如果有效，就做更多。
（三）如果無效，就採取不同行動。
（四）小步驟可以造成大改變。
（五）解決之道不需要與問題有直接關聯。
（六）沒有問題會一直存在，總是有例外的時候。
（七）解決語言的發展不同於問題描述。
（八）未來是可以創造與妥協的。

＋ 知識補充站

將焦點解決運用在學校場合的建議（Murphy， 1997， pp.40-42）：（一）如果奏效，就用更多，倘若無效，就採用不同方式；（二）每個人都有改變問題的長處與資源；（三）一個小小改變可以是解決問題的開始；（四）著眼在未來的可能性與解決方法上，都可以促成改變；（五）任何行為都有許多意義與解釋，如果這個不適用，就改用其他的；（六）合作可以促使改變發生。

單元27 焦點解決治療（續一）

（五）治療前的改變（pre-session change）——特別是運用「解決談話」（solution-talk）。通常當事人在打電話預約諮商時段、到真正見到治療師之前，其問題大都有一些些的改善，這也是「解決談話」的開始（O'Connell，2007）。

（六）奇蹟式問句（miracle questions）——運用奇蹟式問句通常可以讓諮商師看見當事人關切議題的潛在解決方式（Seligman，2006，p.419），或是描述他／她想要從治療中獲得什麼（Duncan， Miller， & Sparks，2003）？如「如果有一天你醒來，發現問題不見了，你會看到什麼？」

（七）評量問句（scaling questions）——聚焦在過去的解決方式與例外情況，並點出新的改變。評量問句可用在評估進度、建立信心與動機、設定小而可辨認的目標，以及發展策略上（O'Connell，2007，p.392）。通常是以1到10或0到10（最差到最好）的方式來詢問，可以知道當事人所欲目標、達成的程度，以及可以繼續努力的方向。

（八）建構解決之道與例外——治療師聚焦在進步的情況與解決之道上，不同於傳統治療師只注意到問題原因與問題持續的情況。

（九）因應問句（coping questions）——如果情況沒有改善，治療師會將焦點放在當事人的優點與力量上，如：「你（妳）怎麼做讓它不變得更糟的？」

（十）「暫停」，也就是休息一下然後再晤談。這個「暫停」的動作可以讓當事人回想今天諮商過程中的一切，也讓治療師可以有機會去思考有創意、又有效的家庭作業。諮商師接下來要做的有：讚賞當事人、連結的陳述（bridging statement，任何可以增加當事人的動力去實驗新想法、增加解決問題可能性的說明）以及家庭作業的建議（Berg & Steiner，2003，pp.27-28）。

（十一）實驗與家庭作業——「實驗」是讓當事人有機會去嘗試不一樣的、或沒試過的，減少其防衛心與害怕，家庭作業也是讓改變可以持續的重要媒介。家庭作業主要有：有效的方式就持續進行，若無效的，就做不一樣的（Berg & Steiner，2003，p.28）。

（十二）「所以，自從上次我們碰面之後，事情有沒有變好一點？」這是每一回治療師都會問的話，不管當事人的答案如何（一樣、更差了、或變好一點），都可以提供治療師許多有效的線索，與當事人一起朝向問題解決的方向前進。

（十三）巡迴問句（circular question）或是「關係問句」——就是以當事人相關人士的觀點來詢問當事人，可以讓當事人站在他人的立場來思考或感受，是一種藉由「關係」來問的問句，像是：「如果你／妳有一次不發脾氣了，朋友可能會有什麼想法？」

焦點解決諮商的幾個關鍵要點（Connie， 2009，pp.14-16）

一、使用「讓我們想像」（suppose）的句子，而不是用「問題」導向的句子。

二、當事人是專家。

三、治療師不做「假設」（hypothesize）、以為自己懂。

四、在尋找當事人想要的未來與例外情況的細節時，要能夠堅持下去。

五、步調要慢。

六、維持一種尊敬與好奇的態度。

七、談到當事人想要的未來時，使用推測的語言（presuppositional language）。

九、使用「暫時性」的語言（Berg & Steiner，2003，p.67）。

八、保持簡單。

解決的談話（solution talk）類型（Metcalf，2009，p.29）

- 未來導向的問題（future-focused questions），像是「如果妳今晚睡著後，妳所擔心的問題都消失不見了，當妳睜開眼醒來，妳第一個會發現什麼？」
- 尋找例外的問題（exception-finding questions），像是「你生活中最快樂的那一段是？」
- 評量問題（assessment questions），像是「從一到十，表示你的情況從最差到最好，妳目前的情況是在哪個位置？」，也可以讓當事人「具體」看見想要發生的下一步為何？讓改變更容易發生。
- 歸因問題（attribution questions）或是因應問題（coping questions），像是「即使遭遇到這麼多挫折，你是怎麼撐到現在的？」

（針對「解決」來做對話，就自然不會受困於「問題」，拓展了當事人問題解決的創意與潛能）

＋ 知識補充站

焦點解決治療師的目標是要尋求問題解決之道，因此不太花時間讓當事人去敘述問題。治療師會先從當事人曾有過的解決方式開始，也尋求「例外」，讓當事人重溫自己的成功經驗（與能力），以「奇蹟式問句」協助當事人訂立目標，看見改變後的希望，以「評量問句」讓當事人可以看見自己的進步與進一步目標，還有用「因應問句」協助當事人重振精神且願意持續做努力。

單元 27　焦點解決治療（續二）

四、在兒童與青少年諮商中的應用

（一）將兒童視為其問題之專家：不將當事人視為無能或無知。將兒童當成專家，也就是指兒童了解自己的問題，也曾嘗試過解決，可能是解決方式無效，因此輔導老師可以與兒童一起去發掘哪些使用過後有效的方式、可以繼續保留與嘗試，倘若無效，再一起思考商量可以採行的方法。

（二）善用兒童擁有的資源：兒童的資源包括他／她的優勢與可能的支持系統，因此要將兒童的家人或朋友也納進來，讓他們參與協助過程，也可以「見識（證）」或目睹兒童的改變。像是可以問兒童：「如果你／妳懂得跟朋友好好相處了，誰會最先發現這些改變？」或許兒童認為周遭許多人只看到他／她表現不好的部分，也可以請見證過兒童良好行為的相關重要他人（也許是幼稚園老師或祖母）來做證人，敘述他們看到兒童的優點故事，這也是「敘事治療」的一種技巧。

了解兒童的偶像或是喜歡的電腦遊戲人物，可以詢問其偶像會希望他／她如何（如：「如果你／妳的偶像在這裡，他／她會怎麼該跟你／妳說？」），或者是某電腦遊戲人物的優勢為何？如果兒童是那些人物，他／她會如何善用這些優勢？

（三）尋找例外：即便兒童或青少年目前的表現不孚眾望，但是一定都曾經有過良好的表現或成功經驗，因此提醒當事人有過的光榮時刻（或能力），或是沒有問題的情況，對當事人來說，都是一種鼓勵與希望。

（四）無效的方法就不要繼續使用：很多時候兒童因為缺乏經驗或是不知道解決問題的有效方法，所以一直採用了無效的策略，像是想要引人注意的兒童，只用打架來獲得注意，卻換來不好的結果。也許可以讓兒童試試不同的方式，例如幫助同學，同時也請老師留意兒童正向的行為並予以嘉獎，兒童發現結果與之前的不一樣——獲得老師的注意，而且得到讚許——可能就會更常出現這樣的助人行為。

（五）小改變可以促成大改變：只要有一個行動開始，就可以產生漣漪效應。兒童有時候不願意有所行動，因為「不做不錯」，或是擔心結果不如預期，只要輔導教師可以說服其做一個小小動作、或只是觀察也好，就開啟了改變的可能性。像是請兒童觀察人緣好的某位同學下課時都做些什麼？兒童也許就可以觀察到與人互動的技巧或方式，自己也願意去慢慢練習或效仿，而改善了與同儕的關係。

（六）重新架構技巧：換個角度來看問題或事件，或是以正向的觀點來重新形塑事件，這也是焦點解決用來找當事人優勢的好方法。像是學生說謊，諮商師可以說：「你知道要怎麼樣保護自己，讓自己不受傷害。有沒有一種情況，你可以說真話、也可以保護自己呢？」有時候不要只是看重結果，而是去注意過程，也會讓當事人有不同的領悟，像是：「雖然這一次沒有得到你想要的名次，但是從你一路這麼跑下來，卻不肯放棄的情況看來，你是一個會堅持下去的人，我很佩服！」。

焦點解決治療的特色（Reid，2011，p.131）

- 視自我與他人是有能力的
- 接受當事人定義的問題
- 治療同盟的形成
- 肯定當事人的成功經驗
- 治療師從當事人身上學習
- 避免與當事人做權力鬥爭
- 客觀（不「個人化」）看待當事人的行為

「問題導向」與「焦點解決」的比較（整理自Reid，2011，p.132）

問題導向	焦點解決
從問題開始	導向解決方向
過去	現在與未來
原因	多元描述
「為何」的問題	「如何」的問題
發生了什麼事	你想要什麼
頓悟／治癒／成長	學習／經驗／成功
深度	表面
指導取向	合作取向
哪裡錯了	哪裡可以改善
當事人從諮商師那裡學習	諮商師從當事人那裡學習
長期且痛苦的	可短期且快樂的
諮商師主導解決方式	解決方案適合當事人
專家的語言	當事人語言
抗拒	合作

焦點解決治療過程（Reid，2011，pp.133-134）

- 定契約，並指出當事人想要優先處理的議題。
- 無問題的談話（建立合作關係，也開始看見當事人的優勢與資源）。
- 解釋與探索改變的主題。
- 設定工作目標。
- 繼續指出改變以及找尋「新」的不同解決方式。
- 增強與放大所做的改變以及改變的效果。
- 增強前往目標的改變。
- 指出其他的改變（使用尊重的好奇態度）。

單元28 家族（庭）治療取向

一般輔導教師與諮商師的訓練裡較缺乏這一塊，然而在實務工作時，卻發現其重要性。專輔教師在接觸兒童與青少年族群時，要時時刻刻提醒自己：許多孩子的行為問題不在孩子本身，通常孩子只是呈現家庭或社區問題的徵象而已，因此要將眼光放大、放遠，從孩子所處的環境與脈絡去進行了解（生態系統觀），可以較容易發現問題的源頭、可以運用的資源，以及有效的處置方式。

沒有一個問題是單一的原因造成，很多時候是許多因素糾結所釀成。家庭需要維持其平衡，因此只要有新的資訊或情況出現，就會經過一些震盪與調整，以恢復之前的狀態，這是「系統觀」的理念。兒童年紀小受到環境的影響大，特別是家庭的影響力，也因為自己能力不足、卻又身為家庭的一份子，倘若家中出現問題（如父母爭吵），兒童會認為自己「應該」出點力、協助解決，然而他們可能嘗試某些行為（如在學校打架），卻意外發現結果不錯（彼此爭吵的父母親一起前來關心），他／她可能就誤以為自己替家庭解決了問題，於是就繼續使用，殊不知這樣可能只是轉移了注意力，真正的問題還是沒有解決，這裡的兒童只是家庭問題的「代罪羔羊」（或「被認定病人」，identified patient，or IP）而已，除非真正的家庭問題獲得解決，要不然兒童就會持續這樣的「生病」行為。

一、主要觀點

（一）生態系統觀

家庭不能自外於周遭的環境（鄰里、社區、學校、社會、國家與世界），況且現在科技進步、天涯咫尺，像是最近的Covid-19（新冠）病毒、超級細菌，已經造成人心惶惶，深怕這會是潛在的二十一世紀黑死病。多年前全球經濟景況不佳，造成許多國家破產，許多人失去工作，臺灣甚至有多起男主人帶領全家自殺案件，個人的工作與全球經濟情況息息相關也可見一斑。

家庭也在這樣的大系統之中，因此有時候輔導教師面對兒童，也要將這些大脈絡的變數考量在內。許多孩童因為家長工作關係，不是常搬家而無法交到朋友，就是家長無業或被資遣在家，孩童反而成為家長情緒的出氣筒，導致家暴的產生。而「家庭暴力」往往是持續最久且最難被發現的，一旦發現可能就是非死即傷！「家暴」是「控制」與「權力」的問題，牽涉到傳統的性別關係與位階。遭受或目睹家暴的孩子，男性容易淪為「加害者」，女性容易成為未來的「受害者」，而暴力也會因為模仿而傳承下去，影響其一生。

（二）系統觀

家族治療師之所以喜歡「系統觀」，主要是見到當事人無力去控制家庭中發生的狀況，常常淪為受害者。「系統觀」強調「牽一髮而動全身」（與「焦點解決」的「小改變促成大改變」同）的「漣漪效應」，因此只要家中有人發生問題，不一定是個人的因素，而是需要將整個家庭系統納入考量，同樣的，若家中有一位成員出現問題，只要有其他家人參與治療，就有機會將所學或是有效的方法帶回家做執行並促成改變，而這樣的改變也會牽動其他人的改變。

家族治療師認為孩子出現問題或徵狀可能是（Corey，2009，p.412）

（一）為了家庭而有其功能與目的

（二）家庭不小心讓這個徵狀持續下來

（三）家庭無法有效運作，特別是在轉換期時發生

（四）可能是世代傳承下來的失功能模式

穩定的家庭系統需要（Becvar & Becvar，1998，cited in Taylor，2004／2007，p.9）

能夠改變或有彈性。

家庭如同個人，也會經歷發展階段，因此也有一些危機需要處理。

由許多次系統所組成，也要靠彼此間的互補與支持。

家庭要同時是開放與閉鎖的系統，才可以有效管控。

溝通就是回饋。訊息的交換可以維持系統的能量。

家庭成員應被視為獨立的個體，但同時也需要歸屬感。

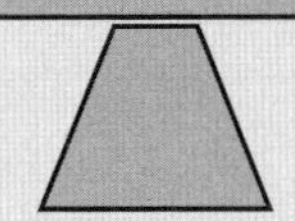

＋ 知識補充站

許多家族治療師已經不將「抗拒改變」當作議題，因為這是人情之常（人有安全、穩定的需求，因而不想改變），反而是將抗拒視為具有「保護」的功能，同時也提醒家族治療師要注意到性別議題與文化脈絡，不要輕忽了性別可能涉及家庭權力與位階的問題，而文化的潛隱影響力是一直存在的（Nichols，2010，pp.103-109）。

單元 28 家族（庭）治療取向（續一）

（三）界限與結構

每一種關係之間都有一條隱形（或是心理）的界限，就像是個人的房間只允許哪些人進入（或像是狗狗尿尿占地盤一樣）。彼此之間即使再親密，也都有其界限，而這個界限的彈性則是由互相所認定的關係來決定，是很主觀的。中國家庭一般情況下是母親與子女關係較親、也就是說界限較為彈性（或謂「可滲透性較高」），而子女與父親之間的界限就較為僵化（或謂「可滲透性較低」）。界限的兩個極端是「僵化」與「糾結」，前者指人與人間界限清楚分明，可以維持個人的獨立性，但是卻犧牲了彼此的親密，後者指人與人間的界限模糊，雖然保持了親密，卻犧牲掉了個人的獨立性，一般的家庭都介於兩者之間。

家人之間的關係界限不清楚或是僵化，也會讓孩童無所適從，可能產生問題行為。像是父母親常常爭吵的家庭，家長會刻意拉攏某個孩子（可能形成「三角關係」）以對抗另一方，這就是親子之間界限模糊；或者有孩子認為父母親不愛他／她（界限太僵化），也可能向外尋求關注。不少父母親將自身的婚姻問題與孩子分享，孩子會覺得無法同時對雙親忠誠，而孩子也沒有處理雙親問題的能力，因而倍感焦慮。

「界限」也可以指家庭與外面世界的關係。開放系統（open system）是持續與外在環境互動的，會因刺激而反應、也會主動創造改變，這也說明了家庭系統需要持續不斷變化與做調整，健康的家庭系統不僅維持平衡、也尋求改變的必要性；倘若家庭是一個閉鎖系統（closed system），拒絕任何新資訊的流入或做適當改變，最後可能淪為滅絕，然而若是全然開放，也會一團混亂。因此，一般的家庭都是介於以上兩個極端之間。

結構是看不見的一套功能，是家庭經過長時間的發展而成，其目的是要求與組織家庭成員互動的方式，或是家人一致、重複、有組織、可預測的行為模式。「家庭結構」指的是家庭次系統的組成方式，以及受到界限規範的次系統間的互動如何。

（四）次系統

既然家庭是一個系統，底下自然有不同的「次系統」（subsystems，如夫妻、親子、手足）。「次系統」是整個系統的一部分，可以在系統內執行特殊功能與過程，以維持系統的整體性；次系統間也會彼此影響，而每一個家庭成員都分屬於不同的次系統，這些次系統可能是依其在家庭內不同代間、性別、興趣、角色或功能而組成，如果任何一個次系統失去功能，就會引發整個家庭系統的反應。次系統之間要有適當的界限，可以用來維持次系統間的聯繫與保持次系統的獨立。

小博士解說

家庭有生命週期（家庭成形、小孩幼年時、學齡孩子、青少年孩子、成年孩子、家人生病，或是失業等生命事件發生時），所以要發展不同的新功能來因應不同發展階段的變化（Mitrani & Perez，2003）。

不同界限圖示

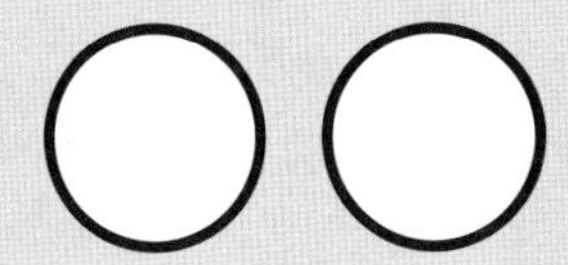

（界線僵化，獨立但不親近）

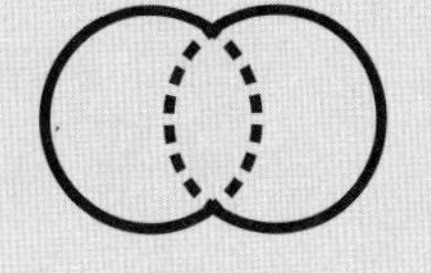

（界線模糊，相互依靠但失去獨立性）

案例解析

案例：
小圓的專輔老師很擔心小圓家庭的狀況，她說小圓一家十幾口人，但是都睡在同一房間的一個通鋪上，小圓已經四年級了，身體開始發育，她很擔心小圓會成為家庭內性侵害的潛在對象，因為專輔老師在同一社區已經接觸過幾樁類似案例。一旦發生家庭內亂倫事件，不僅毀了孩子的一生，一個家庭也毀了！但是專輔老師勸過小圓的父母親，希望他們可以讓小圓與同性別的姐姐們另外睡一間、或是家裡做隔間，但是父母親卻認為專輔老師撈過界、想太多！

解析：
專輔老師不要獨力承擔，儘量先去找可用的資源或商量的對象。專輔導師可以先與附近的學諮中心主任或社工請教，有沒有其他的辦法可協助小圓目前的情況？也與校長商議，有無資源（如小圓家長之親人或當地的信靠人士）可協助出面、建議家長「暫時」解決住宿的問題，再則是家長的約束與控制（親職教育），還有經濟問題（家庭無多餘空間）也要解決。若可以得到該部落或村里長的協助，有適當的扶助與安置，或許可以舒緩家庭壓力。

＋ 知識補充站

家庭中出現最大的問題還是「溝通」。如何兼顧歸屬與自主、親密與獨立、誠實與關切等等，也是家庭治療採用溝通治療學派觀點的主要因素。

單元28 家族（庭）治療取向（續二）

（五）平衡

家庭是一個系統，有自我調節（self-regulation）的功能，即便在一個家庭裡，也不是只看見所有成員而已，還包括個人的經驗、彼此之間的關係，即使是個人的心理問題，也是在與人互動中呈現出來，因此只要系統中任何一個環節出了問題，都會影響整個系統的運作。系統會發揮「平衡」（homeostasis）的功能，讓系統回復到之前的狀態，就像家人間的互動，會依循一些慣例或規範，其目的就是要維持可以預測的穩定狀態。系統觀強調家庭有「平衡」的傾向與功能，同時也意味著家庭會抗拒改變。

（六）三角關係

一旦家中有兩人衝突、卻又無法解決時，就很自然會將第三者拉進來，以減少壓力，形成所謂的「三角關係」（triangle），以穩定家庭關係或權力。「三角關係」不一定是壞的，有問題的是將「三角關係」變成一種習慣，因此毀損了彼此原來的關係，問題也沒有獲得解決。

家庭中有人覺得自己的力量小、常居於劣勢，於是就會找另一位家人來對抗有力量的另一方。像是母親如果認為自己影響力小，父親總是主導，因此吵架時就會拉大女兒一起對抗父親（「妳看妳爸是怎麼對我的！」），形成一種類似的權力平衡，久而久之，就形成一種關係的連結（稱之為「同盟」）。大女兒是孩子輩，不應該被動介入雙親的戰爭之中，這不僅踰越了親子關係的界限，也讓大女兒受到「忠誠度」的拉扯（不知道該向著母親還是父親），而且也無法真正解決問題（夫妻之衝突）。

二、治療技術

（一）家族圖的使用

家族圖（genogram）可以用來協助諮商師與當事人了解其原生家庭與目前（立即）家庭之間的關係與異同。由於目前臺灣還是男權至上的社會，父親的原生家庭影響力較大（當然也有例外），因此在繪製家族圖時，通常回溯至父親這邊的祖父母。一般的家族圖是看三代間的關係（如右圖二）。

（二）加入與了解

家族治療師基本上較為主動也具權威性，除了積極加入家庭並了解家人互動情況外，有時還會故意偏袒某人，企圖鬆動家庭原來的互動模式。

（三）處置方式各有不同，視目的而定

家族治療視其學派或目的不同（將家庭做基本系統的改變或改善其中某位成員的徵狀），除了使用一般的諮商技巧外，也研發許多具創意的介入方式，像是開立處方的「矛盾意象法」、「苦刑治療」或別具一格的「家庭作業」等都是常用的技巧。

小博士解說

策略家族治療學者認為問題發展主要是：（一）不適當的解決方式形成「正向回饋圈」，讓困難變成慢性問題；（二）問題出在於不一致、不相合的位階；（三）問題的出現是因為家人試圖在暗地裡保護或控制另一人，因此癥狀或問題是有其功能的（Haley & Richeport-Haley，2007，cited in Nochols，2010，p.147）。

「三角關係」圖示例、家庭圖示例

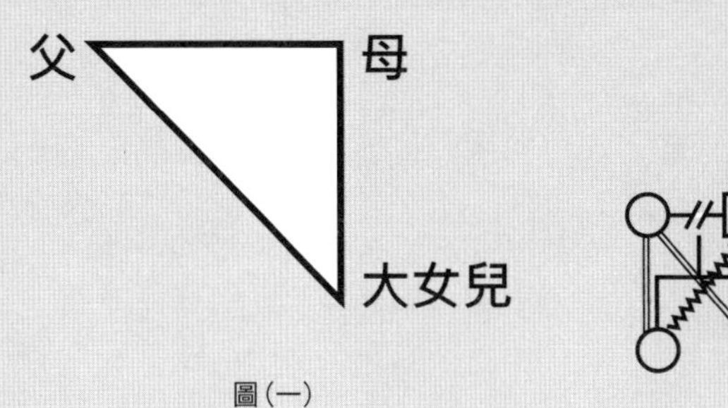

圖(一)

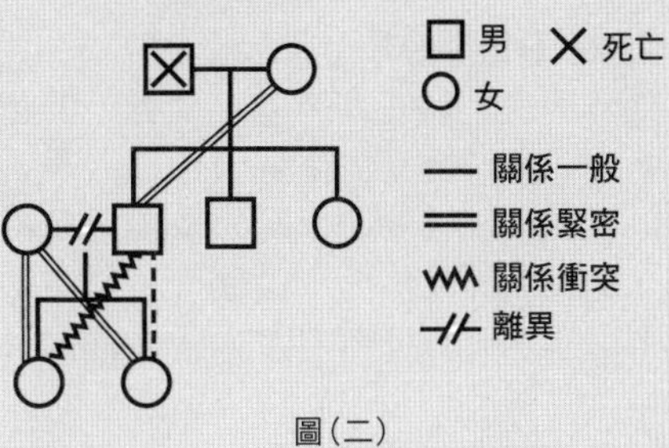

圖(二)

主要的家族治療學派與其觀點

家族治療學派	主要觀點
經驗家族治療	● 奠基於人本取向的立論。 ● 相信人有選擇的自由，是自我決定的。 ● 治療師聚焦在當下（此時此刻）。 ● 留意家中個別成員的主觀需求與情感經驗，同時也催化家庭過程。 ● 聚焦在家庭中個體的個別性，同時讓家人可以更有效溝通。
結構家族治療	● 家庭是一系統，其下有不同的「次系統」（如配偶、親子、手足等），這些次系統間有其權力位階。 ● 運用「家庭圖」（geometric map）來看每個人的行為與其全家族結構及關係，每位家庭成員的行為影響家庭中其他人的行為、也受其影響。 ● 個人的問題植基於家庭互動模式。
策略家族治療	● 治療師研發不同策略減輕當事人的症狀或是問題。 ● 聚焦在當下，認為當前的問題是家中成員持續重複的行為而產生的。 ● 「徵狀」就代表問題的一種解決方式（生病或出現問題的人並不是「非自願性的受害者」）。

+ 知識補充站

「苦刑治療」（ordeal therapy） 通常會要求家庭成員一起來做，其目的是要讓出現的徵狀本身更麻煩，甚至不值得持續下去，同時建立起父母親應有的權力位階（如為了治療孩子尿床問題，要雙親在孩子一般上床時間呵護其就寢，並設鬧鐘在午夜十二點，再去叫醒孩子上廁所，如此持續幾天）。

單元 28　家族（庭）治療取向（續三）

三、家族治療在兒童與青少年諮商中的應用

孩子通常是家裡最無力的弱勢，因此許多孩子會成為家庭問題的代罪羔羊，所以要解決真正的問題還是要讓父母親或其他重要他人出席，讓他們看到孩子的情況。然而我國雖然家人關係緊密，家長常常礙於「面子」或「家醜」的問題，不願意承認問題的存在，甚至會認為只是學校老師多事！有時候即便孩子已經產生極為嚴重的問題（例如「強迫症」），父母親卻還是堅持己見、不願意出席，也許承認自己有錯是很難的，只是因此卻讓孩子受罪，真是於心何忍？倘若不能讓全家出席，家中若干人出席也可以進行治療，因為只要其中有人願意做改變、解決或舒緩問題，一切就容易。諮商師碰到家人不願出席做治療也無可奈何，退而求其次的方式就是邀請家長出席，以諮詢者的方式提供意見。

青少年與家人之間的關係最常出現的問題為：（一）被動——攻擊低成就（對父母親未能直接表達的敵意、害怕失敗，而以被動攻擊方式因應）；（二）獨立自主的掙扎（想要表現獨立成熟，卻又得仰賴父母）；（三）過度保護（父母親凡事代勞或是為孩子挺身而出，導致孩子的無能感）（Micucci，1998，pp.236-237）。可看出其問題並不是個人自身所產生，而是受到所處脈絡或環境的影響，加上自身的發展任務使然。

也因為孩子通常是家庭問題的「代罪羔羊」，不是問題本身，因此輔導教師或諮商師真正要解決根本的問題，還是需要追本溯源、協助家庭處理問題，這樣子才能真正解決出現在孩子身上的困擾或偏差行為。

家族治療的理論還給了治療師一項很有趣的思考：不要哪壺不開提哪壺。兒童或青少年被轉介來見諮商師時，心理上其實已經有一些假設（像是認為自己已經是「不好的」或「有嚴重問題的」，認為諮商師跟其他成人一樣要對自己說教或指責），倘若諮商師真的如其所想地表現了這些預期的行為，對於了解當事人的感受與想法、問題的解決可能於事無補。諮商師的角色不是以「達成轉介人的目標」為依歸，而是需要多從當事人的角度來感受與思考，進一步解決問題，或改變現狀，因此建議諮商師或輔導老師還是留意自己的位置與專業角色，不要重蹈前人腳步、成為「另一位」譴責者。

諮商師帶著系統觀的思考，會願意去了解當事人所遭遇的情況並貼近當事人，著力於治療關係的經營上，看見當事人的優勢，或許在當事人被了解與認可的同時，他／她的行為與態度已經開始改變且也有意願去解決目前的困境。

小博士解說

國人的家庭關係親密，較常有過度融合（糾結）的情況發生，尤其是我國傳統上認為個人與家族是一體的，個人與家族之榮辱共生共滅，雖然也是約束個人行為的社會規範，但似乎讓個人與其家族無法做適當切割，有時是不可承受之重。

家庭治療注意事項

注意事項	說明
聽見了誰？	擔任家庭治療師，用傾聽來與家庭成員做連結是很重要的。傾聽不只要聽說話者，也要同時聽到那些在場聽到的人，治療師不只要聽當事人說什麼，還要聽到他／她怎麼說？
了解與善用家庭支持系統與資源	家庭不能自外於外面的大環境（鄰里、社區、國家、文化、全球）脈絡，因此除了重視個人的優勢與資源之外，也要看見家庭的韌力，以及其可用資源。
不要急著下診斷或找出代罪羔羊	協助家庭真正有效解決問題
進行家庭治療的同時，必要時也可單獨與家庭成員之一晤談	有時家人在同一晤談時間，不便說出自己可能隱藏的重要資訊（如外遇或家暴），就有必要安排單獨晤談。
家庭治療不一定要全員出席	只要願意改善現狀的幾個人出席，也可造成改變。
不需要一直關注於目標人物的問題上	因為真正問題可能不在這位目標人物身上，有可能無形中更強化了當事人對自己的標籤、也更仰賴治療師。
注意家庭信仰或靈性哲學	有些家庭受到宗教或信仰的影響很深，甚至在家庭遭受重創時，藉由靈性或信仰是很重要的支持管道。諮商師也需要善用家庭成員的靈性需求，整合其資源重新面對生命的挑戰。

與兒童/青少年溝通要訣（Egan，1998；Gordon，2000）

要訣	說明	功能
傾聽	花時間與心力聽孩子的故事，在傾聽前要暫時擱置自己可能有的想法或偏見。	接納與尊重孩子，也表現出孩子很重要。
接納但並非接受	接納並不是說同意或是接受對方的看法，而接納可以表現在積極的傾聽上。	「接受」對方有表達自己的權利。
使用開放式問句	相對於「閉鎖性問句」就讓人較無選擇。	讓對方可以有較為充分的表達。
注意使用的語調與其他非語言訊息。	人在說話時，其他身體的表現、表情和語氣等都會同時傳輸一些意義。	清楚對方要表達的真正意義與一致性。
隨著對方的用語，或是使用對方的語言。	孩子有他所接觸的次文化，有屬於他習慣的表達形式，這些也許是學校或是他所處的交遊圈子使用的溝通模式，表現出來與其他次文化不同的特色。	使用孩子陳述時的語言，可以拉近彼此的距離，當然最好也要知道自己在說什麼，也不要刻意用得太多或是太假，更會讓孩子起疑。如果裡面牽涉到不雅用語、而你也不希望孩子使用，可以說：「有時候用一些話可以更表達一些自己的感覺，我還是想用比較清楚的方式來表現，而不是單單表現出情緒的發洩而已。」或是將用語轉成你／妳希望他／她也可以使用的，如孩子說：「我覺得心情很『幹』。」父母可以回應為：「你／妳覺得很不舒服、很生氣！」
不以單一方式或要求來做溝通。	溝通管道有許多，孩子因為習慣或是個性，會有不同表達方式。	以對方擅長的方式來表達，也要多觀察。
溝通要表達清楚，不要暗設陷阱。	溝通的目的是讓對方在接收訊息時，可以很明白地解讀（decoding），不要讓對方猜測。	溝通清楚，對方接收就明確，不會引發不必要的誤解。

單元 29　遊戲治療

一、主要觀點

遊戲是兒童表達自我的媒介，也是兒童的象徵語言，藉由遊戲可讓他們表達自我及情緒與體驗的經驗，甚至做自我療癒，遊戲也是兒童成長與發展的必需。遊戲是兒童發展過程中社會化的環節之一，藉遊戲來認識世界、體驗生活，也學習未來進入社會的準備。目前遊戲治療的趨勢已經不僅用在兒童與青少年身上，也用在配偶、親子治療上。

美國遊戲治療協會將遊戲治療定義為「系統化地使用理論模式來建立人際互動的過程，在此過程中，受過訓練的遊戲治療師使用遊戲治療的力量，來幫助當事人預防或解決心理社會的問題，並且達到最佳的成長與發展。」（Henderson & Thompson，2011／2015，p.17-3）遊戲治療依照不同理論有不同做法，基本上許多諮商師與輔導教師若未受過遊戲治療的專業訓練，不能執行遊戲治療之實務，較常使用以遊戲為媒介做治療，也就是以遊戲方式與當事人建立關係，或是以遊戲方式達成資訊收集的目的，而不是以治療為目的。

為何以遊戲為媒介？主要是因為許多孩子與青少年不喜歡直接與權威人士或成人面對面說話，遊戲可以讓他們的焦慮鬆懈下來，也增加趣味性，孩子手上若是可以玩弄一些事物，也比較容易對諮商師或輔導教師的問題作回應。一般說來，我們對於男性女性的社會化不同，我們鼓勵女性多說話、多表達；對男性則是不鼓勵言語表達，也較允許男性沉默。因此在諮商或輔導過程中，當事人若是女性，也許坐下來談話比較容易；然而若當事人為男性，在許多情況下直接面對面說話會讓他們覺得不自在，所以透過遊戲或活動，可以讓當事人更容易開口、也減少焦慮。

遊戲治療可以：克服兒童的抗拒、協助溝通、滿足兒童探索及掌控的需求、建立自尊與能力、鼓勵兒童能夠有創造性思考、解決問題、宣洩情緒、發洩與釋放一些負向經驗與感受、角色扮演學習新的行為以及發展對他人的同理心、用想像力去理解痛苦的現實、以遊戲來實驗改變的可能性、在遊戲中形成隱喻、學習如何面對自己的矛盾與害怕、從不同的觀點看事情、與諮商師形成正向依附關係、學習去增進與他人的連結、促進人際關係技巧、享受遊戲樂趣、擁有正向情緒、征服發展過程中的恐懼，而競賽式的遊戲可以幫助其社會化和發展自我強度（Henderson & Thompson，2011／2015，p.5-19，p.17-4）。

選擇遊戲媒材的標準，首先是能引起興趣，且能幫助兒童表現創造力，可以促進諮商師與兒童的關係，能鼓勵兒童表達想法及情感，使用起來無特定規則和傳統，堅固不易壞，能協助治療師洞察兒童世界，提供兒童試驗真實生活的機會，提供兒童一種能被接納的方式去表達不被接受的想法及情緒（Landreth，2002，cited in Henderson & Thompson，2011／2015，p.17-14）。使用遊戲的種類繁多，像是想像、說故事、戲劇、音樂、藝術、玩偶等方式，都可以做適當的使用與介入（Henderson & Thompson，2011／2015）。

遊戲的重要性（Henderson & Thompson，2011／2015，p.17-1）

- 是有趣、愉快的活動
- 自由的選擇、沒有束縛
- 可以提升靈性並活絡思考
- 喚起自我表達、自我知識、自我實現和自我效能
- 釋放壓力、排遣寂寞
- 增進與人的互動
- 刺激創造性思考
- 鼓勵探索
- 調整情緒
- 提高自我感
- 是一種學習和成長的方式
- 對兒童具有獨特意義

遊戲治療目標（Kottman，2001， p.114，cited in Henderson & Thom-pson，2011 ／ 2015，p.17-3）

- 增加自我接納、自信和自我信賴
- 促進關於自我和他人的學習
- 探索與表達情感
- 鼓勵做出好決定
- 給予機會去練習控制和負責
- 探索對問題和關係的另一種觀點
- 學習和練習問題解決及人際關係技巧
- 增加情緒字彙和情緒概念

＋ 知識補充站

遊戲的四種目的：（一）是兒童和環境接觸的方法；（二）幫助兒童在意識和情緒經驗之間搭起橋樑；（三）遊戲對兒童而言是情緒生活的外顯表現；（四）遊戲也讓兒童放鬆和娛樂（Lowenfeld，1935.1991，cited in Henderson & Thompson，2011／2015，p.17-23）。

單元 29　遊戲治療（續一）

一、主要觀點（續）

並不是所有的兒童都適合接受遊戲治療。一般說來，若兒童能夠忍受／建立／運用與成人的關係，能夠忍受／接納一個保護的環境，能夠學習新的因應技巧，獲得新的領悟，具有嘗試動機的潛能，而其注意力和認知結構可以參與遊戲治療，符合這些條件的兒童才適合做遊戲治療（Anderson & Richards，1995，cited in Henderson & Thompson，2011／2015，p.17-7）。

有效能的遊戲治療師必須接受適當的專業訓練、了解兒童發展階段與任務，欣賞孩子、以尊重禮貌的方式對待，具幽默感且懂得自嘲，開朗及喜歡樂趣，自信、獨立、自主、開放、誠實，願意接納，願意使用遊戲和隱喻的方式做溝通工具，有彈性、且有能力處理模糊狀態，和兒童互動時感到自在舒坦，有能力設定限制及維持個人界限，以及自我覺察能力（Kottman，2001，pp.12-13，cited in Henderson & Thompson，2011／2015，p.17-7）。

遊戲治療階段：（一）建立關係——兒童在關係中覺得被接納及被了解；（二）釋放——透過遊戲的宣洩作用來釋放情緒，解除壓力；（三）重新創造——兒童開始探索自己的重要事件和人際關係，這些事件和關係是引起不舒服的想法及情緒的來源；（四）重新體驗——兒童開始了解過去事件和現在想法、行為及情緒的連結；（五）解決——兒童能夠表現出了解並嘗試各種解決方法（Orton，1997，cited in Henderson & Thompson，2011／2015，p.17-8）。

二、治療目標

不同學派對遊戲治療的目標也有不同，像是精神分析的遊戲治療是要去解決兒童內在的矛盾與衝突、以及展現出來的症狀；個人中心遊戲治療協助兒童發展自我內在評價以及解決問題的能力；阿德勒學派的遊戲治療強調減少沮喪、增加社會興趣、認識自己的長處並改善行為；認知行為遊戲治療的目的，是將非理性想法轉變成理性的；完形遊戲治療嘗試讓兒童復原，並以整體的方式來成長（Henderson & Thompson，2011／2015，p.5-19，p.17-4）。

三、治療技巧

遊戲治療基本技巧：使用簡潔、適合兒童年紀的語言與兒童互動，使用「追蹤」來反應兒童的非語言行為（藉由傳達兒童正在做什麼來保持與兒童的連結），內容重述（檢視兒童所說的內容以表達對兒童的關心及了解），把責任交回給兒童的策略（如：「你覺得…」，可以建立其自我信賴、自信、責任感、成就，以及掌控感，協助其做決定），鼓勵兒童能夠去嘗試，使用兒童的隱喻（保持兒童故事的原貌，沒有加入諮商師的意義解釋），用關係式回應來確認兒童想和諮商師接觸的意圖（如：「你正在猜想我在想什麼？」），設定限制的技巧（是為了兒童的安全、增加其自控感及自我責任）。適當的限制包括：保護兒童不傷害自己或他人，避免兒童在遊戲情境中遭受危險，維護遊戲情境的玩具和遊戲媒材，以及在排定的時間內待在遊戲治療中（Henderson & Thompson，2011／2015，p.17-16）。

遊戲治療的八個基本原則（Axline，1947，引自梁培勇，2006，pp.146-147）

- 治療師必須和兒童建立溫暖友善的關係。
- 治療師必須接受兒童真實的一面。
- 治療師與兒童的關係中要具有寬容的感受（讓兒童能自在地表達他的感受）。
- 治療師要能夠敏銳地辨識出兒童表現出來的感受，且以兒童領悟到的方式將這些感受回饋給兒童。
- 治療師必須尊重兒童能夠把握機會解決自己問題的能力。
- 讓兒童帶領、治療師跟隨。
- 治療師對治療的進度不能太急切。
- 治療師訂下一些必要的限制（其目的是要讓治療能夠符合真實的生活世界，以及兒童在治療關係中應負的責任）。

遊戲治療可能會遭遇的挑戰（梁培勇，2006）

- 兒童不願意進入治療室（分離焦慮）。
- 兒童因為陌生情境而不願進入治療室。
- 兒童進入治療室後不玩、不說話。
- 兒童批評遊戲室的設備和玩具種類。
- 遊戲室規則何時呈現？
- 治療師要不要陪孩子玩？
- 治療師要裝輸嗎？
- 兒童要帶玩具回家。
- 兒童在時間到時不願意離開。
- 兒童說下次要帶朋友們來玩。
- 兒童要帶自己的玩具來。
- 要不要收拾玩具？
- 兒童的測試行為。
- 兒童破壞和玩壞遊戲室的玩具。
- 兒童會問治療師私人的問題。
- 兒童要求治療師送禮物給他。
- 兒童要送東西給治療師。
- 兒童遲到。
- 兒童帶吃的東西進治療室。
- 兒童要求治療師替他向父母和老師表達意見或解決問題。
- 進行家庭訪問或學校訪問。
- 錄音錄影。
- 幻想、真實與說謊。
- 沉默的意義。
- 諮商師的修養。
- 定義遊戲治療的主題。
- 治療師同時擔任親職或手足的治療師。
- 曾經中斷又出現的當事人。
- 治療師的做與不做。

＋ 知識補充站

在電子玩具、暴力遊戲、電腦與手機的普遍使用情況下，學校諮商師必須增加自己的技能及策略，來與孩子們做有效的工作。諮商師需要學會使用不同的策略、從事更多的團體工作、具體的諮商技巧、短期治療，以及運用遊戲為媒介，才能因應學校孩子的需求（Siehl. 2001，p.37 & p.40）。

單元 29 遊戲治療（續二）

四、不同遊戲治療學派簡介

（一）精神分析遊戲治療

安娜．佛洛伊德在對兒童的精神分析治療中加入遊戲活動，使用玩具和遊戲讓兒童放鬆，與兒童站在同一陣線上，許多精神分析治療師也認為遊戲治療可以呈現兒童的情緒問題。精神分析遊戲治療的基本目標是兒童能夠洞察自我，而大部分的特定目標像是降低痛苦、創傷復原、適應生活、遵從醫療計畫、減輕恐懼，及管理憤怒等。以佛洛依德的觀點來說，遊戲有如符號象徵，相當於成人的自由聯想。

遊戲提供諮商師有機會去了解兒童隱藏的內在衝突，而遊戲的分析是基於諮商師對衝突的了解，以遊戲來建立諮商關係、也建立解決衝突的解析基礎，同時降低症狀而解開防衛，諮商師的角色是以對兒童有意義的文字來解釋兒童的象徵性遊戲（Henderson & Thompson，2011／2015，p.5-19，p.5-20，p.5-21）。

（二）兒童中心遊戲治療

諮商師使用兒童中心遊戲治療時，以情緒及言語表現出完全與兒童「同在」的態度，也就是開放自己去面對兒童的經驗，同時釋放以下訊息（Landreth，2002， cited in Henderson & Thompson，2011／2015，p.6-17）：

1.我在這裡（我不會因為任何事而分心）。

2.我聽到你的話（我很仔細在聽）。

3.我了解你。

4.我關心你。

遊戲室的玩具必須能夠引起兒童的創造力和情緒表達。諮商師可以選擇多用途的玩具（如堅固耐用、能用來探索生活、測試限制、發展自我和提供學習自我控制的機會）。諮商師接納兒童時，兒童會更熟悉自己的內在價值，因此諮商師創造一個安全場域，讓兒童在沒有干擾、建議、解答和解釋的環境下遊戲。諮商師不指導、也很少問問題，只是用反應的方式來跟隨（或「追蹤」）兒童的遊戲，像是：「你正在敲打。」即使被兒童要求也不做任何評論（Henderson & Thompson，2011／2015，p.6-17）。遊戲治療就如同戲劇的創作，在諮商關係中，諮商師示範著接納、接受和開放的態度，伴隨著傾聽及聽見、教導與學習、指導和接受、積極參與安靜觀察、面質及放下等技術（Moustakas，1997，p.2，cited in Henderson & Thompson，2011／2015，p.6-18），協助兒童釋放及表達情緒，進而接納及肯定自己。

學校諮商師也要協助家長與教師了解遊戲的功能與重要性，甚至願意與孩子一起玩遊戲，享受親子間這段特殊時光的互動、創意與創造美麗回憶，也可藉此更了解及接納自己的孩子。

小博士解說

Landreth（1991）建議遊戲室內可以放置三種類型的玩具，它們是：與真實生活有關的玩具、可發洩情緒或釋放攻擊力道的玩具、可以協助創意表達與情緒釋放的玩具（cited in Siehl，2001，p.41）。

精神動力遊戲治療過程的四個重要概念（Chethik，2000，cited in Henderson & Thompson，2011／2015，p.5-20）

重要概念	說明
治療聯盟	治療聯盟包括兒童進行與分享治療目標時的觀察
抗拒	兒童不想改變時的僵局
移情	兒童投射潛意識對某位重要成人的情感和希望到諮商師身上
介入	用來幫助改進問題

兒童中心遊戲治療的階段（Kottman，2004，p.125，cited in Henderson & Thompson，2011／2015）

一、兒童使用遊戲表達負面情緒。

二、兒童使用遊戲表達矛盾的情緒（通常是害怕或生氣）。

三、兒童使用遊戲表達負面情緒，但焦點轉移到特定的目標（如老師或是諮商師）。

四、正負向的矛盾情緒回來了，但現在是指向父母、手足或其他人。

五、正向情緒說服兒童去適當地表達負向情緒。

家族遊戲治療（Henderson & Thompson，2011／2015，pp.15-32–15-35）

學派	重點
心理動力家族遊戲治療	家庭成員學習參與遊戲的活動、戲劇、說故事和藝術表演等互動式活動，治療目的在協助家庭發展和使用創造力，增加更多的彈性來適應正在發生的情境，並能有情緒性的回應。
親子遊戲治療	這是父母共同參與兒童遊戲的治療方式，以兒童中心治療的原則為主。此派學者認為兒童的適應問題通常是來自父母無法真正了解孩子的內心世界，因此使用遊戲來協助父母與兒童的溝通、並處理問題，增強親子之間的關係。
策略性家族遊戲治療	是所有家庭成員都可以共同參與的遊戲治療方式。遊戲是自由且富有想像力的，可使用玩具、戲服、道具，也可以不使用。諮商師結合訊息和符號過程處理的理論，也運用「偽裝遊戲」，協助家庭成員在沒有威脅的情境中，學習互動和解決衝突的技巧。

單元 29 遊戲治療（續三）

（三）阿德勒學派遊戲治療

諮商師嘗試去發現兒童的生活型態，並探索他們的私人邏輯，幫助兒童做決定，並決定生活型態的哪些部分要保留及改變。此學派假設被轉介來的兒童是受挫兒童，因此其遊戲治療目的就是降低兒童的挫折感。一般的目標就是幫助兒童連結他人，相信自己有能力和自信，認為自己是有價值和重要的，諮商師也要建立兒童的勇氣來探索新的經驗及面對挑戰（Kottman，2003，cited in Henderson & Thompson，2011／2015，pp.11-25–11-26）。

遊戲治療的階段目標：（一）建立一個民主、同理的治療關係；（二）諮商師探索兒童的生活型態，並標記出兒童的信念、態度、目標、情緒和動機；（三）諮商師解釋兒童的生活型態、錯誤的信念和自我挫敗的目標與行為；（四）諮商師幫助兒童洞察自己且採取行動去改變行為和態度（Kottman，Bryant， Alexander，& Kroger，2008，cited in Henderson & Thompson，2011／2015，p.11-26）。

（四）完形遊戲治療

完形學派關心個人發揮整體的功能，因此鼓勵感覺、身體、情感、心智的發展，用一種比較有創意的形式來表示。兒童以象徵性的方法表達自己的生活經驗，不僅有助於自我解釋、也提高其自我覺察能力，遊戲也給了兒童學習和安全冒險的機會。完形所謂的「接觸」是指個體有能力可以完全用自己的感受跟外界進行最好的互動，因此完形遊戲治療包括一些感官以及情感的活動與體驗，治療師協助當事人了解做了哪些事情？這些事情是如何進行的？才能夠有效提升當事人的自我覺察（Henderson & Thompson，2011／2015，p.7-15）。

（五）認知行為遊戲治療

合併認知和行為療法，經由遊戲活動協助兒童解決問題。認知行為治療提供結構性與目標導向的活動，讓兒童以非結構及自動自發的方式來參與。諮商師選擇一些技巧來修正兒童的認知錯誤、以減輕困擾症狀。此遊戲治療是短期、指導性和問題導向的治療，治療關係是教育與合作的。治療師以兒童的言語為基本資料，使用聚焦的問題來揭露兒童的想法，並用遊戲技術及語言和非語言的溝通，協助兒童改變行為和參與治療。諮商師與兒童共同設定治療目標，一起選擇遊戲媒材與活動，治療師也重視兒童的想法、感覺、想像和環境（Henderson & Thompson，2011／2015，pp.13-17–13-18）。

治療師強調當事人對自己行為改變的控制、熟練和責任等主題的重要性。治療過程：治療師透過對兒童的同理心和接納，讓兒童感到安心，同時使用放鬆技術和言語的讚許；給予兒童機會去經驗和測試與情緒有關的想法；兒童檢視這些扭曲的非理性想法，學習分辨理性和非理性想法來改變知覺；治療師示範合乎兒童需求的調適及因應技巧，間接傳達了認知的改變和適應行為（Knell，1998，cited in Henderson & Thompson，2011／2015，pp.13-18–13-19）。

遊戲治療種類（整理自Henderson & Thompson，2011／2015，p.17-8–17-22）

種類	說明
生態系統遊戲治療	整合生物、心理、兒童中心和認知行為學派理論，以及發展概念的混合取向，強調兒童在世界上的互動與經驗，以及兒童內在象徵性的世界。
團體遊戲治療	將有相似問題或經驗的兒童聚集在一起，藉由團體遊戲治療來協助他們。要注意避免兒童爭相引人注意，兒童之間要成為彼此的模範。
規範性遊戲治療	由兒童帶領、治療者被告知的方式，來選擇與運用的特殊治療取向。治療師要將兒童的議題融入遊戲治療。
親子互動治療	兒童諮商通常要將父母親介紹進來，親子互動治療就是其一。治療師先教導父母親使用適當方式與孩子互動，接下來就讓親子共同遊戲，可減少孩子的困擾行為、增加順從度。
治療性遊戲治療	父母剛開始是觀察者，然後是協同治療者。治療目標是培養依附、自尊、自我管理、信任與快樂投入。此治療模式是玩樂的、不需要玩具，也很少使用道具。由成人負責治療架構，並鼓勵身體的接觸。

完形遊戲治療可嘗試的活動（Carmichael，2006， cited in Henderson & Thompson，2011／2015，p.7-15）

- 請兒童畫出他們的感覺。
- 請兒童畫出他們的想法。
- 讓兒童看某一件物品，畫出它帶給他們的感覺，也可讓兒童畫出對故事、戲劇音樂等情緒的反應。
- 畫出或用黏土描繪對立的兩個極端（如快樂／傷心、生氣／冷靜、愛／恨）。
- 讓兒童創作他們生命路線圖（標示出生命的高低潮）。

+ 知識補充站

「親子遊戲治療」是父母共同參與兒童遊戲的治療方式，以兒童中心治療的原則為主。兒童的行為問題通常是來自父母親無法真正了解孩子的內心世界，因此使用遊戲來協助父母與孩童的溝通並處理問題，及增強他們的關係（Henderson & Thompson， 2011／2015， p.15-13）。

單元 30　表達性藝術治療

除了遊戲治療可以讓孩子在一個被容許的環境下從事喜愛的事物，藉此宣洩情緒、表達自我與療癒之外，表達性藝術治療也是很重要的一種介入方式。

Landreth（1993）認為十一歲以下的孩子很難用語言表達自己的情緒、感受及想法，因此若能夠注意到孩子非語言方式的溝通，可以提供不同模式或機會讓他們表達的話，更能有助於諮商師協助孩子的工作（cited in Coker，2001，p.47）。使用藝術治療必須要注意「意圖」與「彈性」兩個原則。「意圖」就是要將孩子的需求與自己的介入方式做配合，了解使用的介入方式可以協助治療的過程，而不是只是畫畫或玩玩而已；此外，學校諮商師需要彈性地使用一些表達性的藝術或媒材，甚至配合孩子的學習型態來進行，當然使用創意的藝術有時需要跳出框架做思考以及行動（Coker，2001，pp.50-51）。

使用表達性藝術治療（含遊戲治療）需要了解：不要使用一種創意媒材直接詮釋孩子的感受、意義或者世界觀，不要使用一種創意媒材來對孩子做臨床診斷，以及不要使用一種創意媒材對孩子問題的本質下結論（Coker，2001，p.50）。

諮商師可以在遊戲室裡佈置很好的環境，讓孩子可以用不同的玩具或媒材來表達他們自己。像是「玩偶角落」，使用不同的玩偶來描述或象徵孩子們不同的情緒，如鯊魚、鱷魚、恐龍、烏龜、綿羊等，以及不同種族的人形玩偶，還有可以引導想像的，像是巫婆、龍等，可以用來表現他們的幻想、希望與夢境。而不同尺寸的玩偶也可以用來表達不同的力道以及重要關係裡的權力位階，當然也可以讓孩子自己製作自己喜歡的玩偶。「沙堆藝術或者黏土的角落」可以讓他們繪畫和創造，鼓勵自我表達及感受的東西，也可與同儕互動。在「幻想假裝的角落」，像是擺放萬聖節的服裝、面具、魔棒、塑膠刀具、玩具手銬、電話、醫生使用的器具等。「書本以及遊戲的角落」可以將一些特殊需求（像是悲傷／失落經驗、父母離異、自尊、如何跟朋友相處等）的資訊，藉由相關書籍的內容來提供。故事本身可以讓孩子與自己的問題暫時分開來（將其「外化」），讓他們更容易處理自己所關切的議題，另外還可以提供一些像「大富翁」、象棋、五子棋等的坊間遊戲（Coker，2001，pp.52-57）。

諮商師若沒有遊戲治療的訓練背景，仍然可以使用遊戲或者其他創意性的媒材，來與兒童建立關係，甚至可以從遊戲來教導孩子（潛在教育）一些規則以及行為的方式，像是下棋必須要遵守一些規矩，才可以繼續玩下去，對於一些不願意遵守常規或行為規則的孩子，就可以發揮極大的功效。另外，很簡單的「屋、樹、人」或是隨手的塗鴉，也可以協助諮商師進一步診斷或了解孩子的情況或議題。

小博士解說

在遊戲治療中設定限制是必要的，可以讓兒童發展安全和信任感，也讓治療不脫離現實，同時協助兒童接受責任。

一般繪畫可觀察事項

觀察事項	說明
使用的顏色	一般兒童會使用較為輕快、鮮明的顏色（如鮮黃、嫩綠、天空藍、大紅等），若使用的顏色晦暗，可能表示有其他意義需要探討。
構圖	兒童的構圖與同年齡兒童有無極大差異（如孩童畫人通常較為簡單、頭部較大），若是有些身體部分較為細緻（如手指甲），也可進一步探討。
屋樹人	可以用來檢測孩子的心理狀態
人物表情	顯示兒童目前的情緒狀態
人物的關係與距離	顯現其與重要他人的關係或家人現況
請兒童解釋他所畫的圖	可以多了解孩子想要表達的

註：繪畫也是一個投射測驗

＋ 知識補充站

並不是每一位孩子都喜歡畫畫，因此不要勉強孩童或青少年畫畫，而是詢問其有哪些嗜好、或是平日喜歡做些甚麼活動，或許會讓輔導教師有一些靈感。

單元 31 兒童與青少年輔導工作

一、了解兒童與青少年發展重點與任務

兒童本不是受注意的對象，甚至曾被視為是父母親的財產或是勞力之一，一直到十七世紀教育學家盧梭（Jacques Rousseau）與洛克（John Locke）強調要如何照顧兒童，十八世紀末才有專業期刊討論兒童的心理健康，而到1960年代中期才立法保護兒童權利（Henderson & Thompson，2011／2015，p.1-3）。若是以兒童與青少年為輔導與諮商的對象，最重要的是輔導教師具有了解兒童與青少年發展特色的先備知識，以及隨著發展階段兒童與青少年可能面臨的一些挑戰。有了相關的發展知識後，還需要將現今兒童與青少年身處的時代與環境脈絡列入考量，才可以進一步了解其所面臨的挑戰與議題，以及該如何進行協助。

兒童從幼幼班開始，就進入較為制式、規範的活動，也為即將來臨的學校學習做準備。雖然讓孩子可以提早及固定與同儕相處，但國人觀念中的文憑主義導致孩子進入團體班級，就提早接觸學校制式學習和遵從規範（集體意識）的方式，無形中壓抑了孩子的創意與自發性。當然，學校有其重要功能。學校提供一個很好的環境讓孩子可以發展與熟練自己的身體動作，學習與人互動的社會技巧，能夠認為自己有用、並從事利他行為，也就是同時促進其社會、認知與道德發展。身體活動可以對在認知或社交發展不足的孩子有幫助，而當兒童的身體技巧有更好發展，他們就能夠更有能力去操控環境；提供一個寬容的環境（如遊戲治療），孩子就能夠去安排、描述與重整他們所創造的結果；若有能力從他人的角度來看事情，孩子就能夠處理象徵性的資訊，這對於其頓悟有正向幫助（Folse & Sandhu，2001，pp.34-35）。輔導教師同時肩負著教育與輔導的功能，因此了解學校文化，也是讓自己融入與進行有效工作的重要條件。

發展不是單一進行，也不是只有一條路徑（Akos，2001，p.93），最常見的爭議是「先天」（nature）還是「後天」（nurture）因素，事實上是兩者的交互影響。孩子的成長過程中發展最快的是嬰幼兒期與青春期。從孩子進入學齡期開始，就必須要做許多的改變，包括要上學、學習靜坐專注上課、遵守班級與學校規則，對他們來說這些都是第一次經驗，自然會有許多的不適應，但是也因此會學習到定力及許多能力。青少年是從兒童過渡到成人的階段，因此變動很多，一般社會也對其較為容忍，期待其有改變機會（如法律之訂定）；青少年在尋求獨立、重視同儕的同時，也需要仰賴家長或成人給予支持與引導。

小博士解說

「認知發展」是短期記憶、長期知識和獲得知識策略成長的能力（Pressley & McCormick，2007，cited in Henderson & Thompson，2011／2015，p.2-8）。

兒童與青少年發展階段的特色與需求

發展類別	學齡期兒童	青少年	注意事項
發展任務	學習動作技能； 建立正向自我觀念； 學習適當的性別角色行為； 學習與同儕相處； 發展價值觀、道德與良知； 學習獨立； 培養基本讀、寫、算技能； 了解自我與周遭世界。	發展觀念性與問題解決技巧； 與兩性同儕建立成熟關係； 發展引導行為的倫理系統； 表現吻合社會期待的負責行為； 接納自己生理成熟的變化； 有效運用自己體能； 為未來生涯做準備； 情感與經濟獨立； 婚姻與家庭生活的準備。	兒童後期已經與同儕有發展不一的情況，女生較男生早熟，早熟的女生受到同性排擠，而早熟的男生受到同性忌妒。 青少年期須調適發展中生理與心理情況，也在獨立自主與依賴父母之間掙扎。
生理	國小中、高年級身體開始發育，對於性別刻板印象較嚴苛。	對身體與外表很在意；偶有不適應的情況，因為身心發展不一致，也會嘗試新的動作，以測試自己的能力。	學齡兒童行為與情緒轉變較快，精力旺盛、也容易疲倦。 青少年性慾的壓抑，可以經由正確觀念與抒發管道（如運動）來緩解。
認知	處於Piaget的「具體運思期」。此時期的兒童已有「物體永存」的概念； 有逆向思考能力； 有邏輯分類觀念； 會覺察到物體間不同的關係； 了解數字觀念； 思考具象化。	進入「形式運思期」； 有假設性與抽象思考； 開始認真思考與尋找自己的定位及生命的意義。	國小中、低年級生還在認知具體化階段，說明時需要有動作示範，以明確指示或例子做輔佐，提供適當的學習資源。
情緒	中年級開始對自己的特色有矛盾的感受，較遵從成人指令、偶而反權威，對電視或流行的物品感興趣。 高年級情緒發展較廣泛與多樣化，有時在短時間內情緒變化很快，對他人情緒有較好的判斷；有些人已經進入青春期，對未來想法較不切實際。	自我意識強（較自我中心）、容易與權威人士起衝突； 情緒起伏大，喜歡做白日夢。	兒童慢慢拓展情緒光譜，也慢慢學習情緒管控。 青少年因為賀爾蒙因素影響，情緒起伏較大、容易陷入低潮，也容易受同儕看法影響。
行為	六歲：行為轉變可以很極端，精力旺盛、也容易疲倦。 七歲：行為表現較有組織、安靜，可以坐得比較久、較專心。 八歲：有能力為自己行為負責、能表達自己想法。 九歲：表現更獨立。 十歲：合作、喜歡閱讀與講話、可獨力完成工作。 十一歲：有時表現笨拙或莫名其妙，喜歡捉弄他人或與人競爭。	不安、好動、精力旺盛；容易無聊，會找刺激、做無厘頭的行為；有時候出現笨拙情況，主要是身心發展與調適的問題。	兒童因為受限於語言發展，許多語言不能表達的會用動作表現，身體出現的症狀通常與壓力有關。 不要將行為視為唯一指標，需要去考慮其行為背後的動機或意圖。 不要「以言廢人」或「以人廢言」，這樣可以避免標籤化兒童，也讓其有改善的希望。 青少年要適應自己身體的快速成長，會注意自己的外貌、他人對自己的看法，也開始有追求異（同）性的行動，或是如何處理自己性衝動。
社會／人際關係	學校是兒童第二個接觸的社會（第一個是家庭），因此會慢慢拓展自己的交遊圈。 低年級視老師為權威，友伴關係很不穩定。 中年級開始會與同性別的玩在一起，但是也會出現「男生愛女生」的傳言與戲謔，在乎他人對自己的看法與喜愛程度（以此來定義自己的價值），同儕影響力開始介入，也有明顯的「霸凌」情況。 高年級的女生較同年齡男生成熟，開始有「閨密」，與男生似乎變成「不同國度」的人，也對異性感到興趣。	容易結黨成派，社交發展從家庭轉移到以友伴為中心。 想爭取獨立，努力脫離對父母的依賴。	兒童期有時會因同儕壓力，怕自己不合群或不同會被排擠，了解此年齡層的次文化與流行是很重要的，同時也要肯定兒童有自己的想法。 六歲大的兒童較自我中心，不太能與人分享物品或是輪流做些什麼。 七歲：容易因為別人一句話就受到打擊，較「他人導向」。 八歲：重視友伴團體。 九歲：對他人開始發展信賴感，也有反權威行為出現。 十歲：對家人與朋友態度較正向，較遵從成人指令。 十一歲：喜歡與同儕及長輩相處或談話。 十二歲時大半兒童已進入青春期，開始有自我認同的議題，想要「同流」又想要「特別」。 青少年有較多時間與同儕相處，基本上還是依賴父母親，只是擔心被同儕取笑還是父母親的孩子，會為了反對而反對。

單元 31 兒童與青少年輔導工作（續一）

二、兒童與青少年發展特色

「遊戲」是兒童期最重要的活動，在遊戲中不只可以學習到許多技巧、社會經驗、團體規範，還可以與人互動、拓展自己的生活範圍、培養語言能力、增加生活智慧。「遊戲」也是人類社會的雛形，孩子從自己親身體驗裡學習第一手經驗，兒童許多的跑跳體能運動，不僅刺激其腦部發育與肢體活動技能，也養成了健康身體、與人合作、排遣無聊時光的方式。兒童從大動作到細膩動作的練習及嫻熟度，可以讓其知道自己是有能力去做一些事情的，增加其自信，也願意拓展經驗、探索世界。

兒童的認知能力持續發展，中年級之前需要具體及示範式的教導，高年級以後，開始有抽象思考的能力，也會有驗證假設的能力，會自己去找答案，當然還是需要家長與成人的說明與指導。兒童可能礙於經驗值有限，且思考不夠周密，加上語言表達能力還在發展，許多時候會用行動方式來表示，不要誤解其動作，而是做進一步探索其真正動機並做說明，可以讓兒童減少挫敗感或不被了解的難受。

每個兒童的各項發展或有速度之不同，只要提供其適當的方式或練習，就可以慢慢跟上同儕。有些兒童可能有發展遲滯或是情緒障礙，現在已經有更精密、迅速的方式可以篩選出來，提早發現、及早治療或補救。

青少年在體型發展上朝性成熟方向邁進，可能需要花十八個月到五年的時間來完成，而在情緒與認知發展上還在持續進展中，而女性的生理成熟速度大約早男性兩年（Reid & Westergaard，2011）。青春期女性體重與身高會較男性同儕成長迅速一些，男性會有「夢遺」情況，其性衝動有時以自慰方式宣洩，只要引導他自慰不是壞事，認識自己身體的改變，也可以使用其他建設性方式（如運動）發洩。一般說來我們對於女性青春期的了解較男性熟悉，學校裡的衛生教育似乎也較著重女性。

認知發展是指其思考與處理資訊的模式，Kaplan（2004）特別提到青春期孩子認知發展要具備的能力是：分辨現實與可能性；假設性——演繹邏輯（建立假設並作驗證）；綜合邏輯（對同一問題有不同解答）；抽象思考（了解抽象概念，如宗教或政治）；後設思考（為何會有這樣的想法行動、反思能力），青年的思考特色有：自我中心、考慮他人、運用資訊、批判思考與創意思考（cited in Reid & Westergaard，2011，pp.13-14）。

青少年情緒有較多變動，容易在情緒影響下做出衝動行為，其發展任務之一就是從了解自己擔任的角色裡去思考自己是誰（認同），也因此有許多情緒經驗，羞愧與憤怒常常會連袂出現。青少年的典型表現如：挑戰權威與社會、冒險、實驗（如藥物、穿著、性）、要求自己的權利、（為自己與他人）負責任、尋求精神寄託、教育上的轉變、準備踏入職場、與同儕的新關係、發展性認同、重新調整與權威人物的關係（Christie & Viner，2005，cited in Reid & Westergaard，2011，p.18）。青少年常常將「叛逆」與「獨立自主」混淆在一起，認為為了反對而反對，就可以彰顯出自己的獨立性，這基本上會隨著其發展漸趨成熟而改進。

6 到 11 歲孩子的發展任務（Havighurst，1953，cited in Muro & Kottman，1995，p，20）

- 學習一般遊戲的身體技巧。
- 建立自己是一個成長個體的態度。
- 學習與同年齡的人相處。
- 學習適當的性別角色。
- 發展閱讀、寫作、計算等基本技巧。
- 發展日常生活的必要觀念。
- 發展自我意識、道德感以及價值觀。
- 建立個人的獨立性。
- 發展對於社群團體或機構的態度。

皮亞傑的認知發展階段（整理自 Henderson & Thompson，2011／2015，pp.2-5，2-6）

年齡	階段	說明
出生到 24 個月	感覺動作期	用行動、身體去探索世界。
2-7 歲	前運思期	兒童的行為和思考是「自我中心」的，無法以別人的角度來看事情，也相信每個人的看法都跟他一樣。兒童與同儕之間的互動，是化解前運思期「自我中心」最重要的因素。
7-11 歲	具體運思期	有對話技巧，能逆向思考，欣賞他人觀點，在學習上需要具體的協助，能夠區分現實與幻想，但抽象推理思考有困難。
11 歲以上	形式運思期	青少年能夠以邏輯、理性抽象的思考，來把事實跟想法連結在一起，也以多重的推理來消除矛盾。其思考特徵還有一個是「想像的觀眾」（這個與他們高度的自我意識有關），以及因為有「個人神話」（因此會誇大對自己的期待），可能會做出不明智的冒險行為。

青春期主要發展任務（Micucci，1998，pp.67-91）

年齡	發展任務
青少年早期（11 到 13 歲）	要適應青春期的改變，學習利用新的認知能力，在同儕之中找尋自己的位置，以及處理與性別相關的期待。
青春中期（14 到 16 歲）	要處理自己性慾問題，做道德的決定，與同儕發展新的關係，以及平衡自主與依賴。
青春期晚期（17 到 19 歲）	要整合自我認同、體驗親密感以及離開家。

+ 知識補充站

思考青少年發展的挑戰時，須注意：考慮環境脈絡與「正常」的定義——我們對於許多「正常」的定義是與文化有關的；每個人在發展的步調可能不一樣，而在某一個人身上的不同發展（如身體、情緒）速率也不一樣；青少年的發展與父母親的發展議題有交互作用——父母親也正面臨自己發展中的挑戰（Micucci，1998，pp.56-57）。

單元 31　兒童與青少年輔導工作（續二）

三、兒童及青少年諮商注意事項

諮商師或輔導教師進行個別諮商時，因為兒童或青少年與成人單獨相處一室，會因為害怕權威或有其他擔心而較不自在，青少年也正處於「長自己」的階段，有時會為了反對而反對，抗拒的表現會較為強烈而明顯（如不合作態度、口出惡言、不尊重、或是只說「不知道」），會讓諮商師或輔導教師吃足苦頭、讓協助碰到瓶頸，當然這也考驗諮商師解決問題的功力。倘若兒童或青少年邀請朋友一起出席，諮商師也可以接受，還可自當事人與朋友之間的互動更了解當事人，不必執著於「個別諮商」的形式，有些學校的教師或是輔導老師偏好「少數人」一起的諮商，除了可以加強同儕學習、減少孤單感、符合經濟效益之外，還可以同時與一群學生建立關係、了解學生與人互動，及其支持脈絡情況，也可以進一步建立學生互助的支持網路。

在校園裡面做諮商，輔導教師或諮商師在安排與學生面談的時間與時段上要特別注意，除非學生的情況嚴重、需要持續安排在同一時段（最好也能讓校方與教師了解這樣做的理由），要不然因為學生有受教權，如果固定在同一個課堂與學生面談，可能就會剝奪了學生學習該科目的權利，因此如果可能的話，不妨做適當的晤談時段變動，對於學生的受教權就較有保障，這樣他們就不會同一堂課都缺席。

再則，兒童和青少年因為尚在發展與學習階段，有時候若諮商師用了較艱澀的詞句、或是複雜句型（一句話裡涵蓋許多意思），他們可能不了解諮商師所說的，因此諮商師可使用不同的陳述來描述及澄清。青少年跟一般成人一樣，都有自尊及被尊重的需求，不希望被貶低，因此有時候即使不了解、也會假裝知道，諮商師在與當事人對話時，即便懷疑當事人不了解自己所說的，但是儘量少用「你了解嗎？」或「你懂嗎？」這樣的字眼，而是採用不同的方式（像請當事人舉例或做摘要）來做釐清。

針對兒童和青少年做諮商，要特別留意其所處的環境脈絡、以及其他影響的因素。因為年紀越小，缺乏解決問題的能力，卻會將其壓力展現在行為上，而真正的問題原因可能是在所處的環境裡面，像是父母親不和，孩子可能會出現暴力的行為、課業落後、注意力不集中等情況，因此在與兒童或青少年做諮商的時候，諮商師必須要有生態觀，要看到當事人周遭的其他可能影響因素，而不是將問題鎖定在當事人身上，這樣有極大可能會失焦。

諮商對象是兒童或青少年，也應該像一般的諮商程序一樣做後續的追蹤評估。兒童和青少年的問題可能會重複出現在諮商場域裡，諮商師要有所準備，務期讓每一次諮商結束後，當事人更有能力去面對同樣的問題及做有效處理。

一般的兒童諮商模式（Henderson & Thompson，2011／2015，pp.3-12–3-15）

1. 經由積極傾聽來確認問題
2. 澄清兒童的期待
3. 探索過去解決問題的方法
4. 探索新的解決方法
5. 讓兒童能承諾去嘗試一個新方法
6. 結束會談

兒童對諮商常見疑問（Henderson & Thompson，2011／2015，p.3-9）

什麼是諮商？為什麼我必須去諮商？

我做錯什麼事嗎？我會被處罰嗎？

朋友會不會覺得我有毛病？他們如果知道了會不會笑我？

我應該要說什麼？要做什麼？如果說錯話怎麼辦？

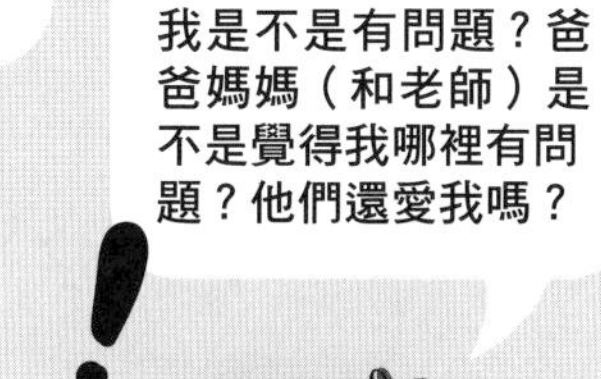

這要花多久的時間？我什麼時候可以回家或回教室？

如果我不喜歡，可以不要再去嗎？

諮商會痛嗎？這和看醫生一樣嗎？

我可以說出家裡發生的壞事嗎？

諮商師會把我說的話告訴別人嗎？

＋ 知識補充站

因為諮商與輔導的觀念還不甚普及，因此在接觸兒童與青少年的時候，這些潛在的當事人可能會認為來接受輔導與諮商就是「有問題」的，也擔心他人眼光，所以他們的抗拒會比較強烈，也是可預期的。諮商師態度開放，讓當事人可以問問題，然後用他們可以了解的語言來解釋，在建立治療關係的同時，也釐清或破除了一些輔導或諮商的迷思。

單元 31 兒童與青少年輔導工作（續三）

三、兒童及青少年諮商注意事項（續）

與兒童／青少年諮商首重傾聽，因此在諮商過程中最好注意：（一）不要問太多問題，讓當事人做主角；（二）專注傾聽時，要先去除環境中可能有的障礙（包括電話或是噪音的干擾）；（三）專注傾聽時，不要去想待會兒要問什麼？當事人為什麼會講這些？而是順著當事人所說的、進入狀況；（四）傾聽是因為想要真心去了解當事人，這樣的態度很重要；（五）傾聽時不是光注重口語的訊息而已，還要注意觀察「非語言訊息」（如肢體、姿勢、表情、眼神等），會讓諮商師的資訊蒐集更周全；（六）如果諮商師專注傾聽，就會在適當的時間提出適當的問題；（七）當事人只有在認為諮商師理解之後，才會聽進去諮商師所說的話；（八）不要怕沉默，沉默在諮商中有不同的意義。有些諮商師很怕尷尬或沉默，結果就說了太多話，會讓當事人很疲憊，也容易起反感。

其次是「怎麼問問題」？學校輔導老師進行諮商時最好：（一）用詞簡潔，不要一下子問太多問題；（二）多問開放性問題；（三）問具體的問題；（四）善用比喻或比方；（五）可以使用手偶或演戲／角色扮演／繪本方式協助；（六）少問「為什麼」（兒童或青少年常會以「不知道」來回應此問題）。

諮商過程中不要擔心當事人喜不喜歡你／妳、或擔心自己的治療是否有效：（一）因為當事人的抗拒是自然的；（二）善用「立即性」技巧（「立即性」是用來描述當下情境中觀察到當事人的情況、以及治療關係，因此較不具威脅性。）；（三）適當使用挑戰或面質（只是迎合當事人，治療無法深入）；（四）以不同方式與當事人互動（在諮商室裡預先準備的一些靜態活動，如撲克牌、棋類遊戲或大富翁等，諮商師也可以創發一些牌卡遊戲，或是將原先的傳統遊戲，如大富翁或尋寶圖做一些改造，這樣玩起來也有意義）；（五）走出輔導室或諮商室（其他場合可能會讓當事人較放鬆），也注意性別可能的差異（因為男女性社會化過程不一樣，女性被鼓勵表達，因此言語互動上較無問題，但是男性去被教育要「少言」或「沉默」才顯出男性氣概，因此藉由一些活動做媒介，可以讓諮商更順暢。）；（六）運用偶像與其他重要他人或可用資源；（七）從當事人之外的更大脈絡與影響來思考（文化、環境、家庭影響等，而非將問題焦點放在當事人身上）；（八）適當地使用自我揭露。

小博士解說

佛洛伊德曾說，人生三大任務是遊戲、工作與愛，而遊戲也是兒童生活的最重要元素。

若要成為對兒童／青少年的諮商師需要（Corey et al.，2011／2014，p.179）

- 有遊戲治療、藝術或音樂治療的被督導實務經驗。
- 覺察自己能力之限制。
- 熟悉相關法律。
- 了解服務對象的發展議題。
- 了解相關轉介資源。

擔任兒童諮商師注意事項（Erdman & Lampe，1996，cited in Henderson & Thompson，2011／2015，p.3-6）

- 了解兒童的認知與情緒發展程度。
- 資訊呈現的方法宜符合兒童的發展程度。
- 善用具體例子、實作活動，並清楚地解釋規則，且對行為後果要小心解釋。
- 兒童的自我中心特性，讓他們無法看到其他觀點，或難以檢驗自己的想法與推理過程。
- 兒童對時間、次數、頻率常搞不清楚。
- 兒童的記憶力與期望可能是扭曲的。
- 要理解一個現實——兒童對他們生存環境中許多層面的問題，是無法掌控的。
- 兒童不想改變是可預料的，可能會出現哭泣、沉默、大笑、坐立不安、打架等行為。

兒童與青少年觀點不同（Selman，1980；Selman & Selman，1979；cited in Henderson & Thompson，2011／2015，p.2-5，p.2-7）

年齡	認知／特色
3-6 歲	兒童的觀點未分化
4-9 歲	採用「社會訊息」觀點，理解其他人有不同的訊息跟觀點
7-12 歲	用「反省觀點」，兒童能夠以別人的觀點來看自己的想法、感情和行動，也認同別人有相同的能力
10-15 歲	採用「第三者觀點」，能夠超越兩個人的情況，想像以公正的第三者來看待自己和他人
14 歲到成人	採用「社會觀點」，了解第三人的觀點，會被社會價值系統影響

＋ 知識補充站

與未成年者工作，諮商師需要經常面臨未成年者保密及家長要求知道諮商相關訊息間平衡的挑戰（Benitez，2004，cited in Corey et al.，2011／2014，p.175）。

單元 32　與青少年的諮商工作

在學校做輔導工作，許多的當事人都是教職員或家長轉介而來，也就是所謂的「非自願」當事人居多。輔導教師可能因此先入為主地認為當事人一定不合作，事實上可以用許多方式來與青少年磋商，若取得他們的合作，諮商效果就更佳。在進入諮商關係前與之後，有一些注意事項可以協助輔導老師進行協助工作。

一、進入諮商過程前

（一）要先有準備：不管是事前的具體準備工作（如學生相關資料與訊息的了解及蒐集——包括家庭背景與行為問題等，對於此次諮商欲達目標所做的設計或使用媒介——如道具、遊戲、牌卡或繪本，或者是先針對上次晤談紀錄做回顧與思考），以及進入諮商前的心理準備（準備好要接案、情緒上的穩定、時間上不要匆忙等），諮商師都需要讓自己的這些狀態調整到最好（因此不建議連續接案）。

（二）將「抗拒」視為自然的：青少年若是經由轉介管道過來，其抗拒是很自然的，即使是自己願意前來，也會有抗拒的情況，因為不知道眼前這位陌生輔導老師會怎麼看我？諮商師如何看待「抗拒」，有時候攸關諮商效果的成敗。把「抗拒」當成自然現象，不要將青少年的抗拒「個人化」（認為他們是衝著輔導老師而來），以好奇、寬容的態度接納，也不要因為當事人的突然舉止而被驚嚇到。將與青少年的「第一次見面」當作是難得的經驗，甚至是輔導老師可以學習的機會，這樣子做諮商就會輕鬆許多。

（三）給他／她選擇的權利：倘若當事人不想留在現場，給予其選擇的機會不必強留，因為這會破壞關係及未來晤談的可能性。

（四）先留住他／她幾分鐘：非自願的當事人坐不住，會想要早點離開諮商現場。諮商師可以表明自己的擔心與焦慮（如「我也希望可以談短一點，不要留你／妳太久。」），也可以請教當事人擔心與害怕的是什麼？不要企圖留住他／她整節課，而是以調整、溝通的態度，留他／她個五分鐘或十分鐘，這樣也可以給轉介過來的老師或家長「交代」，通常青少年是願意停留若干時間的。倘若當事人堅持要離開諮商室，不需要勉強他／她，甚至說：「謝謝你／妳親自來跟我說你／妳不想來，也許下一次有機會，我們可以談談。」或者是把治療師在這幾分鐘接觸的時間內所看到的當事人優點告訴他／她，像是：「我認為你／妳是一個很負責任的人，即使你／妳不清楚為什麼來這裡，你／妳還是來了，而且也弄清楚來的原因。」讓當事人有初次愉快的諮商經驗，也可能打破其對諮商的汙名化或恐懼，下一次若要約談就較為容易。

小博士解說

對青少年／女來說，同儕是非常重要的資源，也是其定義自己的關鍵因素，因此可以使用「同儕諮商」（peer-counseling）的理念，訓練各個班上一兩位同學，就可以在發現問題之初做介入、或適當轉介。

與青少年諮商注意事項（Reid，2011，pp.143-144）

- 避免對年輕人做負面的假設
- 不要從問題的歷史開始
- 要平衡對問題的探索以及解決策略
- 營造出希望與樂觀
- 協助認出特別的目標與行動
- 提供短期成功的酬賞
- 避免充滿問題的故事
- 整合其他取向的技巧
- 著重當事人去尋求解答的創意
- 減少依賴的危險性
- 讓當事人注意到自己的特殊資源
- 對當事人是可接受、且具有吸引力的方式

青少年在諮商時的抗拒行為（Reid，2011，pp.120-121）

抗拒行為	說明
爭論	與諮商師爭論剛剛所說的正確性或具有敵意。
打斷	在對話中以防衛的姿態來打斷諮商師。
否認	即便問題存在，也不願意合作、不要負責任或接受邀請來思考其他資訊的可能性。
忽略	忽略諮商師所說的、不參與對話、展現出退縮的行為。

＋ 知識補充站

面對現在的青少年／女，還需要考慮到科技網路的無遠弗屆及無孔不入，尤其是對於其社交關係的影響，像是減少了面對面的互動、久坐的生活型態、孤立與孤單、網路霸凌，以及憂鬱和焦慮（Selfhout，Branje，Delsing，Bogt，& Meeu，2009，cited in Paladino & DeLorenzi，2017，pp.358-359）。

單元 32　與青少年的諮商工作（續一）

（五）從當事人的優點或是有興趣的事物開始：不要從轉介的「理由」開始（所謂的「哪壺不開提哪壺」，除非緊急狀況），而是從當事人進入諮商室開始就進行觀察，把當事人所表現出來的具體正向行為做描述，並作適當的誇獎，像是：「你／妳其實可以不來的，但是你／妳還是出現在這裡，你／妳是怎麼辦到的？」「剛剛你／妳進來的時候喊『報告』喊得好大聲，讓人覺得很有精神！」

（六）維持亦師亦友的關係：青少年為了「長自己」，想讓自己與他人之間有所區隔，會為了反對而反對，尤其是面對成人時，有時候也會挑戰成人的權威，因此諮商師保持「好奇」與「不知」，甚至是「願意請教」的態度，比較能夠解除他們的戒心。然而諮商師也需要站在「教育者」的立場，有些界限需要堅持、有些則可以放寬，這些都可以與青少年商議、協調出一個雙方都可以接受的情況。此外也可以請教當事人要怎麼稱呼他／她？適當的尊重與不威權的態度，是維持良好治療關係之鑰。

（七）找到真正的諮商目標：輔導老師有時候「認為」自己「應該」要達成將學生轉介過來的教職員的「期待」或「目標」，這一點很值得商榷。因為轉介人與諮商師看到的問題可能不同或解釋不一，因此目標會不一樣，況且許多教職員會將諮商師「神化」，以為諮商師無所不能！然而許多當事人的問題其實由來已久，也不是短短幾次談話就可以奇蹟式地解決。最好的方式是與當事人商議，看看可以妥協的目標為何？這樣也較容易取得當事人的合作與採取改善行動。

（八）善用環境教育：有些青少年就是不願意談，這也無妨，請他們到輔導室擔任義工、協助一些事務，他們可以從輔導室裡人員的互動中學習到許多東西，也會慢慢接受諮商是可接受的助人方式。許多對世界帶有恨意的青少年，會從這些與人友善互動的歷程中，學習到人性的美善，進而修正自己的一些想法與性格。

（九）感謝並肯定當事人：即使未能當下留住當事人晤談，也要以友善而堅定的態度，感謝並肯定當事人願意前來（不管是告訴他／她是一個遵守承諾的人，或是願意前來看看，甚至是好奇想了解諮商是怎麼一回事），並將諮商師所觀察到的當事人優勢告訴他／她，這樣的態度可減少當事人的抗拒，倘若下一回再找他／她來，會減少較多阻礙。至少讓當事人對於前來諮商或輔導室的經驗很愉快，也是不錯的開始。

小博士解說

兒童與青少年當事人常常會用一些舉動或行為，來測試與諮商師的關係。因此諮商師不需要將他們的行為「個人化」——認為是針對自己而來——而引發了不必要的情緒，阻礙了諮商的進行。在諮商的過程中，也應該有一些「界限」或「限制」的設立，這些界限主要是依據「現實」與「安全」的原則（Smith-Adcock & Pereira，2017，p.110）。

與青少年工作禁忌

- 不要訓話
- 諮商師勿視自己為萬能
- 不要強留當事人（除非當事人對自己或他人有潛在的危險性）
- 不要刻意使用青少年使用的特殊語言
- 不要侷限在很正式的諮商室裡面晤談
- 不要哪壺不開提哪壺（不須將轉介過來的目標當作諮商為目標，像是「減少偷竊行為」、「少嗆老師」、「不使用暴力」等，容易將諮商目標或問題聚焦在問題行為上，甚至將當事人當作「問題人物」，帶著這樣的成見，反而會妨礙了助人過程的進行）

青少年諮商訣竅——接觸的技巧（Hanna，Hanna， & Keys，1999）

- 提供點心
- 不要成為威權的象徵
- 讚許與表示崇拜常常可以打破其防禦與敵意
- 使用不同的媒材，讓青少年可以表達自己
- 重新架構嗑藥與酗酒是要避免痛苦
- 表現出對當事人的尊重
- 鼓勵抗拒的表現
- 讓當事人了解諮商是怎麼一回事
- 要懂得自我解嘲
- 談話時讓青少年手上可以把玩物品
- 強調共同的經驗
- 真誠不虛假
- 幽默感
- 走出諮商室
- 傳達出諮商時間可以很「短」的訊息
- 播放青少年熟悉或喜歡的音樂
- 提及當事人性格上的優點
- 避免專家立場，除非治療關係已經穩定了
- 聚焦在「傷痛」，然後才提「氣憤」
- 不要有桌子
- 如果當事人不善於認知上的頓悟，就不要往那個方向去
- 避免用臨床的標籤來思考（不以病態觀看當事人，而是看到他／她這個「人」）

＋ 知識補充站

輔導教師對於兒童與青少年特有的文化（所謂的「次文化」）要有所了解，包含他們慣用或創新的語言、喜歡的遊戲或休閒活動、崇拜的偶像與樂團，以及目前流行的日常活動（像是交換日記）。不必刻意去使用他們的語言、企圖融入他們，而是可以站在「不知」的立場，虛心討教，他們也會願意分享。

單元 32　與青少年的諮商工作（續二）

二、進入諮商過程

（一）開放問答：青少年對於進入輔導室是畏懼與困惑的，因此有必要解釋或說明讓他們知道，最好是開放讓他們發問，準備好接受一些意想不到的問題。

（二）聽當事人說他們的故事（由當事人引導對話之進行）：青少年最怕他人先入為主的想法，因此保持緘默或是說「不知道」是他們保護自己的策略。詢問轉介過來的青少年：「你／妳怎麼會出現在這裡？」常常他們給的答案就是老師轉介過來的理由，如果輔導老師也同意，這樣反而容易陷入困境，也就是青少年其實是主流文化的受害者，只要不遵守成人訂的規矩就是不對。當青少年進入諮商室，輔導教師可以把他／她的檔案放在一邊，花時間仔細聽聽他／她的故事（「我想聽聽你／妳怎麼說。」）這樣的尊重態度，比較容易建立起諮商關係，也可以更了解事情的原貌。

（三）不要刻意去討好當事人：真誠的態度就是贏得青少年的最便捷途徑，也是建立治療關係的關鍵。有些諮商師會刻意使用青少年的語言，反而會適得其反。

（四）青少年要結伴而來是可以的：不要執著於「個諮」就是「一個人」，畢竟在諮商室裡是面對一個（陌生的）成人。青少年的同儕關係很重要，他們結伴而來是可以容許的，也可以從他們彼此的互動中更了解當事人與其文化。

（五）將當事人視為自己問題的專家：青少年最討厭別人當他們是「無能」的，因為整個社會對於青少年與兒童是不信任的。因此相信當事人是有能力解決問題的個體，不要急著給意見或解決之道，詢問其試過哪些方式、效果如何？讚許其為解決問題所做的努力。

（六）將當事人放在脈絡中思考，勿將問題視為其個人的，也要替當事人找資源：與當事人相關的重要人物或是偶像、書籍或是剪報，也都是可以用來協助當事人的資源。

（七）說故事比說教更好：與青少年分享跟他／她情況類似或相關的事實與故事，也問他／她的看法，從故事裡去體會諮商的善意更容易。諮商師有時候要切記：不要拿自己的故事或經驗來說嘴，因為年紀與世代的距離，當事人不一定領情。

（八）給當事人一些簡易可行的家庭作業：改變是需要行動的。青少年有時候不知道該如何下手開始做改變，諮商師可以與他／她商議一些簡單的家庭作業，讓他／她牛刀小試一番，也因為成功率高，促使他們改變的動力就會提升。

小博士解說

青春期孩子挑戰危險行為，通常不只是因為衝動控制有問題，而是他們不相信會有這樣的結果（Burnett et al.，Konrad et al.，2013，cited in Dixon，Rice，& Rumsey，2017，p.323）。

青少年諮商訣竅──連結的技巧（Hanna，et al.，1999）

- 承認自己覺得困惑或不知情，不需偽裝自己知道。
- 要有危機情況的預期與準備。
- 告訴當事人其他青少年有過的類似經驗（同儕經驗較具說服力）。
- 讓當事人知道諮商師從他們身上學到了什麼。
- 與自己的青春期接觸（貼近他們的經驗）。
- 如果另外一位諮商師與當事人關係較好，不妨考慮更換諮商師（已有關係基礎）。
- 溝通要簡單明瞭（年輕人怕囉嗦）。
- 自我揭露有其限制（要適時、適當）。
- 不要讓過多的關切影響你／妳的同理心（過度同理）。
- 有機會的話，發展一個治療性的同儕文化。
- 若是孩子是幫派份子，也注意到幫派的好處。
- 不要逃避死亡、孤獨、無意義與自由等存在議題（這也是他們關切的）。
- 不管是什麼形式的受害，都要指認出來。
- 認出可能有的歧視（如種族或性別），給予合適的協助。
- 不可低估性慾的壓力（身體上的接觸要特別注意，可能會誤導青少年）。
- 如果當事人要的是注意，就給他／她。
- 自然的面質態度，不要逃避。
- 對於青少年「無感」的態度要注意（「無感」或冷漠是青少年最常用的防禦機制，背後要保護的可能是脆弱的自尊）。

艾利克森的兒童與青少年發展任務（Erikson，1997，pp.32-33）

發展階段	優勢	發展任務
早期兒童期	意志	自主 vs. 羞愧與懷疑
遊戲期	目標	主動 vs. 罪惡感
學齡期	能力	努力 vs. 不如人
青少年	忠誠	認同 vs. 認同困惑
成人早期	愛	親密 vs. 孤立

單元32　與青少年的諮商工作（續三）

（九）晤談儘量不要安排在同一時段：與兒童諮商一樣，不要總是在同一時段約談當事人，即使諮商過程需要一段較長的時間亦同。當事人還是學生，需要上課學習，有些當事人可能會要求諮商師特別在某堂課與他／她約談，試圖逃避該堂課。諮商師要強調學習是當事人的責任，況且總是在某一堂課將他／她抽離，不僅剝奪了學生學習的機會、也是對任課老師的不敬。

（十）與他們一起活動：特別是男性青少年，光是坐著談話很無趣、他們也不喜歡，因此可以在諮商室裡做一些活動或遊戲，或是走出戶外去投球、打球，在活動中他們比較願意開口說話。

（十一）運用同儕的資源：青少年是同儕團體勝於一切的時期，因此他們對權威人士（如師長等成人）的抗拒是正常的，因為要「長自己」，所以對於成人的忠告是聽者藐藐、不太領受，故而邀請同儕、有類似經驗者來分享或擔任顧問，其說服力最佳！有時候諮商師也可以邀請當事人的同學或朋友一起來協助當事人，像是大考前為了一個共同目標彼此鼓勵、支持與協助，可以聯繫情感、較少孤單，也可一起努力。

（十二）他們會「好康倒相報」：若青少年有過不錯的諮商經驗，他們會以「老鼠會」（臺語「好康倒相報」）方式介紹給其他當事人來談，經歷過諮商協助的人會把他們的心得與同儕分享，因此諮商師也可以善用這樣的資源。

（十三）團體諮商效果更佳：基於青少年重視同儕關係，善加使用團體諮商模式效果更好！青少年從同儕那裡所學（人際學習）的勝過一切。

（十四）了解當事人的抗拒行為，勿將其個人化或認為是當事人的缺點。青少年在諮商時的抗拒行為如爭論、打斷、否認或忽略（Reid，2011，pp.120-121），不妨將其視為自我保護的方式，用尊重、輕鬆、幽默的態度以對，可以適度化解敵意或抗拒。

與青少年工作的成功秘訣是：建立信任、合作與滋養的關係（Paladino & DeLorenzi，2017，p.363）。當然青少年也會常常測試與諮商師之間的關係，這可能也反映了其在生活中的實際狀態（如不相信成人、不認為自己被信賴、與人關係不穩定等），因此諮商師的自我強度要足夠，除了不將青少年的行為視為針對諮商師個人外，也要以溫暖、了解、不動怒的態度因應，當然也要對於青少年一些行為做限制（如不說髒話、不破壞物品），讓青少年知道該遵守的規矩，這也是尊重的示範。

小博士解說

有些青少年對於許多問題都會以「不知道」或者不回答來因應，這樣的態度可能很容易引起諮商師或輔導老師的憤怒，認為他們不合作。事實上他們有不合作的理由，因為在諮商室裡還是有一些「權力」的差異存在，而在他們這個發展階段，為了反對而反對的表現是很正常的。

青少年諮商訣竅——接納的技巧（Hanna，et al.，1999）

- 讓當事人很清楚可接受行為的界限
- 清楚哪些行為不允許其發生
- 避免權力爭奪戰
- 不要堅持非必要的口頭尊重（顯得虛假）
- 接納當事人突如其來的氣憤與敵意，因為這些可能是他／她生活中的常事
- 確認當事人的感受（同理心）
- 認出與善用「移情」現象（藉此了解當事人）
- 處理令人震驚或驚訝的言詞時要平靜、並做立即的重新架構

諮商師在面對青少年時需考量（Paladino & DeLorenzi，2017，p.362）

- 評估徵狀
- 當事人之準備度
- 照顧者之支持
- 身體與情緒安全
- 能在正式諮商前定期參與晤談

諮商師可以協助將進入成人期的青少年（Choate，2017，pp.388-390）

- 提醒其可能的危險行為
- 建立社會支持網絡
- 教導情緒管理技巧
- 提升其看見自己的優勢與能力
- 增進其對生命的目標感與價值信念

＋ 知識補充站

與青少年工作的成功祕訣是：建立信任、合作與滋養的關係（Paladino & DeLorenzi，2017，p.363）。

單元 33　輔導教師或諮商師一般注意通則

一、摸索、試探與深耕自己的核心理論：這個核心理論通常是能夠解釋你／妳的生命經驗，或是你／妳自己本身比較喜愛的學派或理論。因為唯有在核心理論的引導之下，你／妳才能夠對學生關切的議題或呈現的問題有較為系統的了解與解釋，而這也決定了你／妳接下來要進行的介入或處置方式，能夠與學生有較長期的合作，清楚自己整個諮商方向在哪裡。

二、了解你服務機構的文化：諮商師要走出輔導室或諮商室，去了解你／妳置身的工作場所、人與文化，與學生及教職員們建立良好的溝通管道與關係，因為這些人都是輔導生態的一環，需要大家共同的努力，輔導成效才容易彰顯出來。

三、擔任改變的「能動者（agent）」：雖然在學校裡面（尤其是國小），輔導工作是否受到重視，與主校政者有極大的關聯，然而諮商的普羅化以及被接受度，輔導老師或諮商師責無旁貸。經由不斷的接觸與合作，才能夠讓輔導的汙名化減低，進一步可以結合不同的資源，來讓輔導工作更具效能！輔導教師也是社區的一份子，如果社區或者是一些政策需要做適度的改變，才能夠讓其中生活的人更適意。輔導老師除了做弱勢的代言人之外，還需要做改變的「能動者」，也就是可以帶領及促成改變。

四、自己先嘗試或體驗過，會更具說服力：輔導老師和諮商師的主要任務之一是「造成改變」。因此如果要讓當事人改變，諮商師或輔導老師對於整個改變過程中的困難情況、該如何做改善計畫，或尋找可替代（可變通）的方式等等，都需要有詳盡的了解，最好的方式就是自己先做一些改變的行動計畫，在親身經歷之後，了解其中的甘苦，而在協助當事人做改變的時候，也較清楚當事人會遭遇到的一些挑戰與因應之道。

五、了解此發展階段中有許多矛盾是正常的：青少年已有抽象思考的能力，然而卻也有許多的理想性。青少年因為還在「長自己」（包括自我認同與生涯展望）的階段，加上掙扎於同儕與家長的影響，在「依賴」與「獨立自主」之間拔河，因此對於他人怎麼看自己很在意（儘管表現出不在乎的態度），也會在沒有其他參考架構底下想太多。

六、體會青少年會有的孤單：青少年在此階段也會經驗一些「存在的虛無感」，對於生命有許多的疑問，這種無法清楚說明、向外人道的孤寂感，也是此階段孩子內在的一種現實，甚至有些孩子已經開始體驗生命中的重大失落，這種孤寂感受會更深。若是諮商師或其他重要他人，願意與其探索這些人生課題，相信青少年的孤單無助感會獲得一些紓解。

七、了解特殊需求的學生：有些學生可能有親職管教的問題、過動、強迫症或特殊的學習障礙等等，輔導老師都需要進一步去了解或請教相關的訊息，以及協助與合作的方式。

青少年可能會出現的問題（不限於此）（Vicario & Hudgins-Mitchell，2017，p.60）

- 突然闖入的思考
- 容易生氣或具攻擊性
- 很容易情緒崩潰
- 引起注意
- 轉換困難（如轉學、適應新環境）
- 缺乏情緒管理
- 解離（身體與心理分離感，類似靈魂出竅）
- 自傷行為
- 逃家逃學
- 較差的本體感（覺察自我身體與個人空間）
- 自尊低落
- 焦慮

針對兒童與青少年創傷諮商注意事項（整理自 Vicario & Hudgins-Mitchell，2017，pp.92-93）

- 早期創傷與壓力事件會改變大腦的結構，目前有腦神經修復與以大腦為基礎的諮商介入，可以協助修正這些改變。
- 不良的童年經驗會影響行為與生理健康。
- 諮商師為這些遭受壓力下的兒童與青少年代言（或倡議），不能只看見其行為，而是需要從不同系統的層次來協助減輕其壓力與增進其復原力。
- 大腦的發展有五成左右是在出生後開始，且與環境交互作用而產生。
- 若早期經驗不容許正向的互動，邊緣系統就不能適當發展，會影響個體調整／規律的機制。
- 調整／規律、安全與依附是一起發生的，只要針對其中一項作用，其他兩項也會增強。
- 孩子感受到安全是調整／規律的第一步。
- 積極傾聽與安全的環境，讓當事人感受到被了解、有連結。
- 「適時」的介入（或「同頻」）是神經系統發展調整／規律的關鍵。
- 運用引導式想像或正念，可協助孩子建立調整／規律技巧。
- 諮商師需要了解當事人發展與情緒需求，協助其度過創傷經驗、重整生活。

＋ 知識補充站

特殊學生除了在學習上需要協助，其在人際或學校生活上也會遇到一些較為特殊的挑戰，諮商師不能置身其外；相反地，在不同層級學校，諮商師也必須要能夠提供適當的服務與協助給這些特殊需求的學生。

單元 34　班級輔導

一、班級輔導的重要性

一般所知的「一對一」輔導（或諮商），需要耗費的時間與人力較多，因此若可以固定就該校學生特性與需求，舉辦班級輔導或團體諮商，對於學校三級預防〔「初級預防」（一般預防）、「次級預防」（早發現早治療）與「診斷治療」（危機調適）等〕工作特別有效。倘若有必要事項需要宣導（如校園霸凌、生命教育、網路或藥物上癮知識），通常會先進行全校宣導工作（在朝會或班會時間），接著就依不同年級與班級做班級輔導，最後則是就需要輔導與協助的對象作團體諮商與個別諮商。

班級輔導顧名思義就是針對整個班級做輔導的教學活動，其主要關注的主題是教育（教導學生必要的知能）、發展（針對學生發展需要做事先預備動作）與預防（防治問題產生）。善用班級輔導不僅可以減少預期的問題（如協助轉學生融入班級），也可以進一步讓班上同學更團結、班風更為和諧。

班級輔導可以是一次性的，也可以做多次的預防宣導與教育活動（有系統或由淺入深），通常較少政令式的宣導，而是將重點與相關活動作結合，讓學生對此議題有更深入及透徹的了解，並能將所學運用在日常生活中。

針對中小學學校，教育部每學期或學年可能有例行性的主題需要宣導，像是生命教育、性別教育、友善校園等等，每個學校可以依據該校的學生生態、資源與需求，進行適當的班級輔導。若學校臨時發生一些重要事件（如學生突然死亡或意外，或是有喪親），輔導教師首先以全校師生為對象做安撫與教育，接著需要針對發生事件的班級做較多次的班級輔導（如哀傷教育），接下來（可先做篩選動作）針對反應較大、受到影響較多的學生與當事人做小團體諮商或個別諮商。

二、班級輔導進行方式

班級輔導顧名思義是以「班級」為單位，有時則是以大多數的同學為對象。班級輔導進行方式很多元，主要視其目的而定。使用繪本、影片或演劇方式，讓全班可以輪流或共同參與的活動，讓班輔目標可以達成，並有機會讓學生討論或發表意見，也都是班輔可以採用的方式，切忌說教成分太濃，降低了學生學習的動機或意願。

有時候將班上學生事先分組，然後進行也是不錯的。分組時要注意將班上較被排擠或孤單的學生安排到較歡迎他（們）的組別。在班輔進行時，輔導老師會設計一些相關問題讓學生回答，也需要注意公平性（不要讓若干學生霸占發言權，也要給些機會讓較害羞、沒有機會舉手的學生可以表達意見或說話）。

小博士解說

班級輔導可以針對重要議題（如霸凌、特殊疾病、校園安全）做初步宣導（至少比全校宣導要更深入一些）。班級輔導可視教育之必要或學生之需求，進行一次或多次的設計與深入宣導。

以往班級輔導活動的困難與缺失（林清文，2007，pp.176-177）

- 班級輔導活動未納入學校輔導工作的規劃範疇（許多學校將其歸為級任教師工作）。
- 班級輔導活動流於課程化（只當作課程實施、未配合學生發展或需求）。
- 班級輔導活動的實施目標不夠明確（缺乏統整、未與資源做適當連結，或將其當作團康活動）。
- 班級輔導活動不易進行績效評估（主題不明確、缺乏系統性評估方式）。
- 輔導活動只有教材手冊、缺乏可用的設備及材料（使得教師只好自己想辦法）。

班級輔導主題設計內容示例

主題	性別教育	生命教育	友善校園
相關議題	● 認識自己 ● 我是男生還是女生 ● 性別的不同面向（生理、社會、心理） ● 什麼是性傾向 ● 尊重自己也尊重他人 ● 性騷擾與性侵害 ● 愛自己、做自己	● 萬物變化、四季輪迴 ● 人為什麼要活著 ● 我想要成就的是… ● 預立遺囑 ● 如何表達關心與愛 ● 失去與悲傷教育 ● 情緒問題與調適	● 霸凌防治 ● 人際關係 ● 每個人都不一樣，都需要愛與尊重 ● 家庭與我 ● 危機處理

父母離異兒童團體設計內涵（Portes，Sandhu，& Vadeboncoeur，2001，pp.137-138）

- 接受父母親分開的事實
- 養成獨立自主的能力（將自己從父母親的衝突中分開）
- 處理失落經驗
- 發展對未來的期待以及其他的能力
- 解決憤怒與罪惡感
- 重新建立信任與自信

單元34 班級輔導（續一）

三、班級輔導的設計

班級輔導的設計要注意實施對象的發展階段與特色，才能夠設計有效的活動，真正傳達教育目標，也就是同一主題可能會依照不同發展階段而有不同的設計。例如「性別教育」，在低年級可能是「認識自己」（包括自己的性別、生理特徵、長相與特色），中年級可能是「認識身體與保健」（了解不同性別的生、心理特色，但也注意性別的刻板化），高年級可能主題就是「人際關係」（包含親密關係、同異性關係、性騷擾等）；再則，同一個年級的班級輔導設計，也可能因為班級氣氛與經營情況不同，而會做適度的更改、調適。

班級輔導的設計最好維持彈性、有趣，而且儘量讓所有學生都願意參與，即便是同一年級的不同班級，也可能因為班級氛圍、學生積極度不同，因此最好在A計畫之外、還有B計畫做備案，這也考驗了帶領班級輔導教師的創意與因應能力。年級越低，與主題相關的活動要多，並且活動之後馬上做連結，讓學生討論問題與發表，也要善用酬賞制度（不管是以個人或組別計分，都要顧及公平性）。倘若全校只有一位專任輔導教師，要跑遍所有班級有其難處，時間與心力上負擔太大，加上班級級任老師若不願意配合（尤其是進行時間的磋商），更會增加其執行的困難。因此溝通與協調就很重要，輔導教師平日也要與不同處室同仁維持正向、溫暖的關係，為共同的教育目標與關切對象努力。

四、可因應班級的需要而客製化

有些班級若是發現有特殊議題（如女性情誼、異性交往），也可以請輔導老師協助，讓學生有更深入的了解與體會。在國中小階段的女生關係不同於男生，女生關係較為緊密、但「排他性」很強，常常會有紛爭，像是甲跟乙是好友，若丙的加入，就可能引起吃醋或忠誠度的問題，這種情況就可以安排幾個班輔重點，例如「我的好朋友」（著重在朋友的定義與社交技巧）、「有人欺負我」（關係霸凌與防治）、「每個人都需要朋友」（可以從不同朋友身上的學習，寬容與接納與我不一樣的人）。校園霸凌的防治隨著網路與科技的發達，更顯現其重要性，輔導教師第一級預防最為關鍵，可將其列為每學期的重點工作之一，並將每年級的輔導目標做適當連結與設計，千萬不要等到發現問題嚴重了才介入，通常事倍功半、為時已晚！

小博士解說

女性較著重關係、善於經營關係，但是關係複雜，也容易在關係中受傷。女性情誼與男性情誼不同，女性之間的情誼較親密，有時不免會有排他性，因此會有隨之而來的許多人際與自我議題需要處理。

目前國中、小班級輔導最常見主題

主題	內容說明
認識自己	了解自己的優勢與挑戰。
如何交朋友	同理心與社交技巧的教導與訓練。
誰被欺負了	認識、預防與防治霸凌（特別是關係霸凌）。
性別平等教育	認識自己性別與發展、接納與尊重他人。
生命教育	愛惜生命、協助他人與合作。
感恩的功課	懂得感謝家長或教養人，並做好自己的本分與責任。
認識生涯	了解自己能力、希望從事對社會有益的工作。
學習習慣與策略	知道如何做有效學習、尋找適當資源與評估。
時間管理	知道如何安排自己作息的時間，包括運動休閒及與家人相處。

不同酬賞制度優劣點比較（Cashwell，Cashwell，& Skinner，2001，pp.64-68）

管理方式	說明
獨立團體酬賞制	以同一標準實施個別酬賞（只要達標就施予酬賞或增強，可能造成成員彼此競爭）。
非獨立團體酬賞制	只要特定一人達標就予以酬賞（可營造團體合作，但也可能造成單一成員的壓力）。
互相依賴團體酬賞制	整個團體的成員都達標才予以酬賞（教師容易計分，也可鼓勵較退縮的成員參與，但若一人未達標就可能造成內鬨）。
混合使用酬賞制	依照團體不同活動或行為訂立不同酬賞標準。

注：如何在帶領班級輔導、或是團體諮商的時候，運用這些增強、酬賞的方式來協助學生學習，就是很重要的議題。

單元 34　班級輔導（續二）

五、班級輔導注意事項

班級輔導活動主要目的是發展性、預防性與教育性，因此正確資訊的傳達與確認很重要。進行班級輔導之初，首先要考量班級輔導（以下稱「班輔」）的目標為何？然後依據這個目標來設計輔導內容。因為班輔是針對整個班級來設計、進行的，因此其設計需要符合班級成員的發展程度與需求。

班級輔導有些是一次性的（如霸凌防治宣導），也可以是一連串系統性的、由淺入深（如「如何辨識與防治霸凌」），端視班級需要或是輔導老師評估情況而定。班級輔導如同團體諮商的情況一樣，基於經濟效率的原則，設計相關主題的活動，讓學生可以進一步體驗、更深入了解某些議題，而不是像全校性的朝會宣導那樣淺顯與表面。

進行班級輔導注意事項如下：

（一）可用時間與次數：班輔主題可能需要進行次數多少次、時間多長。

（二）實施班輔對象：年齡層、發展階段與任務的考量。

（三）基本考量：年齡越小、次數較多、活動較多（活動之後緊接著討論或說明）；反之，年齡較長就可以減少班輔次數與活動。

（四）活動必須要與主題相關、可帶動主題之討論（記住：班輔不是團康活動）。

（五）設計班輔活動必須要先有預先的設計與準備，設計內容除了主要計畫之外，還要有備用計畫（萬一主要計畫行不通，就要趕快採行備用計畫），而多準備相關的備份活動也是必要的。

（六）每一班級之班級氣氛不同（與導師的班級管理較有相關），因此也要讓班輔設計更具彈性。

（七）進行班輔時聲量要夠大，也要儘量關注到全班的學生。若是可以在進班之前，先認識同學，叫得出他們的名字，可以更容易掌控班上秩序與活動之進行。

（八）許多輔導教師或諮商師沒有班級經營的理念或教育背景，在真正執行班輔時最大的阻力總是在班級秩序的維持，以及如何讓學生專心、聚焦。

（九）適當做分組討論或分享，不一定要執著於在全班同學面前分享或發言。

（十）若有影像或資料呈現，必須要讓全班都可以輕鬆看見，因此事先的預備工作非常重要。

（十一）每一次班輔最後可設計一個小活動（如問答或學習單），用來檢視此次班輔之成效，檢視的方式最好要多變化。

（十二）適當採用行為主義的代幣或是增強方式，可以維持秩序，也鼓勵同學參與（要注意發言次數的公平性，也鼓勵「慢熱」或較害羞的同學參與）。

（十三）若有酬賞或獎品，要在活動進行中分發或統一最後分發，也是不影響班上秩序或干擾活動的考量。

（十四）班級輔導通常是輔導老師進入班級進行，但是有時候也可能因為教室場地的限制，會將學生轉移到適當的場所進行（像是團體諮商室或者是體育館），此時就要注意減少讓學生分心的事物（如玩具或體育器材）與安全性。

班級輔導示例（五年級）

主題：生命教育	進行方式
第一次：活在當下	● 繪本導讀「天天為自己加油」 ● 詢問同學自己做到繪本中所敘述的哪些事？ ● 準備繪本內容相關題目五題（有獎徵答） ● 教導「正念」冥思五分鐘 ● 學習單（檢視自己每天是否認真做每一件事——包括休息） ● 家庭作業：蒐集不同生命階段的樹葉（越多越好，下次上課帶來）
第二次：生命歷程	● 將上回家庭作業成果拿出來，依序擺出樹葉的生命階段 ● 分組討論為何做這種排列？理由為何？ ● 教師問：「樹葉最後到哪裡去？」死亡之後的歸處（依據組別畫一張圖） ● 討論「為什麼有死亡？」「活著要做什麼？」（釐清對死亡的可能迷思） ● 分享今日上課後心得 ● 家庭作業：列出十項自己想要完成的事
第三次：愛	● 將上次作業「列出十項自己想要完成的事」做分享與（在黑板上）分類 ● 完成句子「與家人相處最難的是…」分組討論細節 ● 各組派一人報告、教師統整在黑板上 ● 全班討論解決之方法或曾經有過的解決方式 ● 家庭作業：對家人表示謝意或歉意（不拘形式）
第四次：我想成為怎樣的人	● 討論上次家庭作業執行情況、嘉許同學的行動力 ● 發下「八角圖」，請其他同學填寫對自己的印象或優點（要找八位同學） ● 與組員分享自己的「八角圖」，並說出自己最喜歡的特質 ● 全班排成內外兩圈，兩圈人依反方向走動，碰到的每一位都需要握手，告訴對方：「你是一個好人，因為……」 ● 發下回饋單檢視四次班輔所學

＋ 知識補充站

進行班級輔導時要注意學生座位的安排（要讓每一位學生都可以清楚看到老師或進行的說明及活動）、設計內容的適當性（是否容易被理解、合乎主題）。班級輔導可以採用多媒體來協助進行，包括電腦、繪本或影片播放（要讓全班都看得到）等等，也可以安插一些小組討論，或是以發表、繪畫、演戲與遊戲等方式進行。班級輔導在進行時，可以做分組計分，有助於同儕之間的良性競爭，但是要注意到秩序與「公平性」。

單元 34　班級輔導（續三）

六、班級輔導教師需要具備的知能

（一）領導者需要具有團體輔導相關知能：領導者受過團體相關專業訓練，也獨自帶過團體，了解團體動力結構、如何運作，有哪些重要因素必須注意，也都是在執行班級輔導之前必備的基本條件。

（二）領導者需要有班級經營技巧：因為做班輔，面對的是一群人，成長中的孩子不是那麼容易管理，倘若不明白如何約束學生、做秩序管理，可能班上鬧哄哄一片，或是各自做自己的事，無法有效進行班輔，自然也無法達成預設的目標。

（三）領導者需要對主題有了解或有專業背景：做班級輔導必須要對所欲宣導的主題（如霸凌、性別平等、時間管理等）有相當了解，才可以進一步設計與執行方案，要不然很容易在進行中有左支右絀的感受。

（四）領導者需要對服務對象的發展階段與需求有所了解：這樣才知道服務對象的需求為何？有哪些發展特色必須留意？學生的次級文化與使用的語言如何？

（五）領導者具有與學生互動與溝通的能力：帶班級輔導需要具備與學生互動的能力，不僅要了解他們發展的情況、使用的語言，也要清楚此班的班風與特色，就更能融入其中、讓學生更有意願參與。

（六）可以用各組競賽方式進行，但注意公平性：因為班級人數眾多，若是要邀請他們發表意見，可能只限於若干較願意發言者，相對的就減少了全班的參與度，因此可以適當使用分組方式，儘量讓全員參與。

（七）領導者要了解與善用增強原則與代幣制度：既然是以分組方式競賽，在決定計分制度時就要注意正確性與公平性，同時善用社會性增強與代幣制度的優勢。

（八）領導者要注意執行時的公平性：在國中小以競賽方式進行搶答，也要注意公平性，容許學生有相等的機會發言，有時候也要注意一些較為「慢熟」（要經過一段時間才敢舉手發言）或退縮的學生，以及發言頻率較多的學生（必要時得以忽視的方式處理）。

（九）運用不同媒材吸引學生注意：現在有電腦科技的輔佐，容易取得資訊與相關影片來協助說明，也要注意螢幕是否夠大，在實際做班級輔導之前，要先確定這些設備都無問題，要不然進行時才發現失誤，會耽擱大家時間。

（十）相關活動之後進行分組討論最佳：單向宣導方式效果最差，除非有很好的媒材（如影片或新聞畫面），以及有趣的活動連結；加上班上人數通常超過二十位，要請他們分享會有難度，因此，若在相關活動之後，讓成員進行分組討論是最有效的方式，然後請各組選取一名代表發言。

兩三人談話會

- 同學兩三個人，或許有相關的議題可以攜手一起來與輔導教師談話，這樣的兩三人談話會也可能發揮諮商的效果，不僅讓彼此之間對同一個議題有更深入的討論與溝通，藉由兩三個人一起來為某個問題做解決的行動，也是非常有效。
- 尤其在國小階段，有時候一兩位同學可能在人際關係上會遭遇到一些小小的挫折或困難，甚至是想要一起協助班上某個同學，這些都可能是談話會可以聚焦的議題。
- 兩三人的談話會可消除個別諮商個人前來的孤單感與焦慮，同時顧及到這些發展階段中的同儕關係與情感的需求，而從不同的人身上，輔導教師也可以收集到更多與議題有關的資訊，可以做更好的判斷與規劃。
- 兩三人同時出現的時候，輔導老師也可以從他們的互動中了解他們的人際關係模式，從中做有效的觀察與協助，還可以堅固及穩定其人際網路、建立可用的支持系統。
- 兩三人談話較個別諮商更符合經濟效益（時間一樣、但可同時與兩三位當事人晤談），輔導教師可以觀察與蒐集到更多及多元資料，對於女性而言還吻合其互動特色（以較少人數小團體方式交流），但並不是說男性就不能採用這種方式，只要適當、有效，也都可以運用。
- 女性基本上較重視小群體、彼此關係也較緊密，因此可就其共同關心的議題（通常與人際有關）做兩三人討論，針對男性也可以利用兩三人小組會談方式，連結彼此，互為資源與支持（如面對大考），效果亦佳！
- 兩三人談話會也類似問題解決團體，彼此針對生活上的議題有商量對象，相互提供情感支持，有自助團體的意味。當然若這兩三人團體同時參與了諮商團體，輔導教師就要特別注意。

同儕協助（peer facilitators）

- 美國中小學有「仲裁者」（mediator）的訓練，類似我們國內若干學校的「輔導股長」的功能，但是其積極與主動性更高。
- 「同儕協助者」的訓練是先遴選願意參與訓練、口語及智力能力佳、具領導潛能、有足夠動機與責任感者參與（Tobias， 2001， p.165）。
- 仲裁者主要先將同儕間的衝突或問題做優先處理，倘若無法做適當解決，則轉介給導師或輔導教師做進一步處置。
- 同儕關係是青少年很重要的支持系統，若一些班上紛爭或是同學個人的問題，可藉由同儕觀察、關切與舉報，可以及早發現問題、做及時處理。

單元 35　團體諮商

一、何謂團體諮商

團體是兩人以上的人所組成的社群，彼此有共同目的或目標，成員是同質或異質性，端賴團體所欲達的目的而定。

團體是成員們的團體，不是領導團體的諮商師或輔導教師的團體。諮商師或輔導教師只是擔任團體的設計與催化，但是團體本身有其生命與特殊形態，這些都是成員們所營造出來的團體氛圍所致，隨著團體進行（特別是較長期的團體），團體就會慢慢發展出自己的樣子。當然不同的團體領導者也會影響團體進行的方式與模式，在兒童與青少年團體裡可以看出領導者的領導風格，帶領團體者要切記：因為團體是成員們的，而非領導者個人的，因此要讓團體成員都能夠彼此學習、並將在團體所學運用在生活中是最重要的。

二、團體諮商效益

團體諮商與個別諮商最大的不同就是經濟實惠——不是「一對一」的服務，而是「一對多」，加上兒童與青少年藉由彼此互動的人際學習、觀摩、仿效，學習較為迅速且道地。兒童會將在團體外的人際互動模式帶進團體中，諮商師或輔導教師可以藉此了解孩子與人互動的情況及可以修正或補強的部分。此外，大家在同一團體裡分享經驗，發現並不是只有自己有這樣的擔心、不會孤單（普同感）等都是屬於團體諮商的療癒因子。團體也提供兒童一個可以自由表達自己想法與感受的安全處所，學習到被肯定、了解他人的優點，及從不同角度看事情，同時可以去實驗、嘗試新的與不同的問題解決方式，將在團體中所學運用到自己的生活中。再則，團體也讓兒童有機會去認識不同的人，從他人的身上與經驗裡，可以學會不同技巧或能力，也因為團體需要有效運作，制定一些規定需要全體成員遵守，也可以讓兒童學會自律、遵守團體公約及分工合作的重要性。

三、招徠諮商團體成員

諮商團體成員的招募需要宣傳。宣傳方式有多樣，可以去班級宣導招募、張貼廣告與報名方式、公布在學校網站上，或是由教師轉介等。當然因為兒童未成年，要其參與團體有時候不是班級導師可以自行做決定，需要得到家長或監護人的同意，但是許多家長不願意讓孩子參與團體，怕孩子被汙名化，或是耽誤學業，因此班導與輔導教師的說服力就很重要。有些學校知道輔導的重要性，因此在學童入學之初就已經得到家長的同意（或設計相關同意書），讓學童參加團體變得較容易。

雖然可經由班導之轉介管道來招募成員，但是也有需要注意事項（如右表）。

小博士解說

團體諮商具有經濟實惠的效益，尤其是對於正在成長中，且需要同儕認可的兒童與青少年來說很重要，他們可以將在團體中彼此互相學習的知能運用到日常生活中，也因為在團體中得到支持而增加自信。目前許多學校或機構都廣為利用團體諮商。

為何需要團體（Jacob，Masson，& Harvill，2009，pp.2-5）

團體功能	說明
經濟效益	就時間與需要投注的心力來說，比較有經濟效益。因為個別諮商是一對一，團體諮商是一對多，在人力不足的情況下（特別是學校單位），團體諮商是最符合經濟效益的，不管是在建議或諮詢、價值澄清、個人成長、支持與問題解決議題上都是如此。
共同經驗	發現自己不孤單，因為其他人也有相似的經驗或關注議題。
更多樣的資源與意見	若有許多人在團體中，自然可以提供的資源或意見就更多，使得團體經驗更有趣、更有價值。
歸屬感	團體成員因此而認為自己是團體中的一員、有個屬於自己與依附的團體。
技巧練習	團體可以是一個安全與支持的場域，讓成員們練習新的技巧與行為，然後將其遷移到團體外的日常生活中。
回饋	團體成員間彼此可以接受回饋及回饋給對方。
替代學習	成員之間有類似經驗或議題分享，包括成功與失敗的經驗，從他人的經驗中可以間接學習到許多知識與技巧。
真實生活的情況	團體像一個社會縮影，也較貼近真實的生活情況，可以暫時性地取代所生活的社區。
承諾	團體成員也會因為團體的期許與同儕壓力，會更願意承諾做改變，像是「戒酒匿名團體」、戒菸、減重團體等。

團體成員招募注意事項

一、注意廣告宣傳的表面效度。要在宣傳品上載明團體目標或成效、以及成員參與資格或條件。如果是要增進霸凌加害者的與人互動技巧，千萬不要將團體命名為「減少暴力」團體，表面上就不能說服潛在的參與者。

二、若是要教導成員社交或溝通技巧，最好也納入一些模範成員（至少占團體人數之一半），因為有示範與學習的功能。

三、成員若能先經過篩選最好，這樣可以保留真正需要的成員。篩選可以採用個別訪談或團體訪談的方式進行。

四、在正式團體進行之前，可以與各個參與者先建立關係，這樣成員較容易在團體進行時與領導者合作。

五、團體成員以六到八人最佳，但因為可能會有人缺席，一般說來團體出席人數要大於四人（不包含領導者），這樣的互動才較有效。

六、若要經由班級導師轉介，務必事先與老師溝通清楚，推薦真正適合參與此團體的人（而不是老師不喜歡或想要懲罰的學生）。

單元 35　團體諮商（續一）

四、團體進行注意事項

（一）進行地點

進行團體的地點很重要，最好是固定一個場所（成員容易記住、找得到、也較有安全感）、較安靜少干擾，也不要有一些容易讓學生分心的物品（如運動器材），或玩具擺放在那裡，會干擾團體的進行，因為會有學生去玩弄玩具或器材，不可能專注在團體活動上；若是玩具或器材無他處可放，也要適當地隱藏起來。團體進行的場地也不宜太寬廣，坐不住的孩童會趁機跑來跑去，這當然也考驗領導者的「班級經營」技巧。

（二）團體設計

團體諮商通常可以設計六至八次的活動，參與的成員不超過八至十人，年級差距勿超過二年。在國小階段，因為學生發展情況不同，年紀越小的學生團體諮商次數要多（如一週兩次）、持續時間要短（如一次三十分鐘），而且活動要多一些、討論時間儘量聚焦且簡短，避免學生覺得無聊。若是小學高年級學生，則團體諮商可以安排一次四十至五十分鐘，一週一次即可。若有一些書寫的活動或是回饋單要填寫，儘量採用簡單勾選或是簡答方式較受歡迎，很多小朋友不喜歡寫字。

如同班級輔導一樣，團體設計通常不是「一魚多吃」的型態，而是需要每一次依據實施對象（團體成員）的反應做適度的修正。團體的內容不是重點，過程才是重點。有些新手領導人急著要把自己設計好的「行程」跑完，反而忽略了成員的感受與想法，和成員間的交流，這是錯誤的示範，因為團體是屬於團體「全部成員」的，非領導者專屬。

（三）進行時間

小學中年級以上，團體時間一次可延長至三十至四十分鐘，因為他們較坐得住，但是也要注意成員的專注力情況（通常注意力一次可專注十到十五分鐘），搭配適當的活動，可以刺激其參與興趣與延長其專注力。青少年的團體一次可安排二小時至三小時，較可充分討論，中間有休息時段或做彈性調整，並提供水或飲料。

（四）注意團體的表面效度

有些是針對不同議題的族群所做的團體諮商，像是父母離異或單親家庭中適應有問題的學生、孤立沒有朋友的學生，前者可以讓同樣來自單親家庭的學生一起參與，大家分享共同的經驗與感受，後者不宜只是讓這些孤單的學生參與，他們可能缺乏的是社交技巧，團體中需要安插一些人脈廣、熱心助人的學生做為模仿的典範，才可以竟其功，要不然容易變成「汙名」團體（參加的人都被冠上「有問題」標籤），不僅難以得到家長的同意，團體效果也不彰。因此要注意團體的「表面效度」，名稱可以讓家長與學生都很放心，像是社交技巧團體就可以命名為「我要成為『人氣夯』」的團體，處理霸凌受害者的團體可以命名為「自信高飛」團體等，加上簡單說明團體的目的就可以。

不同形式的團體諮商（不限於此）

類型	說明	舉例	注意事項
依照不同理論區分	可以按照諮商師的專長理論設計團體	阿德勒自信提升團體、夢的解析團體	治療師需要對該理論、運作與該議題非常熟悉，不能只以技巧取勝。
依照不同議題區分	視需要達成的目的而定	霸凌受害者社交技巧團體、家長離異生活適應團體	最常見的團體，因為較容易計畫也有彈性。
依照不同目的區分	視其以「教育」或是「治療」為目的而設	認識霸凌（教育）、拒絕成為霸凌受害者（治療）	不同目的設計內容與進行方式或有不同。
依照人員加入或退出區分	「開放」與「封閉」性團體，開放性程度不同	一般團體較屬於「封閉性」，而醫院裡的門診團體治療常常是開放性	固定成員或是可以讓成員持續加入團體。
依照成員組成性質區分	同質性或異質性團體	可以依照年齡、性別、族群等所關注的議題做區分	同質性團體會有較多相似處，但也可能侷限了討論的範疇。
依照時間長短期區分	可分一週一次、共八至十二週的團體，也可以進行一次（如三天兩夜）的馬拉松形態	親密關係團體、悲傷團體	密集式的團體容易在短時間內讓成員彼此認識、培養出團體凝聚力，但是不適合年幼的成員（容易疲累）。
依照結構性區分	團體進行方式與內容為有目標或無目標、預先設計好或沒有	成長團體	初入門的團體較多結構性者，成員知道團體流程會較為安心。
依照成員專業度區分	可以是促進專業成長或以分享為主	同儕成長或督導團體、自助式團體	自助式團體通常沒有固定的或專業訓練背景的領導人。

注：以上只是粗分團體形式，其實團體基本上是混搭的，像是「異質性」「成長」「短期」「女性」團體。

給家長的團體說明書示例

「表面效度」的部分，特別要將團體名稱朝正向的標題思考，不要讓閱聽者誤會。像是「社交技巧」團體，主要是增進若干成員與人互動的技巧與能力，而在發給師長的宣傳單裡可以命名為「我們都是好朋友——讓你更有人氣、生活更快樂」，在團體目的部分可以列出：

（一）讓同學更了解與人互動的技巧與方式。

（二）讓同學彼此學習如何增進情誼的策略與方法。

（三）讓同學在校與日常生活都可以更快樂。

單元 35 團體諮商（續二）

四、團體進行注意事項（續）

（五）活動安排

年齡越小的團體，安排的小型活動要多一些，因為他們比較坐不住；年齡較大的團體也要安插適當的相關活動，讓他們可以即時做討論，較容易達成團體目標。這些活動都要與主題有關，每個活動最好可以讓全部成員都參與。此外，若要讓學生做書寫動作，最好減少寫字的機會，改用其他勾選或是表演方式替代，最新一代的電腦族非常不喜歡動手寫字。有時候在同一團體討論，因為人數多，可能只有少數敢發言的人會發表，效果不彰，偶而可以分成兩人或三人小組做討論，當然有時候若是同一組成員不喜歡彼此，領導者也要注意該如何處理。討論時領導者可以走動巡視，必要時給予催化或協助，也就是一定要關照到所有成員。

（六）注意力要做適度的分配

新手諮商師容易將團體諮商變成「在團體中做個別諮商」，忽略了其他成員被注意與認可的需求，也沒有催化退縮成員表達意見及成員之間的互動與交流，這樣的團體是失敗的，因為團體主要目的是讓成員互相學習。團體成員若是孩童或青少年，更容易在感受到被忽視或無聊時，對於團體失去興趣，也較不能從團體經驗中學習到團體預達的目標，因此團體領導的注意力要做適度分配，這也只有靠經驗才可能達成。團體中分配給發表人或談話者的時間也要注意，一個團體中總是有人願意分享更多、有人卻遲遲不敢冒險，事後卻又抱怨領導者不公平。

五、兒童團體諮商

諮商以團體的方式應用在兒童身上是效能最高，也最具有經濟效益的，因為兒童每天處於同儕之間，因此將他們聚集在一起，可以達到團體諮商的「人際學習」目的，而且他們也較容易彼此支持及模仿。兒童想要有所歸屬，也主動地尋求被他人接受，他們想要了解別人與自己（Glasser，1989，cited in Muro & Kottman，1995，p.136），由於大部分兒童所關切的就是人際議題，因此團體諮商聚焦在人際的學習，不僅對他們非常有效，也可提升個人的成長（Ehly & Dustin，1991，cited in Muro & Kottman，1995，p.136）。

只是要將符合與團體同一目標的兒童聚集起來並不容易，一來諮商團體是用來治療的成分多一些，因此許多家長會因為害怕自己孩子被標籤，而不願意讓孩子參與；其二，有些教師對於諮商功能誤解、或是想要擺脫某些他／她不喜歡的學生，就不理會團體諮商之目的，而將孩子送到團體中；第三，孩子本身也不喜歡被排擠出一般的班級活動（感覺像是被懲罰或疏離），因此要讓孩子歡喜進入團體，會有其難度；第四，孩子雖然熟悉團體活動，但是並未參與過團體諮商，因此對於參加團體之目的，自己該如何在團體中表現，會有許多疑問要先釐清。此外，基於學生受教權，許多學校無法另外挪出時間讓孩子參與團體，因此輔導教師或諮商師只能利用早修或中午休息時間，在時間上的控制與運用就面臨更多挑戰。有學者建議先邀請各班一些「明星」學生參與團體，可以去除汙名化，甚至廣為招徠參與團體的成員；年紀越低者，團體的同質性（如性別、年齡）要越高，而隨著年級增加，就可以拓展異質性範疇（Muro & Kottman，1995，pp.139-142）。

個別諮商與團體諮商的差異：

諮商形態／特點	個別諮商	團體諮商	注意事項
人數	一人	四人以上至十二人（或以上）（視主題或時間而定）	資訊分享方面，團諮有更多人參與，保密就更不容易。
對象與進行方式	一對一、面對面	一對多、直接	若只專注於若干成員，就容易忽略到其他成員。
動力不同	當事人與諮商師二人	諮商師與參與成員全體，就經濟與人際層面來說效果較佳，也容易獲得支持。	有人較不習慣在他人面前說話或發表不同意見。
諮商室外的掌控	較容易掌握	較難掌控	因為人員眾多，保密較難，也影響到成員在團體外的表現。
效果	較不易評估	效果較佳	團體成員彼此會有歸屬感、獲得支持，也可以在類似外面社會情境的團體中學習與練習所學。
時間	較固定，一次可以四十分鐘到一小時（必要時可延長）。	若每人（成人）二十分鐘來計，可能一次團體就需要一小時以上。	團體中若有人缺席，動力就受到影響。

團體輔導與諮商的區分

團體形式	團體輔導	團體諮商
目的	以教育或發展為主要目的	以心理教育及治療為目的
實施對象	以全班為單位較多	以特殊需求的學生為對象，如需要加強其社交技巧者、受創或受虐兒童、懷孕青少年，人數通常在十二人以下。
領導人	輔導老師或諮商師	受過專業訓練的心理師，對於主題（如離婚家庭子女、創傷壓力症候群、霸凌議題）有訓練背景者。
進行次數	可以一次或多次，主要看機構或學校資源與時間而定。	以五次以上為主，可以多至十二次以上。
進行方式	進入班級做輔導，通常會配合一些相關活動穿插（如影片放映或小遊戲），然後引導討論，著重在知識的獲得。	在限制次數內就某一主題做深入探討與了解，重在成員的分享與學習。
注意事項	班級秩序與班級經營	秩序管理、催化討論

＋ 知識補充站

團體領導的養成不容易，透過參與不同團體→成為團體觀察員→經過系統的課程訓練→擔任協同領導→最後獨立進行團體計畫與執行。且同時了解不同主題或議題，培養自己的彈性與創意，又有固定的督導可以請益或同儕間互相督導。

單元 35　團體諮商（續三）

六、兒童團體諮商的效益

一般而言，兒童喜歡與同儕一起玩樂與學習，團體諮商就是一個很好的學習與互動場域，加上團諮是經過設計、融入教育內容與活動，而其主旨是讓參與的成員有機會彼此互動及溝通，兒童的學習會較有系統與深入。

團體對兒童的協助（Henderson & Thompson，2011／2015，p.18-1）有：（一）成員對彼此表達關心、接納和支持，參與成員學到信任與分享；（二）團體的真實性以及強調思考，會使參與者去探索他們的想法、情緒和行為，以及真誠的表達；（三）團體成員表現出對彼此的了解，容忍度與接納的態度也會有所成長，協助彼此做出更成熟的選擇或決定。

七、設計兒童團體諮商注意事項

（一）年齡越小的孩子，團體時間要短（一次設計二十到二十五分鐘團體，前後要有幾分鐘緩衝時間，學生可能有活動耽擱或要提早結束去做打掃工作）、團體次數要多（有時甚至需要一週兩次）；隨著孩子年齡增長（如高年級）就可以一次安排較長時間（如三十至四十分鐘）、次數少一些。如五、六歲兒童，持續注意力短，因此一週進行兩次二十分鐘的團體，十歲以上兒童可能一週進行兩次三十分鐘團體。一個團體內成員勿超過兩個年級最佳（如一、二年級在同一個團體，或五、六年級生在同一個團體）。

（二）基本上，團體諮商要達其效果，次數在八次以上至十二次最佳，這樣可以讓成員將在團體中所學較容易移轉到日常生活中。

（三）團體諮商不是團康活動，然而對於參與的成員來說，從事一些有意義、作為討論焦點的活動是很適合的。年齡越小的孩子，團體諮商裡面安排的活動要多一些，緊接著就是可以讓他們討論或發表意見，這樣較能達成諮商目的。

（四）設計活動一定要有目的，這也是團體諮商有別於團康活動的重點。每一次可設計一個主要活動（用來引領討論或學習），但是計畫往往趕不上變化，因此還要有「B活動」或「B計畫」，以備不時之需。因為有時候設計者當初所預期的效果未出現，或是造成騷亂，讓原定計畫無法執行（完整），此時就可使用預先準備的「B活動」或「B計畫」，省得團體領導者驚慌失措又浪費時間。

（五）有些團體需要有正向、模範的成員加入，讓其他成員知所效仿（如人際關係、社交技巧、肯定訓練或增加自信心的團體），且其人數不能少於所有參與成員人數之一半。

（六）團體成員是很大的一個變數，加上成員在團體中互動的多樣化，這也是考驗團體領導者（諮商師或老師）最重要的關鍵。

小博士解說

團體諮商最難掌控的是團體成員，兒童是尚在發展的個體，每個孩子個性、習慣、與人互動方式等都有差異，因此要將其集合起來，為共同目標而努力，對團體領導的諮商師而言，是能力、耐心與創意的考驗。

兒童團體諮商團體的目標（Dinkmeyer & Muro，1979，1979，cited in Muro & Kottman，1995，pp.143-144）

- 協助團體中每位成員了解自己，在他們尋求認同的過程中予以協助。
- 了解自我之後，他們就容易發展更多自我悅納的感受及自我成長。
- 發展人際能力。
- 發展自我引導、問題解決以及做決定的能力，也能夠將在團體中學到的這些能力，遷移到一般教室或者是社交場域中使用。
- 發展對他人需求的敏銳度，能夠增加個人行為被認可、以及負責的態度，也可以學會同理他人。
- 學習成為一個同理的傾聽者，不只是聽到別人說的話，同時也聽見到話語裡面的感受。
- 能夠成為一致的自我，能夠正確表達自己所思所相信。
- 成員彼此協助，形成可觀察與評估的目標。

團體招募宣傳示例
團體名稱：「人氣王訓練班」
團體目標：
（一）讓成員學習與人互動的有效技巧；（二）讓成員可以同理他人感受、拓展人脈；（三）讓成員學校生活更快樂。
團體進行時間與次數：每週二中午 12:40-1:10PM（自 10/24 起共八次）
團體成員（招募中）資格：中年級男女生
報名方式：向班級導師報名或到學校輔導室向陳老師報名（行政大樓二樓）
錄取名單會個別通知。

團體諮商與團康活動之區別

	團體諮商	團康活動
功能	教育與治療	娛樂
目的	一群有共同目的者，聚集在一起互相學習與支持。	一群人一起參與活動，彼此沒有心靈上的互動或交流。
領導者角色	設計團體進行流程，團體計畫有邏輯、由淺入深。	設計與規劃團體活動方式與內容，內容以創新、好玩、娛樂大家為主。
進行方式	基本上有時間與次數的限制，以達成目標。	可能是單次方式進行。

＋ 知識補充站

團體成員的同、異質性，也要視設計者或帶領者的定義而定，性別、年級、障礙程度、背景、學習能力、社交技巧等，都是可以作為決定團體性質的標準，不管同質或異質性的團體，都以團體目標（看團體要達成的目標而定）為主要考量。

單元35　團體諮商（續四）

八、進行兒童團體諮商注意事項

帶領兒童諮商團體，兼顧教育與治療的功效，在實際進行團體前，雖然有完整的設計，但是仍需要依據上一次團體進行情況（如重要活動受到延擱）、未竟事宜（上一回未討論完整者）、臨時發生的重要事件（如成員搬家）等，在接下來的團體時間做彌補、修正或添加，才能夠讓團體進行順暢、合邏輯且有效。

（一）團體諮商之前建立個人關係：在進行團體諮商之前，最好有機會與個別將參與的學生建立關係，讓彼此熟悉，這樣一進入團體，他們配合的意願也會增加。個別談話也有篩選的功能，輔導老師可針對不適合參與者做篩選、安排至其他較適當的團體裡，甚至有時讓兒童做個諮更有效。

（二）團體很適合兒童，提供其在團體中表達情感與問題的機會，但也要注意到發展階段認知及語言表達能力的限制。

（三）利用多種媒體輔助（手偶、遊戲、音樂、繪畫、繪本等）、活動（包括演戲、情況劇、動作、問「如果你是他，你會怎樣做」之類問題）與討論穿插。

（四）坐成一圈較容易專注與投入。

（五）社交或相關需要學習正向行為的團體，需要安插值得學習的「榜樣」在團體內（這是所謂的「平衡」原則）。

（六）篩選成員部分（可以用第一次團體來做，類似說明會或做個別篩選——關切議題、願意合作與遵守團體規約、在團體中的要求與角色要明白告知）。

（七）主要是「領導者取向」，也就是領導人要做許多規劃與介入，「結構」要嚴謹，但可運用適當的輕鬆與幽默。

（八）領導者愉快，有活力與創意的聲調很重要；

（九）引導成員回到主題，因為他們容易分心；

（十）領導者的示範與帶著動作的說明很重要；

（十一）讓成員帶作業回家做，可以延伸諮商效果，也讓家人知道其進度與學習；

（十二）讓成員在每一次團體結束時自己做摘要，也可以做為「評估」之參考；

（十三）成員會考驗領導者可能的「威權」，或有抗拒表現，將其視為自然的過程，因此「耐性」與「同理」能力非常重要，不需要正面衝突或訓誡，而以反問或幽默帶過；

（十四）可能的團體主題：聆聽與溝通、認識與處理情緒、社會技巧與友誼、學業成就與學習方式、自我概念與自信、問題解決與如何做決定、失落與哀傷（危機處理的一部分）、孤單感受、校園暴力（欺凌與受害者，或兩者）等。

小博士解說

團體進行地點最好能夠固定，對年幼孩子尤然，因為他們需要有安全感、熟悉感，才能夠真正投入。

兒童團體諮商領導者需具備能力（不限於此）

- 團體理論、實務與督導基礎及體驗。
- 與學校或機構人員做有效溝通與協調、維持合作關係，並對諮商服務功能有清楚了解。
- 團體計畫設計、撰寫與評估能力。
- 班級管理能力，讓團體順利進行。
- 了解服務對象的發展任務、需求、目前興趣與活動。
- 彈性與開放（包括設計方案、進行團體態度與處理方式）。
- 對於生態理論有深入了解，能適當引入學生的相關資源（班導、家長、師長、同學或居住社區）。
- 協助學生將在團體中所學運用到日常生活中（如家庭作業的運用）。
- 注意教師與團體領導者的界限拿捏（學校輔導教師尤然）。

兒童團體類型與功能（Henderson & Thompson，2011／2015，p.18-2–18-4）

團體類型	功能
心理教育團體	使用教育的方法來獲得資訊、發展意義及與技巧。 協助兒童發現他們的認同問題、發展的過渡時期、課業問題及生涯規劃。 提供訊息、練習技巧，以及從討論過程中學習。
諮商團體	以成長為導向，著重個人的行為和發展。 藉由團體中與他人的互動，討論有關人際關係、社交技巧、學習技巧、價值觀、問題解決或做決定。 降低孤立感以及負面情緒，可以幫助自己也幫助別人。
治療團體	處理潛意識的動機，並且以改變成員個人人格為目標。 可矯正遭受嚴重困擾、深層心理問題或呈現社會異常行為的問題。 治療目標包括重建、減輕症狀，創造一個可以探索問題的地方。

＋ 知識補充站

在帶領兒童團體時，領導者可以藉由「連結」技巧，協助成員看見彼此的相同與相異點，另外也可以適當使用「面質」技巧，讓成員看見自己行為對他人的影響（Muro & Kottman，1995）。

單元 35　團體諮商（續五）

九、進行兒童諮商團體的其他相關議題

另外，進行兒童團體可以討論的相關議題，可視團體目的而做適度調整或留意者：

（一）同質異質性：到底應該讓同一議題（如社交技巧、同儕關係、弱勢家庭）的孩子在同一團體或是不設限？主要是看團體目標而定，沒有嚴格限制。但是若擔心團體裡面負面力量會影響學習（如霸凌者與受害者一起參與團體）就需要分開，甚至安插正面的楷模在團體中以供學習，而且人數最好超過負面的成員。

（二）保密的限制：兒童團體裡的成員會擔心團體中的事情外洩，或是領導者會告知其班導，因此要一再提醒團體成員或是掛保證，也可以與成員商議哪些資訊可以讓班導或同學知道。

（三）設定界限與彈性：有些孩童會因為與團體領導的關係而開始測試關係界限，擔任團體領導的輔導老師要特別注意界限的「彈性」，該遵守的不放水，可以調整的也做適當調整。

（四）篩選：許多老師推薦的學生通常與團體要針對的對象無關，有些老師只是想把「問題人物」往外推而已，因此在選擇成員之前，要詳細與可能推薦的老師們釐清與說明。若是讓學生以自我推薦的方式進入團體，有時候要拒絕他們參與就會有點困難，可能會影響他們以後參與的意願，因此輔導老師要特別說明清楚，甚至有餘力可以開設其他適當的團體讓他們加入。

當然團體成員如果可以經過輔導老師（或領導者）的篩選，更能夠篩選出可以從團體獲益的成員。然而在學校機構裡，常常不能夠做這樣的篩選動作，有時候礙於參與的人數過少，或者是教師們會把自己不喜歡的學生丟到團體中來。因此倘若不能夠做預先篩選的動作，其他變通之道是：能夠與所有潛在參與者有第一類接觸、談話或交換意見的機會；在這個場合中可以讓潛在成員了解團體目標為何？每個人在團體中要做什麼？要注意的事項如何？如果連這個第一次的團體會面都沒有辦法的話，那麼領導者最好能夠分別與不同的潛在成員有談話幾分鐘的機會，藉由這樣的接觸，可以更了解成員，同時也讓成員了解他們可以在團體中做些什麼？有哪些團體的規則需要遵守等等，用這樣第一類接觸的方式來建立熟悉感和建立關係，也許在整個團體進行過程中，較能夠得到這些成員的協助。

（五）取得家長同意：學校是教育單位，輔導是屬於教育的一部分，通常學校視需要與教育目的，可以直接讓學生做進一步的輔導與諮商，因此基本上不需要家長的同意；然而現在許多的家長會擔心孩子被汙名化或者是為了保護小孩，因此輔導或級任老師需要進一步向家長做說明，釐清一些迷思，讓孩子順利參與團體或個別諮商，因此取得家長的理解及同意是很重要的。

兒童諮商一般技巧（整理自Henderson & Thompson，2011／2015，pp.3-6，3-7）

技巧	目的
隱約的鼓勵（如點頭、「嗯哼」、手勢）	表示諮商師在聽，也鼓勵兒童繼續說下去。
複述（使用兒童所使用過的語詞、重複一次）	表示聽見、抓出重點。
重述（以諮商師自己的話將剛才所聽到的簡述一次）	表示聽見、抓出重點，也做確認動作。
摘要（將剛才兒童所說做重點敘述）	可用來回顧、指出重點，或讓兒童有機會聽見他們與諮商師分享的內容。
澄清	說明或弄清楚意思
知覺確認	確認諮商師所獲得的資訊是否正確。

與兒童諮商時問問題注意事項（整理自Henderson & Thompson，2011／2015，pp.3-17–3-19）

- 不帶有批判、譴責的口氣。
- 將問句變成陳述句。
- 不要過度引導，這樣反而霸占了晤談的焦點。
- 要聽見陳述裡的重要議題（如家人關係），不要忽略。
- 採用適當的開放性問題。
- 小心使用「為什麼」的問題，容易讓人有責怪的意味。
- 勿重複孩子聽不懂的問題，而是改變成兒童容易理解的說法。
- 多做傾聽與摘要。

國小階段學生常遭遇的問題

- 人際（如同儕、師生、親密關係）
- 暴力（包括目睹犯罪、霸凌）
- 社交技能缺乏或害羞（含退縮、孤立）
- 自我中心與寵溺
- 家庭（功能與結構、暴力、爭執、家人關係）
- 學習（壓力、障礙、科技入侵）
- 個人身心挑戰議題（含身障、智能與情緒障礙、心理疾病）
- 親師溝通（如教養觀念、對孩子的期待、「診斷與確認」的障礙——怕被標籤、父母親的擔心）

單元 35 團體諮商（續六）

十、青少年團體諮商

青少年重視同儕關係，也在同儕關係中認定自己是誰（自我認同），因此若能讓他們有機會在一個場合聚會、討論關切的議題，團體諮商或輔導的經濟效益很高。

（一）要配合青少年發展特色

青少年處於衝突、質疑價值觀，對選擇與身體改變困惑，亟需同儕贊同的階段，有許多的自我懷疑，在獨立與依賴之間掙扎，他們會尋求同儕的認同，因此團體諮商很適合他們。青少年是面臨許多發展議題的徬徨期，也是他們極力要「長自己」的關鍵期，雖然同儕的意見很重要，但是他們依然依賴父母親，只是要如何在「學習獨立」與「仰賴父母親」之間、「從眾」與「表現自我」之間取得平衡，還需要時間與經驗的淬煉。青少年重視同儕，因此在彼此互動中，可以學習了解自己、世界與他人；青少年會因為反對而反對，也會挑戰權威，但是他們彼此之間的交談是更容易的，因此若能善加使用，青少年的諮商團體效益會更高！

（二）青少年的團體諮商目標（Corder，Whiteside，& Haizlip，1981，cited in Berg，et al.，2006，p.267）：學習表達自己的感受；學習為自己的生命負責任；學習彼此真誠互動；學習了解自己（也知道他人怎麼看自己）；從團體經驗中體會到家人的感受，可以更了解與接受自己的家庭；有歸屬感，找到了解與接受自己的團體；學習如何與他人靠近；了解自己與他人一樣；協助他人，了解自己在他人生命中的份量。

（三）青少年團體諮商注意事項

1. 領導者必須要讓參與團體的青少年了解為何有此團體？團體目標為何？讓他們有時間發問、領導者做回應，不要讓他們覺得自己是被標籤的、或是被強迫而來。

2. 團體結構可以讓成員有安全感，但是要有彈性。

3. 青少年因為不善於表達自己的感受，常常會偽裝自己的害怕或不自在。

4. 領導者真誠無偽的態度非常重要，因為青少年受不了假裝或不誠實。

5. 運用角色扮演或演戲方式進行，讓他們扮演別人比較不會不自在，角色扮演或演戲可以模擬真實世界的狀況，也讓成員輕鬆將所學遷移、運用到日常生活中。

6. 青少年有許多創意，包括問題解決的方式，不要忽略其優勢。

7. 進行青少年團體，成員的性別有時是考量因素。一般說來，最好容納兩個性別的成員，同時人數相當，因為這樣成員可以從不同的角度與觀點來學習；然而將男女放在同一個團體也可能會助長性別刻板印象，或是男性急於表現、女性變得較沉默。有些議題較適合單一性別參與。同性別的團體，女性團體可能較願意表達意見，團體進行較為順利，但是也可能有同性競爭或搞小團體的情況出現；單一男性團體就可能較沉默，不妨安插適當的相關小活動，然後再進行討論或分享。

8. 若有成員不敢在團體面前說話，就先採用兩兩討論或小組討論方式進行，領導者可以用「走動」方式巡視及協助。當然儘管有這些考量，主要還是看領導人的經驗與功力。

青少年發展特色與帶領青少年團體注意事項

青少年發展特色	帶領青少年團體注意事項
● 尋求個人身分認同與價值觀之釐清。 ● 認知發展迅速。 ● 更有社會取向、重視同儕關係。 ● 生理變化迅速。 ● 急於了解自己的經驗，以及隨之而來的感受與行為。 ● 維持自主獨立及與人連結之間的平衡。	● 了解青少年文化與目前流行事物。 ● 真誠、坦白與直接的態度。 ● 運用適當創意與媒材。 ● 站在「不知」、願意學習的立場。 ● 不要刻意討好青少年，保持尊重與接納態度即可。 ● 準備接受青少年的挑戰，但要做適當回應或處理。 ● 特別留意保密、團體規則、設立界限與自我揭露。 ● 適度的幽默。

有效能團體領導的條件（Corey，Corey，& Corey，2014，pp.28-36）

條件	說明
勇氣	願意冒險、承認錯誤與不完美。
願意示範行為與態度	展現出態度與典範，創造團體的開放度，認真、尊重與接納他人。
在（presence）	對於團體當下的專注與涉入。
善意、真誠與關心	展現出裡外一致、協助的熱誠。
相信團體歷程	相信團體工作的功效。
開放	寬容與接納不同成員與其背景。
以不防衛態度因應批評	不將成員的反應「個人化」。
覺察文化上的隱微議題	文化敏銳度夠、能夠覺察差異，並做適當反映與同理。
能夠同理與認同當事人的痛	同理能力佳、感受到成員的感受卻不被情緒淹沒。
相信個人力量	知道自己是誰、要的是什麼，包括自己的限制。
有活力	展現在成員面前的就是一個準備好的狀態。
自我照顧	有具體行動做好自我照顧。
自我覺察	對生命經驗開放。
幽默感	自發性的幽默感、欣賞生命。
有創意的	對不同團體會有新鮮感與建設性的創意，也願意做實驗。
個人的努力與承諾	保持好奇心、也在專業上努力。

青少年團體諮商可以進行的主題（不限於此）

一、溝通訓練　二、認識壓力與解決之道　三、親密關係

四、社交技巧　五、自我認識與認同　六、生涯探索

七、問題解決或做決定　八、網路使用與成癮

單元 36 生涯輔導與諮商

生涯是我們賴以謀生與展現自己想要的生活方式，生涯輔導不是長大後才需要去思考的問題，而是從小就開始覺察與吸收。生涯發展包含個體個性、興趣、想要的生活方式與工作等，因此「休閒」也相當重要，懂得培養一些嗜好／興趣或活動，不僅可以增進身心健康、打發時間、抒發情緒，也可以發揮創意並提高工作效能。

一、兒童與青少年生涯發展特色

兒童生涯發展特性包括：此時期處於生涯發展的「幻想階段」，對於未來職業的幻想主要來自於對父母親職業的認識，接著他們的偶像人物就可能產生影響，最近對學齡兒童的調查就可見一斑，兒童們最想要做的是歌手與運動員，這與媒體風行的「我是歌手」類似的超偶節目有關。兒童對於職業有幻想的種類與內容外，還有職業的性別刻板印象（王文秀等，2011）。

青少年生涯發展特色包含：「幻想」、「不穩定」與「現實」三個階段。國小之後進入「不穩定」期，會出現對自己興趣、能力、價值觀與轉型的認識與挑戰，最後才會顧及職場的實際條件與需求，正式進入「現實」期（鄔佩麗、陳麗英，2010，p.175）。

二、兒童生涯輔導目標

兒童生涯輔導主要目的是在「職業自我概念」的發展，著重其生涯的覺察。對於自我的認識攸關其他生涯的面向，唯有讓兒童很清楚自己的能力與特性，才能夠對工作世界有更多的認識之後，將自我與工作世界做適當連結（哪些工作需要什麼能力，而我有什麼能力）（王文秀等，2011）。兒童生涯輔導（諮商）工作的指標，基本上可分為認識自我、了解個人與工作的關係、工作世界的意義與相關資訊、負責的態度、解決問題及與人合作的能力、規劃與管理時間以及人際互動的能力等。

三、青少年生涯輔導目標

青少年（主要是指國、高中時期），生涯輔導的目標著重在了解生涯發展的意義、探索與認識自我、認識教育與職業環境、培養生涯規劃與決策能力，以及進行生涯準備與生涯發展。在生涯探索上，協助學生找到自己的興趣、能力以及建立適當的價值觀，了解勞動的價值、社會經濟結構與教育機會，發展正確人生觀，養成適當的判斷與決策能力，以及時間管理的策略。

小博士解說

對於國小階段的兒童來說，可以具體操作、體驗、參觀，以這種「做中學」的方式來讓他們了解工作或職業（包括技能），是學習最有效的方式之一。即便是學童說將來想要做「歌手」，也可以針對「歌手」這個工作，來進行更深入的了解以及所需技能與相關能力（如經營粉絲頁、公關或公益、可能的生活模式等）的分析。

兒童生涯輔導工作指標（國民教育社群網，引自田秀蘭，2011，pp.348-349）

- 在日常生活中，持續發展自己的興趣與專長。
- 規劃改善自己的生活所需要的策略與行動。
- 發現自己的長處及優點。
- 認識有關自我的觀念。
- 了解工作對個人的重要性。
- 激發對工作世界的好奇心。
- 認識不同類型的工作角色。
- 了解工作世界的分類及工作類型。
- 覺察自我應負的責任。
- 發展尊敬他人工作的意識。
- 覺察如何解決問題及做決定。
- 培養互助合作的工作態度。
- 培養規劃及應用時間的能力。
- 培養工作時，人際互動的能力。

有意義的休閒活動功能（鄔佩麗、陳麗英，2010，p.196）

- 體驗成功經驗，了解自身之特殊能力。
- 充分展現個人特質並促進人格發展。
- 誘發創造力，並學習有效表達技巧。
- 學習如何與他人建立關係，具備有效能之社交技巧。
- 促進個人成長與自我認同。
- 維護並促進個人心理健康。
- 達成自我實現，並開啟對人生價值之探討。
- 活化個人思考能力，進而促進課業上的表現。

國中專任輔導教師生涯輔導困境（林子翔、吳明隆，2018）

- 升學主義下生涯輔導易被忽視。
- 導師對於推動生涯輔導力有未逮。
- 全校對於生涯輔導缺乏投入之共識（僅限於綜合活動領域輔導活動課之生涯主題課程，但仍需許多活動與資源之挹注）。

＋ 知識補充站

青少年有正當的休閒活動很重要的，也是生涯輔導的重點之一。有意義的休閒活動可以讓青少年去體驗更多成功經驗、了解自身能力，誘發創意、學習有效表達技巧，促進個人成長與認同，達到自我實現，展現個人特質、促進人格發展，學習與他人建立關係、具備社交技巧，維護與促進個人健康，以及活化思考並增進課業表現（鄔佩麗、陳麗英，2010, p.196）。

單元36 生涯輔導與諮商（續一）

四、兒童生涯諮商注意事項

諮商師或輔導教師可以根據兒童生涯輔導的工作指標、兒童不同發展階段的認知能力，藉由淺入深的進程，來設計適當的班級活動或者是團體諮商，也可以將這些相關的訊息與技能置入不同的課程裡面（這也需要與不同科目教師與行政人員合作）。

田秀蘭（2011, pp.356-357）建議在課程教學上可以：提供學生相關書籍（如名人或偉人傳記）的閱讀，讓學生討論個人特質與生涯的關係；放映影片，引導討論（並注意工作價值觀）；作文「我的志願」，讓學生表達與了解自己對未來的展望；介紹職業分類法，了解不同行業需具備特質或能力，可配合介紹及了解家長或家人職業內容；以「角色扮演」方式讓學生可以認識一些工作與角色。

國小階段可增加兒童的生活經驗，並將其在學校所學的運用在日常生活中，這樣不僅能夠拓展兒童對工作世界的認識、體會工作的意義、減少對某些職業的錯誤認知（或性別刻板印象）等。

兒童通常是從家人那裡學習職業與工作的最初印象，然而進一步的深入了解，可能不是一般家人會提供。因此針對兒童做生涯輔導時，不妨將社區的資源納入，兒童可以拓展自己的熟悉領域，先去了解附近人家所從事的工作（也許跟家人不同），再過來就是認識社區裡有哪一些工作場域或機構，其性質與提供的服務為何，這些也都是可以善加利用的資源。現在網路資源豐富，教師可以善用這些資源做更好的組織與安排。

五、國中階段生涯輔導

國中階段主要是為進入下一個學習階段做準備，而學生是否進入職業學校或一般高中，則是此階段的重要抉擇。由於目前職業學校也鼓勵學生繼續進修（甚至以考入科技大學為業績指標），因此生涯輔導路徑似乎還是以學業成績為主要考慮因素，少部分學生可以依據自己的志趣，朝向早日進入工作職場，獲取實務經驗的目標。

國中推動生涯相關活動也不遺餘力，除了與廠商之間的建教合作計畫（通常是國二開始）外，定期舉辦升學博覽會、高中職學校入校宣導或參訪、多元入學說明會，以及推動職業試探及陶冶課程等。在生涯資料提供方面，進行興趣量表及性向測驗等評量工作、升學資訊與諮詢的提供、邀請校友返校座談、建立生涯輔導升學的就業資料庫，或編制學生升學就業資料手冊等，依照學生需求來安排活動方案，甚至為家長舉辦說明會，讓學生有充分的資訊可以做自我評估（鄔佩麗、陳麗英，2010，pp.190-191）。學生的學科成績雖然也是自我評估未來生涯走向的指標之一，但是家長的期待與想法還是主控著學生生涯發展的重要因素。

小博士解說

國小階段的生涯輔導著重在認識自我、了解自己喜歡的與能做的，此外對於工作的功能與貢獻、家長職業的了解是重點。

教育部頒12年國民基本教育實施計畫「國中與高中職學生生涯輔導實施方案」生涯輔導目標

輔導目標	說明	內容
了解生涯發展的意義	目的在於喚起學生對生涯發展歷程的了解與接納，使學生在父母與師長的引導下，根據個人需求與現實環境之考量，開展最有利於其發展的生涯方向。	（一）了解生涯發展觀念與生涯規劃的重要性； （二）了解個人對生涯發展的關鍵性角色； （三）了解教育與工作、休閒及家庭生活的關係； （四）了解生涯規劃應考慮的因素與個人生涯發展（未來教育、職業及生活方式）的關係； （五）了解終身學習對適應未來生涯的重要性。
探索與認識自我	目的在提升自我覺察與生涯覺察，加強對自我的了解，探索個人歷經不同時期的自我變化，進而更能接納自我，掌握影響未來發展的各種情境因素，做更好生涯規劃的準備。	（一）評估自己的能力、性向、性格、興趣、價值觀等特質； （二）探索自己對各項特質的態度與接納程度； （三）了解影響自己未來發展的「助力與阻力」； （四）了解家庭、社會與經濟等外在因素對未來生涯發展可能的影響； （五）擴展生涯發展信心。
認識教育與職業環境	透過協助學生於自我認識的基礎上，進一步探索與個人特質相關之各項環境與資訊，做為生涯進路選擇之依據。	（一）了解學校教育目標、課程安排、進路選擇與未來工作間的關係； （二）認識不同工作類型內容與各職業所需之能力； （三）了解不同職業對個人的意義及對社會的重要性； （四）了解升學進路與未來就業途徑及應做之準備； （五）了解各行業發展趨勢與未來人力供需概況。
培養生涯規劃與決策能力	目的在培養學生熟悉抉擇技巧，使其於未來面對抉擇情境時，能以理性的方法與態度做出最適切的決定，並據以擬定適切的發展計畫。	（一）了解自己的生涯願景、工作價值觀與生活風格； （二）學習解決生涯問題及做決定的技巧； （三）學習整合個人能力、性向、性格及興趣，做出合適的生涯決定； （四）學習根據生涯決定擬定生涯計畫，並能適時有效調整； （五）學習如何與父母等重要他人討論「生涯規劃」問題。
進行生涯準備與生涯發展	目的在配合所做之生涯決定，培養生涯發展上所需之各種態度或能力，以確實執行所擬定之生涯計畫。	（一）學習主動蒐集、評估與運用生涯資訊； （二）增進人際溝通技巧與時間掌控能力； （三）培養適切的工作倫理與工作態度； （四）熟稔就業市場資訊網與求職管道； （五）認識職場權益、義務與社會投入。

＋ 知識補充站

孩子從小認識家長的工作性質、家人對其之期待，慢慢成長認識自我（及興趣、能力）、接觸同儕、建立與他人的人際關係，進一步清楚自己想要的生活、職業及休閒方式，這些都與生涯探索及發展息息相關。

單元 36　生涯輔導與諮商（續二）

六、高中／職生涯輔導困境

我國傳統升學與形式主義領軍的教育，在普設大學的情況下，並沒有減輕升學壓力，反而更延後學生對於生涯的認識與準備。以升學為主要目標的高中生所面臨的生涯困境有：「自我認識不足」、「生涯資訊了解有限」，以及「缺乏生涯決策能力與自由」。高中學生大部分時間放在準備升學科目及考試上，生活經驗侷限於校園、家庭及補習班，沒有足夠時間進行生涯試探，自然對自己的興趣感到迷惑，儘管校方還是做了例行的興趣與生涯探索計量或測驗，但是學生對於性向與能力的定義常取決於在校成績或分數，對未來生涯關注的焦點僅限於能否如願考取理想大學校系，缺乏長遠的生涯願景。

也因為缺乏生涯試探時間與機會，高中學生對大學科系的學習內容、工作世界的現況以及不同職業領域的內涵了解有限，或是訊息錯誤或過時，在面臨選組及選擇學校科系時，多數學生在不了解自己的目標與方向之下，就依循家長的期待、師長的建議或是以社會主流價值的成績高低來做決定，少部分對於生涯目標清楚的學生常會面臨個人興趣與重要他人期待不同的困境。目前高中推動生涯輔導工作主要是透過「生涯規劃」課程教學、辦理相關活動、個別諮商與團體輔導等方式進行。然而不少學校將「生涯規劃」開在高三的課程裡，其內容多以協助學生製作備審資料、準備面試和選擇升學校系為主，顯然是窄化了生涯規劃的內涵。針對生涯所辦理的活動，則以座談會或演講形式邀請畢業校友、專家或教授等，蒞校做校系及職涯介紹，雖然收效甚佳，但是因為是辦理正規課程之外的活動，需要克服時間與經費上的限制，也需要校內相關處室單位願意配合才能竟其功。高職因為行政編制增加了實習輔導處及各科科主任，加上各職業群科不同，高職學生有較多的機會參與不同群科職涯試探的相關活動，但在課程教學上「生涯規劃」卻被列為選修（取自教育部163.32.60.67／scde／upload／appendix2.pdf）。

在學校與職場之間還有一些媒合機制，如人力銀行或是相關求職網站，不少大眾傳播媒體（如電視、網路、雜誌或刊物）也出版專刊或是長期節目（如「技職出頭天」），提供職業市場之即時現況，企圖將學術界與業界做較佳的轉銜與聯繫，以多元管道提供學子升學與就業之資訊及進路參考。職場為了吸引有能力與潛力的新進人員，自然也卯足全力，除了舉辦各種區域性就業相關博覽會、升學相關博覽會，還有校園內之徵才博覽會等，都是協助個人與工作市場的接觸管道。只是這些機制都較為零散、單一，甚至未能持續，因此如何統整與規劃、做永續的進行才是關鍵。

小博士解說

目前高職畢業生還是以升學（科大或一般綜合大學）為主要生涯路徑，間接造成勞動市場的人力短缺，這也是政府政策需要用力之處。

目前高中職學生面臨的生涯議題

高中	高職
● 升學考試壓力 ● 自我認識不足 ● 不了解未來升學校系和職業趨勢 ● 在生涯抉擇面臨個人興趣與家長期望之衝突	● 升學考試壓力 ● 自我認識不足 ● 不了解未來升學校系和職業趨勢 ● 在生涯抉擇面臨個人興趣與家長期望之衝突 ● 所讀科系與興趣不符 ● 欠缺轉換學習科系的彈性機制

目前生涯發展教育議題所舉辦的活動項目

教師研習　教學活動　專題演講　參觀活動　宣導說明會

座談會　博覽會

刊物　成長營　生涯檔案　影片欣賞　展覽活動

青少年生涯教育涵括面向

- 自我覺察（自我認識）
- 教育覺察（所學的與能力）
- 生涯覺察（自己想要從事哪些範圍的工作、自己想要過怎樣的生活）
- 經濟覺察（對於世界經濟趨向、社會現況、家庭經濟情況的了解）
- 做決定（分析及評估資料與情勢、考慮可能後果）
- 起始能力（先備的能力為何、可以持續發展否）
- 就業能力（哪些能力與職業能力有關）
- 態度與鑑賞（對生活與人的態度及價值觀）

＋ 知識補充站

影響生涯決定的因素有：個人人格與特質（如個人興趣、性別、喜歡與事物或人相處、個性、生活方式）、家庭因素（如父母教育程度、父母期待及價值觀、父母教養態度或家庭經濟情況）、社會環境（如全球經濟趨勢、社會對不同職業的評估或職業聲望、市場趨勢），與學習經驗（如教育程度或訓練、職業偏好、問題解決能力）。

單元 36　生涯輔導與諮商（續三）

七、青少年生涯諮商注意事項

青少年族群對於未來生涯發展多半是處於比較被動的立場，他們較為主動的部分可能是跟未來升學較有直接相關者，即便想要以就業為優先考量的青少年，對於職場的許多資訊還是缺乏系統性、全面的了解，不是高材低就、就是眼高手低，較難取得發揮實力與職場需求之間的平衡，這也是在做青少年族群的生涯諮商時需要注意的部分。

在做青少年生涯諮商時，除了讓當事人本身更了解自己、興趣、能力與挑戰之外，也要讓其對於未來有展望，願意進一步作計畫、培養能力以及了解職場實務與需求。光是陳列或者是提供生涯或升學資訊還不足，因為學生較無動力去做主動翻閱或了解的動作，因此不妨在諮商過程中，能夠讓當事人做一些閱讀、搜尋、訪問或參觀等作業，讓其能夠主動參與自己的生涯規劃，且開始行動。

適當地運用相關或有趣的測驗是可以的。青少年喜歡新鮮與刺激，也可以用一些比較變通的方式（像是塔羅牌和一些相關的牌卡，或是與偶像做一日跟拍），來協助青少年做了解，他們會比較有興趣，也會進一步去思考。

青少年在我們這個文憑主義掛帥的氛圍下成長，有時候也會做一些抗拒的動作，像是質疑某些科目的關聯性，會挑戰老師某些科目及能力是否與工作有關？身為諮商師或輔導老師要平心靜氣地回應這些問題，因為青少年很需要合理的答案，並與人對話釐清迷思，儘管許多的學習可能跟未來的職業或工作沒有直接關聯，但卻是職場或生活所必備的能力，像是溝通能力、態度，與人合作等等。

如果碰到一些青少年對於各項事物都有興趣、沒有特別偏好，不妨鼓勵其自中選擇一兩項來努力，或做更深入的興趣培養。在一般的生涯輔導中最難的就是興趣及能力都相當平均的當事人，因此要當事人從實務中或者是實際的動作裡面去深化他／她的興趣、培育他／她的能力就很重要。

有些學生對於科系或未來生涯的選擇受到許多因素的影響（像是社會評價、父母親的期待、同儕和學長姊的說服），往往將自己的興趣及能力擺在最後，等到接觸實際的科系課程時，可能就發現與當初期待的有許多落差，反而容易失去學習的動力。因此，即便大學不是專科教育，但如何在學生選擇組別或科系之前，可以大致了解科系的科目與學習內容，或許就可以協助當事人釐清這樣的迷思，也可能需要將當事人相關的重要他人納入商議或諮商過程。

現在有許多大學將大學階段的前兩年，讓學生可以有自由選修或跨系學習的機會，不急著讓學生選擇主修的系所，其實也是讓學生有更多的思考時間以及做較正確的選擇。

小博士解說

即便是大學生對於自己畢業後的生涯方向還是處於較模糊的狀態，之前的打工經驗固然養成其許多處事或待人能力，但是在專業知能的養成上似乎功效不大。

青少年選擇職業的動機（不限於此）（Rice & Dolgin，2002／2004，p.388）

- 職業的身分可滿足其被認同的需求、達到情緒性的滿足。
- 認同某一個特定職業而發現自我狀態、自我實現與自我滿足。
- 高度生涯志向是高自尊的成果、滿足自我優越感。
- 職業是用來實現其生活目標與計畫的途徑。
- 職業可以滿足人們的需求。
- 職業可改善其所居住的社會。

協助青少年生涯發展技巧（美國國會 1994 公布之 School-to-work Opportunities Act，引自鄔佩麗、翟宗悌、陳麗英、黃裕惠，2017，p.199）

- 發表生涯教育方案。
- 觀察（如運用媒體）。
- 提供以社區為本之策略（如網咖）。
- 透過網路連結以拓展工作視野。
- 監督。
- 一對一的輔導會談，協助其探索並面對在工作世界的自己。
- 在教育系統中的結構化方案（如自我發展、生涯探索與生涯管理等）。
- 工作經驗（如提供兼職實習體驗工作並發展謀職能力）。

＋ 知識補充站

現在許多青少年在國、高中時期，已開始嘗試兼職打工的經驗，早一點進入就業市場，讓他們可以學習到在學校所學不到的人際關係、挫折忍受度，以及若干工作能力。然而也可能因為提早進入就業市場，提前遭遇工作上的挫折、人情冷暖，甚至受騙上當，影響了其對未來生涯的規劃與展望。

單元 37 學習輔導

兒童與青少年階段最重要的就是學習，尤其是以課業上的學習占主要。倘若課業上的學習結果瞠乎人後，也會影響其對自我與自尊的看法，雖然現在教育體制是朝多元能力發展的方向前進，然而廣設大學的現況，也不免讓人有認知不協調的「違和」感受——似乎仍是在鼓勵上大學與獲得文憑。倘若兒童和青少年在學業上的表現落後同儕許多，或者是與他／她的能力相差太大，學習輔導的介入就變得很重要。

現階段許多學校及社區，對於學童的課業輔導都有加強的趨勢，甚至挹注了不少資源與人力在課後輔導上。然而若只是著重於課程認知上的重複學習，未能因材施教，一來並不能保證學生學會，二來也嚴重忽略了影響其學習成就的根本因素，因此有效且合乎需求的學習輔導就很關鍵。許多的學習困擾不是因為智力或能力因素，而是缺乏學習或成就動機，或者是資源未到位等相關因素所造成，若能排除這些障礙，將會讓這些學子的學習更有效率。

學習輔導目標可以分為：（一）發展性措施——有效的教學；（二）預防性措施——以學習有困難的學生為對象，避免學習問題惡化；（三）補救性措施——對需要特別幫助的學生，應該採用個別補救教學、資源班課程活動、IEP（個別教育計畫）會議、特殊學生個案研討會等補救措施，來提高學生的學習能力。

學習輔導內容可以分為：（一）始業輔導——在學生進入另一個學習階段之前（如國小進國中、國中進高中），能對後續的活動目標、內容與進行方式有所了解；（二）課業輔導——讓學生能夠做有效學習，教師可提供有效學習的相關方法或策略，協助學生培養良好的學習態度與習慣，使學生能夠得到正向的學習經驗；（三）升學輔導——為學生安排有關自我探索、學系探索、選組輔導等活動（像是大學科系介紹、多元入學方案說明、甄選入學說明、選填志願等）；（四）特殊學生輔導——為了提供學生適性的學習輔導，教師能了解學生需求，並偕同特殊教育專業人員，提供必要的協助（如低成就學生、學習困難的學生）（鄔佩麗、陳麗英，2010，pp.215-216）。

有效的課業輔導並不是重複教師在課堂上所進行的教學方式，而是能夠根據學生的需求，如教學方式、起點行為的準備，或者是排除一些妨礙其學習動機的因素（如疾病或失能、家庭問題或同儕互動等），讓學生能夠專心並有效地學習。

小博士解說

許多被診斷為有發展障礙的兒童與青少年，常常是根據他們的行為、而不是這些行為底下的可能因素而下的診斷（Vicario, & Hudgins-Mitchell, 2017, p.85）。

學習輔導目標（郞佩麗、陳麗英，2010，p.215）

目標	措施
發展性目標	是以全體學生為對象，務期學生潛能得以發揮，因此有效率的教學讓學生可以學習有效是最重要的。像是提供閱讀讀物、徵文比賽、影片欣賞與討論等等。教師提供適當的資源與架構，讓學生可以有效學習並將之應用在日常生活中。
預防性目標	以若干學習有困難之學生為對象，為了避免問題惡化而所做的相關活動與方法，如做性向測驗、潛能開發等課程，作為加強學生學習的效果。
補救性目標	是在問題發生之後，校方對於需要協助的少數學生做學習的救濟動作，像是課業輔導加強、適性或個別客製化的學習計畫、安排個案討論等。

影響兒童學習表現與成就的可能因素

影響因素	說明
個人因素	性別、身心成熟度、準備度、記憶量、認知風格、情緒穩定程度、先前知識背景、學習經驗、學習方法與策略及時間規劃、有無同儕支持與協助、同儕價值觀等。 個人能力落後同儕、社交技巧與溝通技巧障礙、發展性疾病（如智能或學習障礙、自閉、過動）、缺乏學習起點行為、缺乏動機與興趣、缺乏學習策略等。
家庭因素	家庭經濟情況（可否提供良好學習環境與資源）、家長教育程度與期待、家庭氣氛、管教態度等。 家庭結構複雜、家長期待不一（或過低、過高）、教養方式有歧異、家庭不睦、家庭經濟與資源問題、家庭價值觀（如不重視學業、重男輕女）、搬遷頻仍、家庭有創傷或失落經驗、家中有心理疾病或慢性病者等。
學校因素	教學設備、班級管理與氣氛、師生關係、同儕關係、教材適當性、教師之教學方式與態度等。
環境因素	居住社區與環境、圖書館等相關資源之提供、電腦科技之普及與可接近程度等。 所屬社區治安不良、公廟或信仰文化、 社經較差或勞工密集地區。
社會因素	文憑主義、功利主義、市場主義（利益導向）等。

＋ 知識補充站

影響兒童在校表現的可能因素包括：嚴重的發展遲滯、過動與關係問題（像是忽視、虐待、不一致的照顧以及貧窮）（Tucker，2017，p.271），因此提早且適當的診斷與資源挹注很重要。

單元 37 學習輔導（續）

學習輔導注意事項

學習輔導其中一項是提供學生有效的學習技巧，包括：（一）提升學生的學習動機——這主要是教師在教學上採用能引起學生興趣的教材與教法、滿足學生缺失性的動機（如勿讓孩子餓肚子上課）、讓學生確切了解學習的性質與對學習內容有所了解及目標為何、讓每位學生都有成功經驗的機會（也就是針對學生的能力來設計各種不同的作業）、善用教師的回饋來激發學生學習的意願（如對學生具體說出其表現特殊之處）（張春興，1996，引自鄔佩麗、陳麗英，2010，p.210）；（二）訂立學習計畫與時間管理——讓學生明白自己學習目標、履行計畫與步調、可以如何評估目標達成程度；此外，也要學生在上課之餘，能夠有效地安排自己時間，將時間做建設性地使用（如閱讀、準備課業、休閒安排等）；（三）有效閱讀方法（鄔佩麗、陳麗英，2010，pp.210-211）。

青少年的學習輔導還包括學習策略的教導以及練習，通常青少年會仰賴師長們給予一些容易記憶的口訣來學習某些科目，師長們當然也可以教導青少年如何創發新的記憶方式與深入學習的方法。好的學習策略必須要經過練習與修正（適合個人），而不是直接引用過來即可。

此外，提供青少年適當的資源是很重要的。雖然現在網路發達且資訊爆炸，年輕學生有更多的管道來獲得資訊，然而的確需要進一步將所得資訊做適當的分析、判斷與應用，這些資訊才能發揮其功能。因此如何讓學生能夠學習使用正確的判斷力，用以決定資訊的真偽，就變得十分重要！雖然目前許多家長讓孩子參與補習班或安親班，也要進一步了解其學習情況與效果，與孩子及師長做充分溝通。許多孩子每天參與安親或補習班、才藝班，幾乎都沒有其他的時間可以自由應用，有的甚至連星期假日都被這些補習塞得滿滿地，讓他們幾乎沒有喘息的機會、學習也無法深化，這樣的學習壓力，到底成效如何？是否造成惡性循環（課業未起色，連帶也加重身體、心理的負擔）？的確也需要家長與校方注意。

然而，許多的學習還是需要下苦功才能將所學的扎根，或是經由練習來精熟。現在的孩子處於網路數位時代，資訊來源過多，也因此他們誤以為不需要去記憶或是深入了解，以至於他們所做的動作就是「下載」（download）與「卸載」（offload），因此也疏忽了學習的真正本意。

再則，兒童與青少年的同儕學習是這階段的主軸，因此人際關係很重要，倘若可以請校內成績優秀、考上大學的校友，或者是一些偶像人物來分享一些學習的心得與策略，也是很好的方式，學生較易起而效尤。

小博士解說

許多小學的學習輔導是課後的整體性課業輔導，較少針對學童個別需求做調整，導致學生的學習動機與成就依然未改善，有些甚至只是協助完成家庭作業而已。

對於轉銜階段及轉學生的學習輔導

- 學生從國小進入國中，或者從國中進入高中，學習科目會越來越多，也越來越有難度，因此除了安排新生始業典禮或訓練之外，若能夠進一步針對這個求學階段的學習及注意事項做全校宣導、適當的測驗（如學習或壓力量表），與班級輔導的話，可能篩選出需要特別協助的學生，也更能夠協助學生進入狀況。
- 大部分學生進入新的學習階段，都經歷了失落經驗——也就是從熟悉的環境到另外一個嶄新、陌生的環境——因此失去了原來的支持及人際網路，而需要重建新的人際網路與支持系統，轉學生亦同。
- 轉學生可能因為不可抗拒的因素（包括搬家、父母親工作轉換，或者是學生本身在原學校的適應問題），因此做了轉學的決定。然而許多學校只是將轉學生安插到新的班級，卻沒有進一步去追蹤孩子的適應情況，也使得轉學生在努力融入新的環境時，較缺乏支持力量與資源，增加其學習上的困難。
- 許多家長在處理學生的適應問題時，通常是以轉學作為因應之道，沒有針對孩子的適應問題做了解與解決。因此即便孩子進入新的環境，還是一直重蹈覆轍，也造成孩子一直轉學的惡性循環。
- 對於經常性轉學的孩子來說，失落經驗變成一種常態，當他／她進入新的環境，通常不敢結交朋友，因為擔心這樣的情誼不能持久。因此重複轉學的孩子，常常就是變成孤立無援的孩子，在人際關係上會退縮，也造成他／她不快樂的原因。

學習輔導的主要內容（連秀鸞，2015，pp.101-105）

- 養成良好的學習態度和習慣
- 精進有效的學習方法
- 充實學習的重要內涵
- 提高學習的成就表現
- 增加學習樂趣
- 激發學習潛能
- 改善讀書技巧
- 提供良好的學習環境
- 獲得穩定快樂的正向情緒

＋ 知識補充站

學習輔導的實施原則：專業化（獲得專業知識以為學習基礎）、個別化（善用個人感官與學習形態）、彈性化（不同評鑑標準）、多元化（彈性課程與價值視框）、確實性（腳踏實地的態度）、有效性（提高學習效率、主動積極）、變通性（不以學校教科書為唯一學習資源）、適配性（符合學生各項特質與條件的教學法與內容）（連秀鸞，2015，p.106-108）。

單元 38　危機事件

危機的形態通常有三個：（一）與生理有關——生理的改變或者是發展任務，像是到學齡期或者是青春期；（二）與環境有關——通常是人際間或者是情境式的，如父母死亡、離婚、虐待、搬家，或者是慢性疾病；（三）不定、非預期的——是不能夠預測的，而且通常與自然災害（如洪水、火災或是颱風）有關（Muro & Kottman， 1995，p.307）。學生在就學時期可能會遭遇自身／同儕受傷或生病、親人生病或死亡、意外交通事故或人為災害（如自／謀殺、施工不慎）、自然災害等，這些也都需要針對涉及的學生本身與其班級（甚至全校師生）、老師們做善後處理，而且不以一次為限，有些需要長期追蹤評估與輔導。目前最常見的危機事件包括自然災害（如地震、颱風）、校園霸凌（學生同儕、學生對老師）、藥物使用與犯罪（虞犯）、車禍、親人過世、家暴或性侵害等。

校園霸凌屢見不鮮，但是缺乏有效的防堵之道，許多教師與家長也認為霸凌是成長過程中的一部分，或者做了衝動的介入，反而讓孩子持續受害，加上許多研究顯示，對於霸凌行為的定義與認識不清，常常是處理霸凌行為最大的阻礙（Hazler， 1998）。

家庭暴力近年來有增無減，若再加上家暴目睹兒每年受害者在一萬五至兩萬名之間，受害者應有更多黑數未被統計或發現。家暴是指住在一起或有血緣關係的人施予其中一方或是雙方互相的肢體或言語衝突、心理或精神虐待、財務控制、行動限制、甚至性虐待等，家庭暴力的再發率很高，不是單一意外事件而已（Kaplan， 2000）。家庭暴力的形態（通常心理／精神虐待與不同形式的虐待是並存的），包括：肢體暴力或過度體罰（管教失當）、言語與精神虐待（通常肢體暴力都伴隨著言語與精神虐待）、性虐待（不適當觸摸、窺伺，或是性行為）、金錢或行動控制等。「家庭內性侵害」一直是家庭最大的祕密與禁忌，一旦發生，其影響可能持續一生，而通常受害孩子年紀尚幼、受害時間甚長，學齡期的孩童可能會出現許多不適應的行為或徵象，而青少年則會有較多的「宣洩」（acting out）行為出現，包括逃家、逃學、嗑藥、酗酒、性行為紊亂，甚至自傷或自殺！

親人久病或過世，對正值發展階段的兒童與青少年來說，都是重大失落。除了陪伴與關切外，也要注意學生情緒狀態，儘量回到原來的作息，並做適當的個諮（悲傷輔導），回顧與親人的珍貴記憶，並期待如何帶著與其已改變的關係重新面對生活。倘若有親人自殺，還需要針對其創傷或是自殺遺族的問題做處理。

現代藥物氾濫，許多青少年在藥物影響下發生意外（如車禍、自殺、猝死），或從事危險動作，也會造成死亡。學生嗑藥，若涉及犯罪行為，除了學務處的涉入處理外，學校輔導單位也要積極配合警政等相關單位，讓學生在學校的平穩生活可以持續。即便學生受到保護管束，需要定期到法院觀護人那裡報到，學校輔導教師也應協助學生重返正途。

校園危機事件對學生的影響（整理自黃韻如，2010，pp.511-513）

影響方式	說明
對受災學生的直接影響	有形、無形生命財產的危害，以及情緒上的福祉。學校與學生都可能是直接或間接的受害者。
家庭系統功能重整	家庭成員結構、經濟結構的改變（如財產損失、家長失業）、家庭權力結構的轉變（如亂倫、家暴、母喪、家長再婚等）。
對受災學校系統造成的影響	教師承受的壓力（如被期待「助人者」的理性角色，因社區或人事壓力，將某些學生集中在特定班級教師在養成訓練中，少有受災學生輔導之相關訓練）、校內多元意見的決策壓力、家長對受災學生造成的壓力、社會輿論的壓力、教育行政的壓力。
系統間交互影響可能延伸的傷害	如災難事件屬人為疏失相關歸咎責任問題、認定與賠償、後續的法律問題等，使受災學生常常成為角力的籌碼，造成更多的二度傷害。

造成家庭暴力的危險因素（Kaplan，2000，p.50）

- 受害者與加害者之間的權力不均關係（包括個子較小、年紀較輕，或是較為瘦弱）。
- 加害者本身有沮喪情緒或藥物濫用的行為。
- 女性成為出氣筒。
- 家庭有壓力事件發生。
- 家中孩子多於四位，且彼此年齡相距密集。
- 年輕或是單親家長。
- 社會孤立。
- 兒童期曾暴露在家庭暴力的經驗。

＋ 知識補充站

家庭暴力牽涉到的主要因素是「親密」與「控制」（Campbell, 1993），而不是情緒不好而已。家庭暴力有個惡性循環模式：暴力行為→降溫、蜜月期→壓力與緊張開始累積→引發事件→暴力行為。這樣的模式如果沒有經過中間介入的處置，會一直循環下去（Gerard, 1991）。

單元 39 危機處理

一般人對於對危機的反應有（Parad & Parad，1990，cited in Muro & Kottman，1995，pp.308-309）：空白（類似失憶）、危險、困惑、卡住、絕望、冷漠、急迫性、不舒服，導師與輔導教師要有耐性且具體地做說明與安撫，將其正常化。

有學者將校園危機管理分為三階段：事前的危機預防、事情過程中的危機控制（或反應階段），以及事件過後的危機處理（或復原階段）（黃韻如，2010，p.514）。學校危機處理步驟分成預防、應變與復原三階段，每個學校都需要發展出一套可行的危機管理流程與計畫，增強既存系統功能並隨時更新與檢視，針對教職員工等進行或加強危機處理之相關訓練。

在預防計畫中需要：（一）篩選校園內高危險因子（如危險建物、少監控場所）；（二）建立危機處理小組（包括指揮、資料、聯繫、學生服務、教師聯繫以及總務組）；（三）建立分層資源網絡系統（如篩選具專長訓練員工、建立社區資源網路資訊及關鍵聯絡對象等）；（四）規劃適當的安置處所（如避難所或醫院）；（五）擬定危機處理計畫（如管理小組清單、電話資源、處理程序等）；（六）針對校內社會福利保護性個案建檔（可保護當事人權益，避免再度受害）（黃韻如，2010，pp.53-530）。

在應變方面：（一）掌握危機發生後的半小時做適當評估；（二）立即評估案主的危險性，進行保護措施；（三）邀集所有媒體記者於固定處，由學校發言人統一對外發言；（四）留住所有學生及教職員工，直到危機已獲緊急處理；（五）聯繫社區相關資源（包括社會局、警察局、消防局、醫院、心理衛生中心等）；（六）輔導室建議心理輔導計畫，提供給家長及教師。而在最後復原的部分，教導班級導師與任課教師創傷相關處理技巧，並進行必要的重創篩選，以及班級、團體或個人輔導（黃韻如，2010，pp.530-534）。

處理危機情況最重要的是：儘量讓事件受波及者回歸到正常作息。回歸正常生活可以讓個人重拾安全感，同時也開始慢慢進行療傷的動作，此時的陪伴與隨時檢視其狀況是很重要的。學校諮商師可以協助孩童與家人：（一）了解危機是正常生活的一部分；（二）對已成事件或目前的情境有新的觀點；（三）認可與接受隨著危機而來的感受；（四）學習新的問題解決技巧（Steele & Raider，1991，cited in Muro & Kottman，1995，p.312）。倘若家長要帶孩子進行一些地方或民俗性的安撫動作（如拜拜、收驚），也應予以尊重。

小博士解說

最常遇到的網路霸凌事件是：（一）互相攻擊謾罵（61.1%）；（二）盜用帳號，假借他人名義亂發訊息或po文（47.9%）；（三）隨意散布不實謠言、破壞他人名譽（47.7%）（兒福聯盟，2016）。

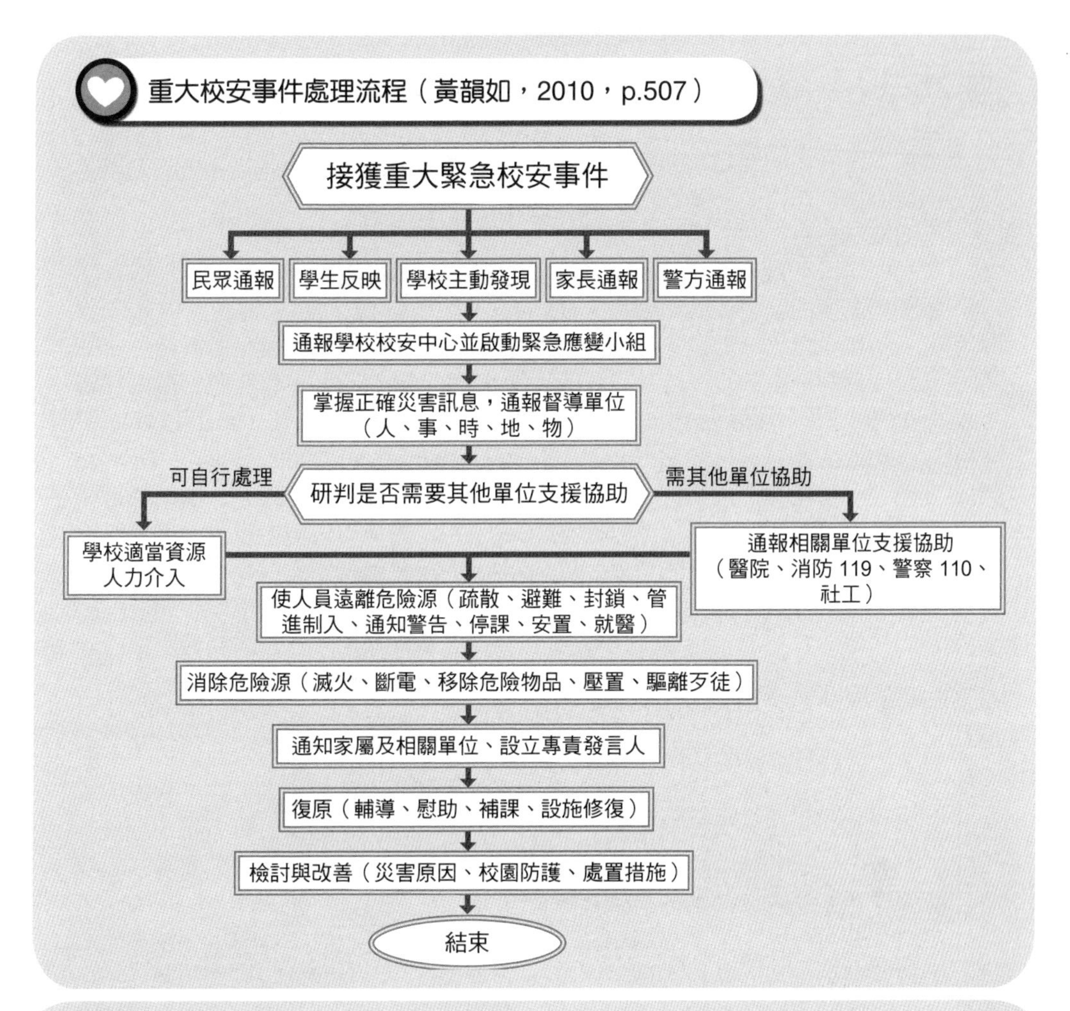

危機處理原則（Ivey，D'Andrea，Ivey，& Simek-Morgan，2002，cited in Lewis，Lewis，Danieles & D'Andrea，2011，pp.95-96）

一、 聚焦在特殊、有時間限制的處置目標上。
二、 協助當事人釐清與正確評估他們的資源與壓力源。
三、 協助當事人發展更有效合適的問題解決機制，讓他們可以回復到原先的功能。
四、 危機處理是現實導向的，協助當事人釐清其認知、面質其否認與扭曲的想法，並提供情緒上的支持。
五、 若與不同文化或背景者工作，處理策略儘量包括當事人現存的支持系統，讓因應策略可以更有效。
六、 危機處理可作為往後諮商與相關服務的前置作業。

單元 40 危機處理：校園霸凌與暴力行為

霸凌是人際關係的問題，人際關係是身心健康的重要指標。儘管霸凌涉及校外人士的情況也有，然而學校方面對於霸凌行為的防治可以著力最多，因為霸凌行為發生最多的地方依然在學校。成人與師長的觀察發現，傾聽孩子的心聲是防堵霸凌行為的第一步；此外，成人的有效介入與處理（Roberts & Coursol，1996），可以讓欺凌行為明顯減少。霸凌事件剛發生，就要做通報與處理，不是先處罰，而是了解事情發生始末，並讓雙方都有說明的機會，嚴正聲明「霸凌零容忍」，不應以暴力或傷害他人方式處理人際嫌隙或恩怨，接著通知雙方監護人出席，並將事情發生與處理情況作說明，將家長包括進來很重要。

積極的霸凌防治措施應該有：學校單位對於霸凌行為有明白清楚的校規與有效處理流程，並不定時做適當教育與宣導；消極的預防包括：校園內多一些開放區域、少些死角，增加成人監控機制。此外學校可以做的配套措施包括：營造合作友善的校風、執行一致的處置機制、親師充分合作、對欺凌者與受害者的諮商治療、運用同儕力量設置的「小霸王法庭」（bully courts，由學生組成法庭來讓受害者的心聲被聽見，同時要求加害者做道歉與補償動作）、肯定訓練，或同儕教學等，最重要的是多數旁觀者的教育、善用通報系統、不讓潛在受害者落單。

美國校園槍擊案基本上與校園霸凌有關，校園暴力除了霸凌以外，還有許多，除了同儕之間，還有從校外「糾團」打校內人，也有學生對老師、老師對學生的暴力行為。學生犯下暴力行為的動機有孤立、無感、無力以及報復（Glasser et al.，2000，cited in Herman & Finn，2003，p.102），被同儕拒絕或是親密關係的失落，也都是重要的原因。而這些犯下暴力行為的學生多有過被霸凌、威脅或攻擊的經驗，倘若加上兒童虐待的歷史（含性、肢體及情緒虐待），也可能會增加暴力行為。有些學生本身小時候對小動物有過傷害，或對暴力有不尋常的興趣，以及學校本身無法提供足夠有效的成人監控、對霸凌或嘲弄的容忍、特殊學生擁有特權，以及教職員對學生以及社區沒有連結，也都是增加校園暴力的可能因素（Herman & Finn，2003，pp.102-103）。校園暴力需要系統性、整體的規劃與防範，才可能竟其功，因此學校需有通報與處理流程、負責單位與人員外，還需結合學生與家長教育、社區資源（警政、社福、醫療與心理衛生單位），同時營造正向和友善的校園氛圍與學習環境。

小博士解說

霸凌行為是由個人或團體的行為，刻意加諸於一位弱勢個體身上，是一種長期的、重複的生理或心理上的暴力行為。霸凌事件中的角色有「霸凌者」、「受害者」、「協助霸凌者」（在一邊叫囂、鼓動、叫好）、「維護受害者」，以及為數最多的「旁觀者」。

霸凌種類

種類	說明
肢體霸凌	直接以身體動作來欺負他人或讓別人受傷，像是打人、故意推擠、捏、刺、踢、害人跌倒或受傷等都是，也包括破壞或搶奪財物。
語言霸凌	如說人壞話、取難聽的綽號、傳不實的謠言（包括用手機或電腦 FB），或者是刻意讓他人與某人疏離的惡毒或威脅語言。
關係霸凌	如故意說壞話或不實的話、破壞某人形象，傳布謠言讓某人沒有朋友，甚至故意拒絕對方都是。女生喜歡用這樣的「間接」方式霸凌他人，主要是因為這樣的方式不容易被發現，許多成績優秀、人緣好，或是班級領袖的學生，常常使用關係霸凌。
性霸凌	因為某人的性特徵（如女性的胸部或男性的陽具）、或是行為表現不符合該性別的刻板印象（如男生「很娘」或女生「粗魯、霸氣」）或是性傾向（同性或雙性戀者）少數，就會受到侵犯身體、嘲弄、開玩笑、散布謠言、勒索或破壞財物等，有些遊戲本身也是霸凌的形態，如「阿魯巴」，在青春期的校園更容易看見。
網路霸凌	指的是藉由電腦（如上社交網站、FB）或科技（如手機）等媒介，而散布私密、謠言或不雅照片，目的是破壞某人的形象或名譽，甚至讓某人孤立、沒有朋友都是。網路霸凌其實說明了霸凌可以運用的媒介很多元，讓霸凌的傷害更無遠弗屆！
反擊型霸凌	也就是說某人本來是霸凌受害者，後來因為受不了被欺負、反過來去欺負霸凌他／她的人或其他人。

霸凌行為發生原因

霸凌行為發生原因	說明
遺傳因素	男性賀爾蒙較高、神經傳導問題等生理原因外，類似霸凌行為的侵犯傾向與「過動兒」有關係。
環境因素（含「社會文化」）	霸凌行為是人際之間的一種暴力形式，人與人之間的關係就是環境脈絡（context）的一種。尤其是家庭中不適當的管教與養育方式，或是父母缺乏監控孩子行為的能力。
個人因素	霸凌者本身需要掌控的強烈欲求；藉由霸凌行為可以獲得一個人想要或是缺乏的東西，包括被尊敬、特權、物質上的回饋。

＋ 知識補充站

家庭功能欠佳（如缺乏家規、家長鼓勵侵犯行為或處罰沒野心的行為、管教不一致、雙親常不在家或不知孩子去向、冷漠或忽視等）、家庭氣氛不良（如家長常爭吵或冷戰、家長婚姻不和諧或常有衝突、家庭不溫暖或凝聚力低等），或是家庭結構問題（如繼親家庭、單親家庭）等諸多因素，與孩子的霸凌行為有關。

單元 41 危機處理：自傷

「自傷是一種刻意、自己造成的低致死率的身體傷害，本質上不會被社會所接受，是用來降低心裡的痛苦」（Walsh，2006，cited in Junke et al.，2011／2014，pp.85-85），雖然其致死率較低，但仍有可能造成永久性的傷害或意外死亡。非致死性的自傷行為、企圖自殺與其他精神疾病有高度的共病率（同時發生），倘若家中有疏忽、虐待、家暴、情緒反常、自尊低、受其他自傷同伴影響，以及合併有心理疾病者，是屬於自傷的高危險群。

自傷行為背後的動機有四個假設（Nixon & Heath，2009，cited in Junke et al.，2011／2014，p.92）：自動性負增強——青少年使用自傷行為以求從負面認知和情緒狀態中解脫或撤離；自動性正增強——試圖與他人溝通或者獲取一些資源，如「我想讓你知道我的感受」；社會性正增強——用自傷行為來產生一些渴望或正向的內心狀態，如「我只是想要感覺一下／感受一下真實」；社會性負增強——用來逃離或掌控一些人際需求，如「我無法再次面對學校」。自傷動機的確定很難，研究得到的其他動機還包括：渴望同儕的認同與包容、解除緊張、渴望獲得控制、試圖使自己麻木、想要感受「溫暖的血液」、渴望把情緒上的痛苦轉換成身體的痛苦、想要展示「奮戰的傷痕」以及自我懲罰（Junke et al.，2011／2014，p.93）。

自傷的警訊包括：生理上的線索——不適合氣候的穿著、衣服上有血跡、無法解釋的疤痕或瘀傷，以及神祕的行為（像是花很多時間在浴室或其他隱密的處所）；情緒上的線索——包括沒有能力應付太強烈的情緒，如憤怒、焦慮、害怕或憂鬱；以及行為上的線索——像是疏離、退縮或自我厭惡等（Junke et al.，2011／2014，pp.99-100）。

處理學生自傷時：不要以團體方式進行（以免他們互相模仿或交換自傷細節），限制學生向同儕透露自傷行為，注意他們在網路上的分享（Junke et al.， 2011/2014，p.95）；教師們不要羞辱或讓學生感到內疚，不要在班級或公開場所討論、或與其共謀（如要求老師保密）、想盡辦法阻止其自傷，也不應運用處罰或其他負面方式來處理自傷（Junke et al.，2011／2014，p.98）。

輔導教師在協助自傷學生時，穩固的治療關係很重要，因此要與學生建立關係，教導其溝通技巧（使用健康、適切的方式表達需求），讓學生可以辨識以及適當表達他們的情緒，用一些方法來協助因應負面的情緒（如放鬆、適當藥物、運動等）來自我安撫、以及提高其挫折忍受度，再則，教育和練習一般問題解決的策略以及協商技巧，另外要訂立安全計畫（也就是他們開始有自我傷害的渴望時，可以做些什麼）（Junke et al.，2011／2014，pp.103-105）。

小博士解說

自傷常是被青少年用來解決情緒問題的手段，一是對自己的「無感」——為了證明自己活著、還有感覺；二是對自己的過度敏感、情緒容易波動——因此使用自傷來「管理」自己不想要的情緒。

用自傷來重拾情緒平衡（Hollander，2008／2010，pp.61-70）？

- 自傷像止痛劑（減少低落情緒回頭）
- 自傷是為了感覺「我還活著」
- 自傷是預防自殺
- 自傷是為了逃避
- 以自傷來對抗「沒被看見」的感受

減少情緒失控的方式（Goleman，2011／2013，pp.71-73）

（一）留意自己的情緒或狀態

（二）注意到情緒失控時的熟悉感覺

（三）在情緒失控前防範於未然、採取因應行動

（四）跟自己講道理

（五）發揮同理心，體會對方的感受與想法

（六）透過冥想或放鬆方式，讓身心平靜下來

培養挫折忍受力（不限於此）

Ellis（1997）認為我們的非理性信念與挫折忍受度有極大關聯，一般人的低挫折忍受力主要是因為：要求自己的生活要很輕鬆舒適，堅持他人對待自己要絕對和善、體貼、公正與慈愛。這些錯誤的要求或信念導致個人不能容忍事情發展不如其預想。因此培養挫折忍受力的方式可以有：

- 不因一個小挫敗就喪失信心或怪罪他人及自己
- 勇於嘗試，試過之後可以學習能力
- 在行動之前三思可以，不要想太多反而沒有行動力
- 凡人做事都會受到批判，自己的評估最重要
- 願意踏出舒適圈，嘗試新的行為與想法
- 以自己希望被對待的方式對待他人
- 願意站在對方的立場設想

單元 42　危機處理：自殺

自殺與自傷的動機不同，前者是以減少心理痛楚、死亡為目的，而自傷主要是用來管理情緒。年幼的孩子與青少年因為尚在發展階段、人生歷練不足，較缺乏問題解決能力，加上網路或媒體的不當訊息，可能就在多重壓力下有自殺意圖與行動，但是多半或有徵象出現（見右圖），師長要注意觀察、適時做詢問與關切。自殺的類型是以自殺動機來區分：為了逃避而自殺（如逃避強烈的身體痛苦或心裡痛苦，令人不滿意的情況，或失去生活意義）、求救的表示（如表達失望或獲取注意，以自殺企圖來做改變）、潛意識有意圖的（如激怒他人——包含犯罪）以求死，藉由他人之手迫使自己死亡，以及慢性自殺（藉著藥物、酒精、菸、危險生活等縮短性命）（DeSpelder & Strickland，2005／2006，pp.178-181）。14至24歲是自殺高風險期，青少年因為有多方壓力（包括對自我的期許、同儕壓力、家長管教或家庭功能、學校與成績、社會期望等），也較為衝動，若本身家族有自殺歷史或潛在精神疾病（Junke et al.，2011／2014，p.9），又有接近自殺方式的管道，更容易自殺成功。自殺的危險因子包括：生理上——家族史，過去有家族成員自殺的青少年和兒童，更容易企圖自殺；若家人自殺發生是在最近一年之內，風險更高，女孩較男孩還更容易因人際壓力而死於自殺；情緒上——衝動是一種情緒化的危險因子；認知上——因應與解決問題能力較差或者是完美主義；行為上——衝動行為和藥物濫用；環境上——同儕壓力的影響、孤立、退縮、虐待史、家庭功能障礙與承受高度壓力（Junke et al.，2011／2014，pp.8-14）。

自殺防治要注意：強調求助技巧以及資源；學生需要有自殺、憂鬱症與心理衛生的相關資訊；青少年常造訪網路的聊天室，是模仿自殺行為風險最高的一群；針對保護因子（如因應技巧、情緒管理或向關心的成人求助的課程會有幫助）；青少年可能誤解對朋友的忠誠，相信為同儕自殺傾向保密是做對的事，這點也需要加強教育，而且要告訴他們不需要為其他人的存活負責，也不需要覺得他人的安全是自己的責任；成人在對青少年和兒童做自殺防治教育時，永遠不要將自殺描述為對壓力的一種反應，也切勿將自殺解釋為停止痛苦的方式；基本上要訓練學校中所有的成年人有關自殺防治的心理衛生教育。家長需要知道的訊息包括：自殺迷思，如果他們認為孩子有問題時可以做什麼？尋求協助的轉介資源，以及有哪些協助可用？而最重要的是要問問題，以及傾聽孩子。自殺防治非一次性的教育課程，而是需要持續以混合的方式，並在心理衛生的架構下，呈現自殺風險。兒童與青少年企圖自殺或自殺死亡都是源自於未被辨識與治療的精神疾病和藥物濫用（Junke et al.，2011／2014，pp.28-37）。企圖自殺或未遂個案的處理：尋求醫療協助（或住院），同時進行心理治療或諮商，支持系統的不放棄，預防再度自殺的可能性。

一般自殺處理要點（DeSpelder & Strickland，2005／2006，p.198）

一、嚴肅地看待自殺可能前兆或徵象。

二、找出自殺意圖與行為線索。

三、藉著支持、了解與同理來對企圖自殺者做回應。

四、藉由問問題、無畏懼地與危機中的人談論自殺來面對問題。

五、獲得專業的協助以處理危機。

六、提供自殺以外的其他選項。

七、維持與鼓勵希望感。

自殺徵象

- 低自尊、較無主見、有罪惡感者。
- 感覺無助或無望。
- 孤立的社交網路。
- 無法專心。
- 當時承受過多或極大壓力。
- 有重大失落或偶像死亡。
- 有自殺歷史、曾企圖自殺。
- 情緒低落或憂鬱症。
- 睡眠、飲食習慣改變。
- 覺得無聊（或人生無意義）。
- 生理上有病痛。
- 藥物濫用。
- 行為或個性突然改變。
- 威脅要採取行動自殺。
- 談論死亡或暴力。
- 翹家或逃學，課業上有變化等。
- 把珍貴物品送人（有「告別」或「交代」意味）。
- 以成就來肯定自己（不能忍受失敗），覺得自己無價值。

自殺危險性評估

- 情緒狀態：當事人的情緒狀態若很低落，而且持續超過三週，可能就是憂鬱症的候選人，對自己、未來與世界都不抱持著正面想法。
- 體力與生活功能：體力若下滑，可能無能力執行自殺計畫，若一旦恢復，就是關鍵危險期。
- 心理性疼痛（痛苦）。
- 自殺計畫：有愈縝密的自殺計畫者，其危險性增加。
- 自殺想法或歷史：有過自殺企圖與行為者，其自殺成功率增加。
- 自殺手段：其計畫的自殺方式是否容易取得？若很容易（如跳樓），其危險性增加。
- 支持系統：當事人與家人或親友的關係如何？
- 失落事件或偶像死亡。

單元 43　危機處理：家庭暴力與亂倫

家庭暴力對於受害者（包括目睹者）的影響，最明顯的就是身心創傷，不僅對自己的價值感減低，對於人與人之間的關係沒有信任，也可能影響到以後對於親密關係的發展與親職能力或性犯罪（Bloom， 2000）。當然肢體暴力的同時，也伴隨著語言（鄙視、汙衊）與心理或精神的暴力，這些對於受害者的傷害更多。家庭暴力與種族、社經地位、信仰沒有關係，反而是貧窮會增加其發生率，而家庭暴力的再發率很高，不是一次的意外事件而已（Kaplan，2000）。許多家長對子女的家暴是「過度管教」，家長自身在情緒衝動下往往造成意外或重大傷害，許多家長仍認為「棒下出孝子」，將子女視為自己財產，甚至用情感綁架方式要脅孩子順從，孩子被最親密的家人凌虐或忽視，忠誠與受害的矛盾、糾結情緒可知一斑。家庭內性侵害（亂倫）持續最久，對受害者影響最鉅。

離婚率持續增加，雖然男性再婚率遠高於女性，但是女性常有同居人也是事實，家庭成員與結構的變化、加上權力不均，家暴或性侵因而屢見不鮮。家庭暴力對於受害者的影響，最明顯的就是身心創傷，而對於直接受害與目睹的兒童和青少年來說，生存的安全受到威脅、情感所依附的令其矛盾（愛與懼同時存在）、對家長的忠誠度受到考驗、情緒上的警戒與保護機制常常啟動，這些對於成長中的孩子都是莫大痛苦與威脅，在這樣的情況下又如何專心學習、與人互動？一般的性暴力可能是機會犯，或一次事件，但是若性虐待發生在家庭內（特別是成人對孩子），其受害時間更長，也是摧毀家庭最可怕的力道，倘若因此而失去經濟來源，家人被迫分離，兒童或青少年受害者成為眾矢之的，又如何繼續在家中生活？

對於家庭暴力的防治，除了讓加害者受到適當處罰與治療之外，主要還是放在受害者身上，也就是保護受害者不再受到傷害，教導受害者如何保護自己的安全，又如何因應可能的暴力危險（Kaplan， 2000）；若是家中成人對孩子施暴，需要與家長溝通管教的限制與方式，以及可能的法律後果，家長的情緒與管理也是溝通重點，而教師需要成為孩子的代言者與信任對象，提供其持續穩定的滋養與關切。家暴事件會因為兒童／青少年與家人的血緣關係而造成發現或通報延誤，往往是事態嚴重才被發現，處理事件的相關警政、心理與社福人員，都需要通力合作，有極大的抗壓性與道德勇氣，才可善始善終。

小博士解說

家庭暴力的種類有許多，夫妻之間、父母親對孩子、孩子對父母親、手足之間，甚至祖孫間，又或是對家中老年人、無行為能力者的虐待，也就是住在一起有血緣關係的人施予其中一方或是雙方互相的肢體或言語衝突、心理或精神虐待、財務控制、行動限制，甚至性虐待，都可以包括在家庭暴力的範圍之內（Kaplan，2000）。

家暴近六年統計（摘錄自衛生福利部網站 dep.mohw.gov.tw）

年度／總件數	通報單位／件數／占全部家暴百分比	受暴對象人數
102 152,680	警政 58658（38.42%） 教育 12989（8.51%）	配偶或同居 60916 兒少保護 40597
103 133,716	警政 57267（42.83%） 教育 5563（4.16%）	配偶或同居 60816 兒少保護 22140
104 135,983	警政 62303（48.87%） 教育 6050（3.27%）	配偶或同居 61947 兒少保護 21360
105 135,785	警政 66352（48.87%） 教育 4435（3.35%）	配偶或同居 64978 兒少保護 16198
106 137,148	警政 68958（50.28%） 教育 4588（3.35%）	配偶或同居 64898 兒少保護 15779
107 138,637	警政 71311 教育 4813	配偶或同居 65021 兒少保護 15188

造成家庭暴力的危險因素（Kaplan，2000，p.50）

- 受害者與加害者之間的權力不均關係（包括個子較小、年紀較輕、或是較為瘦弱）。
- 加害者本身有沮喪情緒或藥物濫用的行為。
- 家中孩子多於四位，且彼此年齡相距密集。
- 兒童期曾暴露在家庭暴力的經驗。
- 女性成為出氣筒。
- 家庭有壓力事件發生。
- 年輕或是單親家長。
- 社會孤立。

性虐待的影響（Bolton，Morris，& MacEachron，1989）

影響面向	說明
性行為方面的問題	性功能失常或停滯，強迫性行為或逃避性行為，對於屬於性與非性（nonsexual）行為感到迷惑，可能有侵犯性的性行為或誘引的性動作，也有雜交或罹患性病的可能。
情緒上的困擾	無望、焦慮、覺得有罪惡感或羞愧、人格違常或性格上的問題、憂鬱、低自尊、情緒表達的失常、不信任、孤離自己或對他人懷有敵意。
行為上的問題	出現逃學、離家的行為、極差的人際關係、自毀的行為、自殺的想法、衝動行為、強迫性的習慣、不切實際的想法或退縮表現、很容易再度淪為受害者、嗑藥，以及過分活躍。
兒童時期的困擾	睡眠的問題、擔心或害怕、學習上的困擾、退化的行為，以及呈現身心症的情況。

單元 44　危機處理：悲傷輔導

生命中的失去固然是常態，但是我們一般很少花時間去哀悼或處理，當作沒事發生並不是處理失落情緒，這些失落的情緒必須要有處理動作，才不會變成「殘留」的未竟事務，影響往後的生活。學生在求學過程中也會遭遇到一些失落經驗，小者如失去友誼、搬家，重者如寵物或家人死亡、自身失去功能（障礙）或創傷，也都需要重要他人與輔導教師的關注與協助。若是關係親密的重要他人（包括同儕）逝去，更需要嚴肅處理哀悼過程。許多哀悼儀式具有「結束（彼此關係）」，或「說再見」與「安撫情緒」的功能，同時建立與凝聚支持系統。

公開的哀傷是必要的，也有助於兒童健康的哀傷過程，而青少年正處於「存在提問」的階段（會詢及「人為何要活著」、「人生意義為何」），因此必須要正視他們「需要與想要的」是什麼（Warren，1998／2007，pp.64-65）。哀悼過程有兩層意義：一是從悲傷中復原（結束），另一個是新的開始（重新調適無逝者的世界）。當然哀悼過程並沒有結束，只是我們學會慢慢調適（Rando，1995，cited in Marrone，1997，p.112），畢竟生命中已經產生變化，不再像以前一樣。

老師或家長可以這樣協助孩子處理失落經驗（Corr，Nabe， & Corr， 2000，p.250-254）：（一）給予適當正確資訊——包括事情是怎麼發生的？（二）給孩子表達失去的情緒與可能的反應——不必要強裝勇敢、也不要故意逃避，真實去面對自己的感受，也發洩出來；（三）讓孩子參與一些儀式或回憶的活動——如喪禮、看看剪貼或相簿，這些儀式與活動提供了孩子心理上的安慰；（四）協助孩子從失落中找尋意義——這就包括事後與孩子討論如何記得這個失去的人（物），他（或它）讓我們學到了什麼？在碰到困難或是生活上的挑戰時，會想起這個人（物）的忠告可能是什麼？他（或它）在我們的生命中占了一個怎樣的地位？

處理孩子失落經驗與哀傷最重要而有效的態度就是：有回應、也問問題。可以做的包括與孩子分享照片與記憶、寫信等，讓他們有機會表達自己的感受，並以不同形式與逝者做連結（包括關係的轉化）。孩子可能會對逝去之人有一些罪惡感，也會後悔自己之前應該做些什麼卻沒有做，或者是做了不該做的事，所以「造成」對方的死亡，因此要讓孩子清楚對方的死亡與他／她無關，平撫其情緒。

詢問孩子是否願意參加逝者的葬禮，把他／她包括進來很重要，可以讓他／她有機會去消化悲傷，協助孩子去檢視與逝者之間的關係，可以如何記得對方？讓孩子將悲傷轉化為珍貴的生命教育機會。孩子其實不會害怕死亡，主要是從成人那裡獲得的暗示或解讀使然。我國的習慣常常是阻止孩子去參加葬禮，這也暗示了死亡是一種禁忌，無形中讓孩子對於死亡更加焦慮與懼怕。

哀悼模式（Marrone，1997，pp.114-131）

哀悼過程	說明
認知重建	啜泣與哭嚎，敘述關於逝者的死亡過程，依據過去、未來、世界與自我做認知重建。
情緒表達	空虛、緊張焦慮、疲憊或掏空的感受、情緒無著及沮喪、很難維持正常生活功能、承受因逝者而去的其他失落、學會因應心理傷痛。
心理重整	藉由問題解決、情緒抒發與社會支持，重新整合自我效能、重新調適與逝者的關係及其在自己心目中的位置。
心靈轉換	失落經驗會衝擊我們對世界的假設與信念，也會激起許多的質疑，存在與靈性問題因之而起，我們會去找尋自己認為神聖的物品，試著去連結此肉體生命以外的自己。

悲傷過程（Deeken，2001／2002，pp.41-45）

階段	說明
震驚與麻木	面對親人死亡，一時之間難以接受，呈現出對現實感麻木的情況。
否認	理性上拒絕接受親人已逝的事實。
混亂或恐慌	從恐懼陷入極度的混亂，對周遭事物無法專心，日常生活也出現問題。
憤怒、感覺不公平	為何自己受此折磨？認為不公平的情緒轉為憤怒，若發洩管道受阻，就將氣憤轉向自己。
敵意與懷恨	對逝去之人有敵意與憤恨之心，認為對方為何不小心或不注意自己健康（不負責任）。
罪惡感	懊悔自己所做的或該做卻沒有去做的。
空想與幻覺	認為死者還活著，在日常生活中當死者仍在世時一樣。
孤獨感與憂鬱	希望自己可以早點超脫孤單感，也需要他人的協助。
精神的混亂與凡事不關心	生活失去目標、覺得空虛、不知如何是好。
絕望到接受	知道事不可挽回，要去接受與面對。
新的希望——重新發現幽默與笑容	看見不同的自己與逝者的關係，想為對方更認真活下去。
重新站起來——新的自我誕生	重新獲得自我感，也有更成熟的表現。

單元 45 親師溝通與諮詢

針對兒童與青少年做諮商，除了必須要具備有生態系統觀之外，還需要具備諮詢（類似「顧問」）的能力，因為經常會需要與家長或老師做諮詢工作。諮詢就是輔導老師與師長一起合作商議、共同協助第三者（通常是學生）。

「諮詢」指的是諮商師與教師或家長（或社工等）兩方為第三者（如學生）提供協助與服務。例如導師發現班上有一名學生常有偷竊行為，已經找過家長商議，但是因為是隔代教養，效果不彰，於是與輔導教師、各科任老師一起，為矯正學生的偷竊行為而研商策略與行動。在這個「諮詢」過程中，求助對象是導師與科任老師（直接服務對象），而共同協助的對象是學生（共同關注的第三者）。另外，倘若是家長（直接服務對象）來請教輔導教師關於孩子學習或是行為問題，然後一起研擬對策、協助該生，也是輔導教師所做的「諮詢」服務；當然，若有學生來求助（直接服務對象），希望可以協助班上某位同學（如被霸凌），也是諮詢服務的一種。

一、親子諮詢

父母親將孩子送到學校來接受教育，如果孩子碰到一些問題，家長一定很想要知道到底是怎麼一回事？孩子不管在家裡還是學校遭遇到一些困擾，家長其中的一個諮詢對象可能就是導師或輔導老師。輔導老師或諮商師是受過訓練的專業人員，對於兒童與青少年的發展及需求會比較了解，有關這一方面的資訊和知識，也可以傳輸給家長、或者與家長共同討論孩子需要的是什麼？該如何做？

有些家長對於自己孩子的一些特殊行為或者是狀況不太了解，但是又擔心他人對孩子做了錯誤標籤（汙名化），因此即便孩子有過動或者是情緒障礙，卻不願意帶他／她去就醫。這時候輔導老師或諮商師就可以發揮功能，邀請家長來一起討論孩子的情況，以及可以得到的資源與協助，只要家長本身了解孩子的情況，且不是家長所造成，或有許多的管道可以協助孩子更能適應學校生活，學習得更快樂，家長通常也願意與學校合作。這裡其實也點明了學校輔導老師或諮商師，對於特殊兒童與其需求也要了解，才能提供適當的支援。

遇到孩子是過動兒、違抗性行為（孩子在學校有紀律問題），甚至有特殊學習障礙孩子的家長，諮商師有時候都需要先處理父母親的失落經驗（因為自己的孩子特殊，對許多家長來說是不能接受的），接下來可能在整個教養，以及孩子學習的過程當中，家長也必須付出極大的心力，輔導教師也需要提供一些資源與支持、甚至有時候要針對親子關係或家庭關係做一些諮詢與建議。

有些父母親可能會將孩子明顯表達情緒或意見的方式視為不尊敬或不服從，也可能會處罰孩子，這些都可以在家長諮詢時讓家長知道孩子這個發展階段的需求，甚至跟家長討論如何與孩子好好相處，溝通是很重要的，當然另一方面也可以跟孩子說明家長們的擔心為何？可以怎麼做？讓親子可以雙贏。

諮商與諮詢的異同

項目	諮商	諮詢
對象	當事人本身	關切的第三者（如家長或老師）
進行目的	協助自我整理或問題解決，重視當事人之內在需求（是直接助人的過程）	協助第三者解決問題（是間接助人的過程）
功能	讓當事人更有能力去面對自己、解決問題	讓求詢者更有能力去了解關心的現象，並解決問題
目標	目標依當事人決定，不一定只有一個或很明確	焦點在問題本身、目標明確
關係建立	信任與合作	同儕合作
資料蒐集方式	透過直接觀察與其他相關管道了解當事人	透過觀察與深入了解求詢者之服務對象或機構
方式	面對面直接協助，以了解當事人優先	面對面直接協助，以問題討論為主
次數	可能一次以上	可能一次以上
結束情況	當事人的關切議題可能復發	問題解決就結束

親師諮詢重點提示

- 班級導師平日與家長做固定聯繫，不要「有事」才連繫（這樣的關係建立才有意義）。
- 聯繫家長時，務必先提孩子最近表現優良之具體事蹟，然後再提孩子可能需要注意或協助的部分，家長才會願意聽。
- 若有一些親職教育或是學校活動的相關資訊，可以書面或網路方式提供給家長。
- 有些班級導師還會定時出版一些班訊，提供家長班上相關資訊外，也讓孩子有發揮創意或寫作的篇幅（通常學生也參與編輯）。
- 諮詢時，輔導教師的態度要和善而堅定，先同理家長的情緒或辛苦，接下來的討論才會較順利。
- 與社區其他專業人員（或機構）合作，協助家長解決一些現存阻礙孩子學習的障礙（如經濟、課輔或孩童照顧等），家長就可以更專注於幫助孩子。

＋ 知識補充站

孩子有違抗性行為是因為他／她部分的額葉皮質（有關情緒調節與衝動控制的部分）比一般的孩子要小一些，而部分的額葉皮質（與攻擊及反社會行為有關的部分）比一般孩子要大。如果違抗性行為的孩子受到父母親嚴格的管教，可能情況會更嚴重（Tucker, 2017, p.280）。

單元 45 親師溝通與諮詢（續）

二、師長諮詢

一般教師是站在教育的立場，雖然也需要輔導的知能，才能夠讓教學更順暢，而輔導老師的工作可以補足、並協助讓教育功能發揮更全面。一般說來輔導老師的立場與教師不同，教師可能是站在比較威權的位置，面對的是一個班級內多位不同的學生，因此可能會比較用統一的方式來做管教與教學，在因材施教的部分能夠著力的不多。輔導老師在班級或科任老師的觀察之後，可以對學生做進一步評估與診斷，就可以依照孩子的需求來客製化，打造符合孩子的學習計畫與進行方式，甚至轉介給適當單位（如資源教室）或專業人員（如醫師、社工），給予孩子適當的協助。

也因為輔導老師的立場不同，比較站在學生、平權的立場，因此在與學生談話的過程中，可能會讓學生比較放心、不需要害怕，以這樣的關係為基礎，輔導老師就可以更了解孩子所關切的議題是什麼？可以尋求什麼樣的資源來協助孩子？班級或科任老師如果對於班上某些學生的行為不了解，即便用盡了規勸與管教的方式，還是沒有收到預期的效果時，也可以就教於輔導老師，一起商議該做哪些動作，才能夠讓教學更順利或讓學生能夠有更佳學習？有時候會碰到班級老師的經營方式與學生不合，甚至引起師生的嚴重對立，此時輔導老師也可以作為中間協調者並介入處理，或許會有不同的效果。

三、學生諮詢

有些學生在生活中或許遭遇到同儕被霸凌、情緒爆發、或課業學習落後等情況，會想要了解與協助，因此擔任學生的諮詢也是輔導教師與諮商師的工作項目之一。以美國為例，在中小學階段有所謂的「仲裁者」（mediator）訓練課程，若輔導老師可以固定地讓班上幾名學生學習如何調節同儕間的紛爭，不僅讓學生可以參與第一線的協調與協助工作（類似「同儕諮商」），同時增進了學生很重要的人際關係技巧。擔任仲裁的學生若是遭遇困難，也可以請教輔導教師或諮商師，商議進一步的改進或行動方案。學生諮詢也可以用「兩三人談話」的方式進行，與關切某議題或班上情況的學生會談、了解實際的情況與已使用的方式，然後做評估、修正、建議與追蹤。

四、輔導師需要熟悉相關法令

學校輔導教師或服務對象為兒童與青少年的諮商師，需要熟悉一些重要通報規定（如所謂的「高風險家庭」）以及我國的一些相關法令，像是性別平等法、家暴法、少年刑事法等，一則可以做為教育或教學之用，而在與家長、教師或學生做諮詢時也可能需要。

小博士解說

年紀較輕的輔導教師或諮商師在面對家長時，常常擔心自己經驗不足、加上未婚或無小孩，感覺在親職溝通上較無法施展，其實不用擔心，用自己閱讀過的研究或資料、甚至是其他家長的分享，作為討論與交換心得的基礎（不必急著給建議），並且同理家長可能有的情緒與感受。

心理健康諮詢模式（Caplan，1963，cited in Giles，Kratochwill，Felt，Schienebeck，& Vaccarelio，2011，p.667）

- 當事人中心的個案諮詢
- 以計畫為中心的管理諮詢
- 以尋求諮詢者為中心的個案諮詢（最常見）
- 以尋求諮詢者為中心的管理諮詢

諮詢過程（Kratochwill，2008，cited in Giles et al., 2011，p.668）

（一）建立關係 → （二）定義需求（或問題）→ （三）分析需求（或問題）→ （四）執行計畫 → （五）評估計畫（或問題）

不良的童年經驗導致的長期健康問題（Vicario & Hudgins-Mitchell，2017，p.84）

不良習慣	健康問題
抽菸	骨折
重複受害	慢性肺阻塞
青少女懷孕	心臟病
不良工作表現	糖尿病
暴力關係	肥胖
酗酒／嗑藥	肺炎
憂鬱	性病
自殺	早夭

＋ 知識補充站

大腦要經由與他人的互動來發展，兒童若無法受到安全、關愛、注意與照護，就可能會體驗到極大的壓力或創傷，而影響其腦部之發展，若能在事後做補救，對孩子心理與腦部的改變都有意義（Vicario, & Hudgins-Mitchell, 2017, p.70 & p.76）。

單元 46　目前學校輔導工作的挑戰

一、輔導工作受到重視與否與該校校長有較大關聯

專輔教師是否能夠專心做輔導工作？其專業性受尊重的程度如何？主要還是看該校主政者的心態，倘若主校政者將輔導工作視作教育重要的一環、不可或缺，當然就會遴請具備良好輔導專業背景者協助，也盡所能提供所需資源與協助；反之，即便有專輔老師的設置，然而對其專業與角色認同混淆，也會導致其進行輔導工作不僅多所掣肘，更容易削減其功能之發揮。

二、輔導是團隊工作、非專輔教師之責

學校輔導工作絕非專輔教師一人可以承擔，而是上從校長、各處室，到學生、家長、社區，都是輔導團隊之一環，缺一不可！彼此之間要維持溝通順暢、緊密合作、共同戮力，才可以達到有效的輔導成果。

三、輔導人力短缺且工作繁重

各縣市輔導教師（以國小尤然）名額與背景參差不齊，加上學校專輔人員欠缺，依然是目前很關鍵的問題。雖然現在都會區學校專輔教師之編制較為完善，甚或有身心科醫師、臨床心理師與社工等人力支援。但是許多縣市學校尚無輔導教師之編制，主要還是經費問題，有些學校甚至是以家長會出錢的方式聘請輔導教師。即便有輔導教師之編制，但是一位專輔教師要面對超過幾百人學校的輔導工作，在時間與心力上的安排就是「不可能的任務」，因此專輔教師的時間與任務就要做很大彈性的調整及安排。

多數專輔教師或主任要規劃、執行與評估全校全年度的輔導計畫，但通常專輔教師有過多的行政事務要忙（有的甚至要接許多地方或政府的補助計畫），若加上校長不支持輔導業務，甚至要專輔教師擔任課程教學、級任老師或是支援其他處室業務，專輔教師的耗竭就更容易產生，專業度當然也受到質疑。

一般說來專輔教師要將大部分時間用在個別諮商上有其困難度，因此適度的調整與變通就很必要，才能夠在自己可以運用的時間與心力內，提供更有效的服務。因此以全校宣導或班級輔導作為第一級心理衛生預防工作，視該校學生的需求固定做幾個主題的團體諮商（如人際、霸凌防治、性別教育、情緒管理），甚至做兩三人的談話（或諮商）都是可以運用的彈性方式。

許多個別諮商的安排可以依照緊急性順序處理，緊急時一週兩次或一週一次晤談，等待情況進步或危急情況緩和了，就可以將晤談時間拉長為兩週一次或半個月一次，但是中間要適時安排短暫的檢視（check in）或談話（catch up），這樣就不會讓當事人覺得被忽略或敷衍，也延續諮商效果。即便有些案子已經結了，專輔教師依然可以每個月固定與當事人約談五到十分鐘，看看當事人的近況並適時給予鼓勵，或是從導師及其他教師處了解學生近況。

國小專業輔導教師困境（許育光，2013）

個人方面	體制方面	輔導教師期待
個人專業狀態模糊與自信缺乏。	角色職責與輔導教師制度之不明。	（個人方面）在實務層面有對專業成長，及進修與督導之期待。
個別與團體等實務接案。	學校輔導運作概念與行政資源之不足。	（體制層面）對於輔導制度與團隊資源建構之期待。
家庭與教師等系統之介入。		

國小專任輔導教師之工作困境（沈雅婷，2016）

- 專業限制
- 角色衝突與混亂
- 輔導人員安全的疑慮
- 系統的溝通與協調困難
- 自我概念衝突
- 違反個案保密原則

國中專輔教師面臨困境（廖映如，2015）

- 輔導行政與輔導專業合作遭遇的困難
- 初任與轉任輔導教師的困境
- 認輔制度式微
- 輔導設備缺乏及執行初期的混亂

高中職輔導教師困境（林淑華、田秀蘭、吳寶嘉，2017）

- 自覺諮商能力不足
- 親師諮詢互動不易
- 處室溝通不夠順暢
- 難以發揮教學效能
- 兼行政職乏人問津
- 行政體制缺乏共識

單元 46 目前學校輔導工作的挑戰(續)

四、欠缺結合與整合其他教職員與資源之能力

倘若全校專輔教師只有一至二人，要完成整年度的例行輔導事務或因應突發狀況，顯然力不從心、壓力甚鉅，倘若可以善加運用教師同儕（如認輔教師與導師）與職員的加入團隊，不僅在輔導效能與彼此合作上，更可以事半功倍，因此可以成長團體或是教育訓練方式，讓教職員工（或義工家長）更具輔導知能。

五、專輔教師較少連結社區資源與支持網路之能力

連結校外資源與系統雖是社工的專長，但是輔導教師不能自外其責，因為要輔導效果更加乘和有效，這個能力絕不能少，而現今學生偏差行為（如嗑藥、網路與手機、霸凌與性行為）增加也多樣化，更需結合不同專業與資源。

首先是與家長的連結（學生之重要他人）、社區的醫療與社服系統，以及更廣範圍的國家政策、網路等，必須要將所有可能的資源納入，平日就要經營，否則在真正需要時就無法聯繫或讓資源到位。專輔教師尋求的諮詢對象可能是同為專輔教師的同儕或督導、大學或研究所教師，其實輔導教師與社工、身心科或兒童科醫師、地方慈善團體、縣市學生諮商中心都要有適當溝通，這些都是可以協力共創學生福祉的重要支持網路。有時輔導工作也涉及法律事件，因此除了熟悉相關法律之外，熟稔法律或政府規範的專業人員，也是輔導教師的重要顧問。公家機構的一些協助系統與資源之外，私立社福機構（如家扶、人本、勵馨）在處理特定業務上較有經驗，可以請教。

六、專輔教師缺乏與家長有效溝通技巧、從更大脈絡看事情

許多專輔教師年紀很輕，步入職場要先適應學校作業就有點兵荒馬亂，更何況許多學生事務必須要與家長或教師溝通，本身年齡與經歷就較乏「公信力」——較難取信家長（與自己），倘若又缺乏人類發展與學生學習相關教育或知識，在與家長或教師溝通上就會遭遇困難。若干專輔教師會將問題「鎖定」在學生身上，未從更廣的角度來看學生與其出現困擾之脈絡，即便花費許多心力處理，效果依然有限。

七、縣市學生諮商中心的支援功能需有效發揮

縣市學生諮商中心（以下稱「學諮中心」）的設置是為了承接與協助學校第三級預防工作而成立，但是其功能發揮的效率與縣市的人員配置、政策、領導人員有很大關係。雖然目前許多縣市學諮中心是以諮商師及社工為主幹、也有固定的督導，但是諮商師與社工的思考範典不同、對事件的切入與解讀觀點（個案概念化）亦異，以及本位主義作祟，導致後來的處置方式迥異，學諮中心主任若只是暫時代理、沒有相關背景或知能，學諮中心內部就呈現亂象，又如何能發揮其最大效能？

學校將需要協助的學生後送到學諮中心，當然還需要經過評估與派案，通常耗時甚久、根本緩不濟急，徒然增加了書面作業，又無補於事！

學校輔導工作項目

一、衡鑑與評估（了解學生個性與潛能、學習困擾、個別差異）。
二、定向服務（新生輔導、適應新環境）。
三、安置服務（安排至適合其能力與需求的班級或教材學習）。
四、生涯輔導（興趣、性向與未來志業）。
五、諮詢服務（對第三人的服務；教師、行政人員、家長等）。
六、諮商服務（個別與團體）。
七、追蹤服務（了解處理學生後的發展與情況）。
八、評鑑服務（輔導需求與績效，以作為未來計畫參考）。

嚴重情緒障礙學生的身心特質

面向	說明
人際關係方面	互動能力欠佳、經常發脾氣、攻擊他人，因此無法與周遭的人物建立較妥善的互動關係。
日常生活方面	自理能力不足。無法料理自己的生活，甚至食衣往行等基本需求，也不知如何清楚表達與要求。
生理機能方面	知覺反應薄弱。對外界光線、聲音的刺激反應較遲鈍，或出現過當的反應。
言語表達方面	表達能力欠缺，經常說些與情境無關的事，常會用顯著尖銳或特別低沉的音調說話。
行為適應方面	控制能力較弱、常發脾氣，對外在事物表現出漠不關心的態度、經常喜怒無常，且不合情境及時宜。以自傷、攻擊、破壞做最直接的表現，也常會同時重複做一些不自覺、或可能有象徵意義的舉動，如：搖頭、抓髮、擺身、扭衣角…等，這些自我刺激的舉動，漸漸會成為習慣性的動作很難加以控制。

諮商師健康面向（Magnuson & Norem，2015／2015，pp.13-15）

認知——是否常常參與激發思考的活動、接收新訊息。

職業——是否對工作樂在其中、增進專業知能並與休閒做平衡。

生理——規律作息與運動、均衡營養、無不良嗜好。

社會——參與公共事務、與人正向互動、表達感激之情。

情緒——體會與具體表達情緒、適當因應壓力、管理情緒。

靈性——關心他人與周遭世界、堅信人生目的、參與冥思等活動。

單元 47　學校輔導教師之自我覺察與照顧

輔導教師平日提供例行性的諮商、諮詢、與其他各處室和社區機構的合作、評估學生以及可用資源之外，有時還需要向不同的政府或私人機構申請相關補助或計畫，以及瑣碎的輔導行政事務與工作；若加上校內或社區人士對輔導人員的專業角色不清楚，種種的壓力很容易導致學校輔導老師的身心耗竭，因此即便是最有效能的輔導教師，最好能夠將自己每日的行程做適當的規劃，並適度地讓自己有喘息、放空的機會，以免公私不分、事倍功半。我國一般國小、國中或高中輔導教師會有固定的督導時間（如每個月一次）、與同業們交換或討論實務上的議題，不啻是良好的支持系統，而家人或重要他人的支持，也是防堵耗竭很重要的因素（Schmidt，1996，pp.34-38）。

活力充沛及專心正向的輔導教師也是當事人的模範，除了在工作場域需要維持體能與專心度之外，在與當事人面對面晤談時也需要呈現活力與積極態度，才能帶給當事人希望。輔導教師的自我照顧與一般人無異，除了身心各方面的安頓、休息與健康養護（如營養、睡眠）外，適當的時間管理與休閒、好好經營親密與家人及人際關係、培養與持續正當嗜好或活（運）動、適度紓壓（如固定做正念冥思或放空）及與人連結等，也是預防專業耗竭的不二法門。

正如Corey（1991）所言：諮商師必須知道自己的定位、能力與限制，然後以自我認知為據點，去協助當事人，倘若不知自己是誰、在做什麼，又怎能有效地協助當事人？就是所謂的「知汝自己」之後才能有效協助當事人「成為他／她自己」（Goldhor-Lerner，1989，cited in Winter，1994）。諮商師也是人，面對年紀較小的當事人可能也會有移情、投射的議題，有時對於當事人過度投入，有時卻不喜歡當事人，這些都反映了自我議題或未竟事務未做處理，而讓其浮現在諮商關係中；若諮商師自己沒有覺察，極有可能會傷害當事人。自我議題怎解？諮商師的自我整理、撰寫覺察與臨床日誌、閱讀、找治療師、進修、參與討論或課程、做研究、同儕討論或定期督導等，都是很好的管道。自我覺察可避免將自我未解決的議題帶入諮商場域中，甚至損害了當事人的福祉；從認識自我過程中更清楚自己、也接受自己，才可以作為當事人的典範而效法之；在與當事人治療過程中，諮商師本身就是最重要的工具，因此也可以決定治療的有效程度，故而諮商師更清楚自己的個性、能力、價值觀與挑戰，就可以減少諮商中可能犯的錯誤。

小博士解說

諮商師的自我照顧包括：一般的身心靈健康、人際關係與界限、要權衡接案量與限制、給自己足夠的休閒與休息、進修、建立與維持良好的支持網路、有固定督導與討論對象，以及找諮商師做治療（Corey，2005；Kottler & Hazler，1997）。

輔導教師的進修與學習（王麗斐主編，2013a，pp.41-43）

- 參加輔導專業研習課程
- 定期參與專業團體督導
- 閱讀專書與參加讀書會
- 接受個別督導、諮商或團體諮商
- 善用網路和網路資源
- 著作和研究
- 參與專業學（協）會

專輔老師的自我照顧（整理自王麗斐主編，2013a，pp.41-43）

工作中的自我照顧	生活中的自我照顧
做好工作上的時間規劃與檔案資料管理。	人際與關係支持——家人與親友
準時完成工作、不延宕。	身體的支持——生理照顧、適當運動、呼吸調節、紓壓、定期健康檢查與疾病管理。
營造校內溫馨、支援的夥伴關係。	環境的支持——接近大自然、溫暖舒適放鬆之生活環境。
建立彈性且有功能的角色界限。	自我支持——做好工作與休閒管理、良好嗜好、適時酬賞自己。
建立校內外的資源與人脈。	靈性的支持——靈性靜心活動、信仰活動。
認識自己的能力與限制。	
轉化工作瓶頸時的心態。	
熟悉相關的法規、辦法與倫理規範。	

發展自我諮商形態注意事項（Halbur & Halbur，2006，p.21）

注意事項	說明
（一）發現自我	自我覺察與探索、知道自己要的是什麼、生命哲學為何？
（二）清楚自己的價值觀	知道什麼對自己是重要的，也努力捍衛。
（三）探索自己喜愛的理論為何？	這些理論觀點與自己的性格速配，也可以解釋自己的生命經驗。
（四）運用自己的性格	性格與所選擇的諮商形態息息相關。
（五）了解自己在臨床上的表現	將這些實務經驗錄音或錄影下來，可以協助自己找到理論的脈絡。
（六）容許他人（生命經驗、生活觀察、與人互動及繼續教育等）激勵你的學習	讓自己持續成長，並對許多人間事更寬容、悅納。
（七）閱讀原始資料或作品	可以接觸到原創者的基本思維，減少他人解讀的可能謬誤。
（八）化為實際行動	在生活中實際運用。
（九）與一位良師學習	良師可以是活生生的典範，或是存在歷史中的。
（十）拓展自己的經驗	探索新的領域與經驗，抱持著好奇、探索的新鮮感。

參考書目

王文秀、田秀蘭、廖鳳池（2011）。兒童輔導原理（第三版）。臺北：心理。
王亦玲等譯（2015）。兒童心理諮商理論與技巧（8th ed.）（Counseling children, By Henderson, D. A., & Thompson, C. L., 2011）。臺北：禾楓。
王珍妮（譯）（2001/2002）。生與死的教育（SEITO GHI NO KYOUIKU, by Alfons Deeken, 2001）。臺北：心理。
王麗斐主編（2013a）。國民小學學校輔導工作參考手冊。臺北：教育部。
王麗斐主編（2013b）。國民中學學校輔導工作參考手冊。臺北：教育部。
牛格正、王智弘（2008）。助人專業倫理。臺北：心靈工坊。
田秀蘭（2011）。兒童生涯輔導。收錄於王文秀等著，兒童輔導原理（第三版）（pp.335-364）。臺北：心理。
宋湘玲、林幸台、鄭熙彥 （1991）。學校輔導工作的理論與實施（增訂四版）。高雄：復文。
沈雅婷（2016）。國小專任輔導教師工作困境與自我照顧經驗之研究。屏東大學教育心理與輔導學系碩士論文，未出版。
邱珍琬譯（2010）。協助自傷青少年：了解與治療自傷（Helping teens who cut: Understanding and ending self-injury, by M. Hollander, 2008）。臺北：五南。
林子翔、吳明隆（2018）。國中專任輔導教師實施生涯輔導工作困境與因應策略。臺灣教育評論月刊，7（11），29-31。
林家興（2014）。諮商專業倫理：臨床應用與案例分析。臺北：心理。
林家興（2017）。諮商督導的臨床筆記。臺北：心理。
林清文（2007）。學校輔導。臺北：雙葉書廊。
林淑華、田秀蘭、吳寶嘉（2017）。高中職輔導教師工作困境、因應方式與督導需求初探。家庭教育與諮商學刊。第20期，87-116。
林慧珍譯（2010）。兒童對死亡概念的認知。收錄於林綺雲等譯，死亡教育與研究－批判的觀點（Death education & research: Critical perspectives, by W. G. Warren, 1998）。臺北：洪葉。
兒童福利聯盟文教基金會。2016臺灣兒少網路霸凌經驗調查報告。取自http://www.children.org.tw
洪莉竹（2013）。學生輔導工作：倫理守則暨案例分析。臺北：張老師文化。
許育光（2013）。國小輔導教師實務內涵初探：從困境與期待分析進行對話。中華輔導與諮商學報，第 38期，57-89。
陳增穎譯（2015）。諮商技巧精要：實務與運用指南（Essential counseling skills: Practice & application guide, by S. Magnuson & K. Norem, 2015）。臺北：心理。
黃俊豪、連廷嘉（2004）。青少年心理學（The Adolescent: Development, relationships, and culture, by Rice, F. P., & Dolgin, K. G., 2002）。臺北：學富。

黃韻如（2010）。校園危機的管理與輔導。收錄於林萬億、黃韻如，學校輔導團隊工作（第四版）（pp.499-541）。臺北：五南。

葉一舵（2013）。臺灣學校輔導發展史。臺北：心理。

張傳琳（2003）。現實治療法：理論與實務。臺北：心理。

連秀鸞（2015）。學校輔導工作的內涵。收錄於黃政昌主編，輔導原理與實務（二版）（pp.85-126）。臺北：心理。

修慧蘭、林蔚芳、洪莉竹譯（2014）。專業助人工作倫理（Issues & ethics in the helping professions, 8th ed., by Corey, G., Schneider Corey, M., & Callanan, P., 2011）。臺北：雙葉書廊。

黃孟嬌譯（2011）敘事治療的工作地圖。（Maps of narrative practice, by M. White, 2007）。臺北：張老師文化。

黃雅文、張乃心、蕭美慧、林泰石、林珊吟、范玉玟、賴彥君譯（2006）。生命教育（The last dance: Encountering death & dying I., By DeSplder A. A. & Strickland A. L., 2005）。臺北：五南。

歐陽端端（2013）。情緒競爭力UP！：15個線索，讓你把事情做完、做對、做好（The brain and emotional intelligence, new insights, 1st ed., by Goleman D., 2011）。臺北：時報文化。

廖映如（2015）。國民中學專任輔導教師實施現況、角色期待與工作困境之探究。中興大學教師專業發展研究所碩士論文，未出版。

鄔佩麗、陳麗英（2010）輔導原理與實務。臺北：雙葉。

鄔佩麗、翟宗悌、陳麗英、黃裕惠（2017）輔導原理與實務（二版）。臺北：雙葉。

楊延光校閱（2014）。校園自殺、自傷與暴力：評估、預防與介入策略（Suicide, self-injury, and violence in the schools:Assessment, prevention, and intervention strategies, by Juhnke G. A., Granello D.H., & Granello P. F., 2010）。臺北：心理。

楊康臨、鄭維瑄譯（2007）。家庭衝突處理—家事調解理論與實務（The handbook of family dispute resolution-Mediation yjerapy & practice, by Taylor A., 2004）。臺北：學富文化。

劉焜輝主編（2010）。輔導原理與實務（二版）。臺北：三民書局。

梁培勇（2009）。偏差行為概說（收錄於「兒童偏差行為」，梁培勇策劃主編，1-29）。臺北：心理。

Akos, P.（2001）. Creating developmental opportunity: Systemic and proactive intervention for elementary school counselors. In D. S. Sandhu（Ed.）, Elementary counseling in the millennium（pp.91-102）.Alexandria, VA: American Counseling Association.

Andersen, H.（2003）. Postmodern social construction therapies. In T. L. Sexton, G. R. Weeks, & M. S. Robbins（Eds.）, Handbook of family therapy（pp.125-146）. N. Y.: Brunner-Routledge.

Baruth, L. G., & Robinson, E. H. III （1987）. An introduction to the counseling profession. Englewood Ckiff, N. J.: Prentice-Hall, Inc.

Beck, A. A. & Weishaar, M. E. （1989）. Cognitive therapy. In R. J. Corsini & D. Wedding （eds.） Current psychotherapies （4th ed）, pp.285-320.Belmont. CA: Brooks/Cole.

Becvar, D. S., & Becvar, R. J. （2009）. Family therapy: A systemic integration （7th ed.）. Boston, MA: Pearson Education.

Berg, R. C., Landreth, G. L., & Fall, K. A. （2006）. Group counseling: Concepts & procedures （4th ed.）. Ny.Y.: Routledge.

Berg, K. I. & Steiner, T. （2003）. Children's solution work. N. Y.: W.W. Norton & Company.

Bloom, S. L. （2000）. Sexual violence: The victim. In C. C. Bell （ed.）, Psychiatric aspects of violence: Issues in prevention and treatment （pp.63-71）. San Francisco, CA: Jossey-Bass.

Bolton, F. G. Jr., Morris, L. A. & MacEachron, A. E. （1989）. Males at risk: The other side of child sexual abuse. Newbury Park, CA: Sage.

Brown University （1996）. Bullies are more of TV violence, less of adults. Brown University Child & Adolescent Behavior Letter, 12（10）, 6-7.

Campbell, A. （1993）. Men, women, and aggression. New York: BasicBooks.

Carlson, J. G., & Hatfield, E. （1992）. Psychology of emotion. Fort Worth, TX : Harcourt Brace Jovanovich College Publishers.

Cashwell, C. S., Cashwell, T. H., & Skinner, A. L. （2001）. Using group rewards to influence prodocial behavior and academic success: The school counselor as consultant and coordinator. In D. S. Sandhu （Ed.）, Elementary counseling in the millennium （pp.63-72）.Alexandria, VA: American Counseling Association.

Choate, L. （2017）. Counseling emerging adults （18-21）: A time of uncertainty and hope. In S. Smith-Adcock & C. Tucker （Eds.）, Counseling children & adolescents: Connecting theory, development, & diversity （pp.373-396）. Thousand Oaks, CA: Sage.

Coker, J. K. （2001）. Creative arts in counseling with elementary achool children: A user-friendly approach. In D. S. Sandhu （Ed.）, Elementary counseling in the millennium （pp.47-61）.Alexandria, VA: American Counseling Association.

Connie, E. （2009）. Overview of solution focused therapy. In E. Connie & L. Metcalf （Eds.）, The art of solution focused therapy （pp.1-19）. N.Y.: Springer.

Corey, G. （1991）.Theory and practice of counseling and psychotherapy （4th ed.）. Pacific Grove, CA: Brooks/Cole.

Corey, G. （2001）. The art of integrative counseling. Belmont, CA: Brooks/Cole.

Corey, G. （2005）. Theory & practice of counseling & psychotherapy （7th ed.）.

Belmont, CA: Brooks/Cole—Thomson Learning.
Corey, G. （2009）. Theory and practice of counseling and psychotherapy （8th ed.）. Belmont, CA: Brooks/Cole—Thomson Learning.
Corey, G., Corey, M. S., & Callanan, P. （2007）. Issues and ethics in the helping professions （7th ed.）. Belmont, CA: Thomson Higher Education.
Corey, M., Corey, G., & Corey, C. （2014）. Groups process & practice （9th ed.）. Belmont, CA: Brooks/Cole.
Corr, C. A., Nabe, C. M., & Corr, D. M. （2000）. Death and dying, life and living （3rded.）. Belmont, CA: Wadsworth.
de Shazer, S., Dolan, Y., Korman, H., Trepper, T., McCollum, E., & Berg, I. K. （2007）. More than miracles: The state of the art of solution-focused brief therapy. N.Y.: Routledge.
Dixon, A. L.,Rice, R. E., & Rumsey, A. （2017）. Counseling with young adolescents. In S. Smith-Adcock & C. Tucker （Eds.）, Counseling children & adolescents: Connecting theory, development, & diversity（320-342）. Thousand Oaks, CA: Sage.
Dryden, W. （1999）. Rational emotive behavioral counseling in action （2nd ed.）. London: Sage.
Dryden, W. （2007）. Rational emotive behavioral therapy. In W. Dryden （Ed.）, Dryden's handbook of individual therapy （5th ed） （pp.352-378）. London: Sage.
Duncan, B. L., Miller, S. D., & Sparks, L. A. （2003）. Interactional and solution-focused brief therapies: Evolving concepts of change. In T. L. Sexton, G. R. Weeks, & M. S. Robbins （Eds.）, Handbook of family therapy （pp.101-123）. N. Y.: Brunner-Routledge.
Ellis, A. （1997）. The future of cognitive-behavior and rational emotive behavior therapy. In S. Palmer & V. Varma （Eds.）, The future of counseling & psychotherapy（pp.1-14）. London: Sage.
Emmett, J. & Preston, D. （2001）. Career development in the elementary school, In D. S. Sandhu （Ed.）. Elementary school counseling in the new millennium（pp.73-87）. Alexandra, VA: American Counseling Association.
Erikson, J. M. （1997）. Life cycle completed-Erik H. Erikson （Extended version）. N.Y.: W.W. Norton & Company.
Folse, E., & Sandhu, D. S. （2001）. Interconnections among cognitive, physical, and social development. In D. S. Sandhu （Ed.）, Elementary counseling in the millennium （pp.29-36）.Alexandria, VA: American Counseling Association.
Freedman, J., & Combs, G. （1996）. Narrative therapy: The social construction of preferred realities. N. Y.: W.W.Norton & Company.
Friesen, J. D. （1985）. Structural-strategic marriage and family therapy. New York:

Gardner Press.

George, R. L., & Cristiani, T. L. （1995）. Counseling theory and practice （4th ed.）. MA, Needham Heights: Simon & Schuster Company.

Gerard, P. S. （1991）. Domestic violence, in S. L. Brown （Ed.）, Counseling victims of violence（pp.101-116）. Alexandria, VA: American Association for Counseling & Development.

Giles, C. N. R., Kratochwill, T. R., Felt, J. N., Schienebeck, C. J., & Vaccarelio, C. A. Problem solving consultation: Applixations in evidence-based prevention and intervention. In M. A. Bray & T. J. Kehle （Eds.）, Oxford handbook of school psychology（pp.666-682）. New York: Oxford University Press.

Gilliland, B. E., & James, R. K. （1998）. Theories and strategies in counseling and psychotherapy （4th ed.）. Needham Heights, MA: Allyn & Bacon.

Gilliland, B. E., James, R. K., & Bowman, J. T. （1989）. Theories and strategies in counseling and psychotherapy （2nd ed.）. Eaglewood Cliffs, NJ:Prentice Hall.

Glasser, W. （1975）. Reality therapy: A new approach to psychiatry. N. Y.: Harper & Row.

Glasser, W. （1998）. Choice theory: A new psychology of personal freedom. N.Y.: HarperCollins.

Glasser, W. （2000）. Counseling with choice theory: The new reality therapy. N.Y.: HarperCollins.

Glasser, W., & Wubbolding, R. （1995）. Reality therapy. In R. Corsini & D. Wedding （Eds.）, Current psychotherapies （5th ed） （pp.293-321）.Itasca, IL: F. E. Peacock.

Goodwin, K. （2016）. Raising your child in a digital world, Finding a healthy balance of time online without techo tantrums and conflict. Australia, Sydney: Finch Publishing.

Halbur, D. A., & Halbur, K. V. （2006）. Developing your theoretical orientation in counseling and psychotherapy. Boston, MA: Pearson Education, Inc.

Hanna, F. J., Hanna, C. A., & Keys, S. G. （1999）. Strategies for counseling defiant, aggressive adolescents: Reaching, accepting, & relating. Journal of Counseling & Development, 77（4）, 395-404.

Hazler, R. J. （1998）. Promoting personal investment in systemic approaches to school violence. Education, 1（119）, 222-232.

Herman, M. A., & Finn, A. （2003）. An ethical and legal perspective on the role of school counselors in preventing violence in schools. In T. P. Remley, M. A. Herman, & W. C Huey （Eds.）, Ethical & legal issues in school counseling （2nd ed.） （pp.94-110）. Alexandria, VA: American School Counseling Association.

Jacob, E. E., Masson, R. L. L., & Harvill, R. L. （2009）. Group counseling: Strategies & Skills （7th ed.）. Pacific Grove, CA: Brooks/Cole.

Kaplan, S. J. （2000）. Family violence. In C. C. Bell （Ed.）, Psychiatric aspects of violence: Issues in prevention and treatment （pp.49-62）. San Francisco, CA: Jossey-Bass.

Kellogg, S. H., & Young, J. E. （2008）. Cognitive therapy. In J. L. Lebow （Ed.）, Twenty-first century psychotherapies: Contemporary approaches to theory & practice （pp.43-79）. Hoboken, N. J.: John Wiley & Sons.

Kottler, J. A., & Hazler, R. J. （1997）. What you never learned in graduate school: A survival guide for therapists. N.Y.: W. W. Norton & Company.

Lewis, J. A., Lewis, M. D., Daniels, J. A., & D'Andrea, M. J. （2011）. Community counseling: A multicultural-social justice perspective （4th Ed.）. Belmont, CA: Brooks/Cole.

Lipchik, E. （2002）. Beyond technique in solution-focused therapy: Working with emotions and the therapeutic relationship. N. Y.: Sage.

Little, S. G., Akin-Little, A., & Medley, N. S. （2011）. Interventions to address school crises and violence. In M. A. Bray & T. J. Kehle （Eds.）, Oxford handbook of school psychology（pp.483-503）. New York: Oxford University Press.

Marrone, R. （1997）. Death, mourning, and caring. Pacific Grove, CA: Brooks/Cole.

Metcalf, L. （2009）. Solution focused therapy: Its applications and opportunities. In E. Connie & L. Metcalf （Eds.）, The art of solution focused therapy （pp.21-43）. N.Y.: Springer.

Micucci, J. A. （1998）. The adolescent in family therapy: Breaking the cycle of conflict and control. N.Y.: The Guilford Press.

Mitrani, V. B, & Perez, M. A. （2003）. Structural-strategic approaches to couple and family therapy. In T. L. Sexton, G. R. Weeks, & M. S. Robbins （Eds.）, Handbook of family therapy （pp.177-200）. N. Y.: Brunner-Routledge.

Monk, G. （1997）. How narrative therapy works? In G. Monk, J. Winslade, K. Crocket, & D. Epston（Eds.）, Narrative therapy in practice: The archaeology of hope（pp.3-31）. San Francisco, CA: Jossey-Bass.

Moorey, S. （2007）. Cognitive therapy. In W. Dryden （Ed.）, Dryden's handbook of individual therapy （5th ed） （pp.297-326）. London: Sage.

Morgan, A. （2000）. What is narrative therapy? 10/2/11Retrieved from http://www.dulwichcentre.com.au/what-is-narrative-therapy.html

Muro, J. J., & Kottman, T. （1995）. Guidance & counseling in the elementary & middle schools: A practical approach. Dubuque, IA: Wm. C. Brown Communications, Inc.

Murphy, J. （1997）. Solution-focused counseling in middle and high schools. Alexandria, VA: American Counseling Association.

Nichols, M. P. （2010）. Family therapy: Concepts and methods （9th ed.）. Boston, MA: Allyn & Bacon.

Norcross, J. C. & VandenBos, G. R. （2018）. Leaving it at the office: A guide to psychotherapist self-care. N.Y.: Guilford Press.

Nystul, M. S. （2006）. Introduction to counseling: An art and science perspective （3rd ed）. Boston, MA: Pearson.

O'Connell, B. （2007）. Solution-focused therapy. In W. Dryden （Ed.）, Dryden's handbook of individual therapy （5th ed） （pp.379-400）. London: Sage.

Okun, B. F., & Suyemoto, K. L. （2013）. Conceptualization and treatment planning for effective helping.CA: Brooks/Cole.

Paladino, D. & DeLorenzi, L. （2017）. Counseling with older adolescents （15-19）. In S. Smith-Adcock & C. Tucker （Eds.）, Counseling children & adolescents: Connecting theory, development, & diversity （pp.343-372）. Thousand Oaks, CA: Sage.

Payne, M. （2007）. Narrative therapy. In Dryden, W. （Ed.）, Dryden's handbook of individual therapy （5th ed） （pp.401-423）. London: Sage.

Portes, P. R., Sandhu, D. S., & Vadeboncoeur, J. A. （2001）. Counseling issues and programs for children of divorce. In D. S. Sandhu （Ed.）, Elementary counseling in the millennium （pp.131-143）.Alexandria, VA: American Counseling Association.

Pos, A. E., Greenberg, L. S., & Elliott, R. （2008）. Experiential therapy. In J. L. Lebow （Ed.）, Twenty-first century psychotherapies: Contemporary approaches to theory & practice （pp.80-122）. Hoboken, N. J.: John Wiley & Sons.

Reid, H. （2011）. Engaging young people through the use of a narrative approach to counseling people（pp.146-162）. In H. Reid & J. Westergaard, Effective counseling with young people. Exeter, UK: Learning Matters Ltd.

Reid, H. & Westergaard, J. （2011）. Effective counseling with young people. Exeter, UK: Learning Matters Ltd.

Roberts, Jr., W., & Coursol, D. H. （1996）. Strategies for intervention with childhood and adolescent victims of bullying, teasing, and intimidation in school settings. Elementary School Guidance & Counseling, 30（3）, 204-213.

Schmidt, J. J. （1996）. Counseling in schools: Essential services and comprehensive programs （2nd ed.）. Needham Heights, MA: Allyn & Bacon.

Seibert, D., Drolet, J. C., & Fetro, J. V. （2003）. Helping children live with death & loss. IL: Southern Illinois University.

Seligman, L. （2006）. Theories of counseling and psychotherapy: Systems, strategies, and skills （2nd ed）. Upper Saddle River, NJ: Pearson Prentice Hall.

Siehl, P. M. （ 2001）. Play therapy in the elementary school. In D. S. Sandhu （Ed.）, Elementary counseling in the millennium （pp.37-46）.Alexandria, VA: American Counseling Association.

Smith-Adcock, S., & Pereira, J. （2017）. The counseling process: Establishing a therapeutic alliance. In S. Smith-Adcock & C. Tucker（Eds.）, Counseling children & adolescents: Connecting theory, development, & diversity（pp.98-119）. Thousand Oaks, CA: Sage.

Tarragona, M.（2008）. Postmordern/postructturalist therapies. In J. L. Lebow（Ed.）, Twenty-first century psychotherapies: Contemporary approaches to theory & practice（pp.167-205）. Hoboken, N. J.: John Wiley & Sons.

Tobias, A. K.（2001）. Prevention: A practical approach tp preventing violence in elementray schools. In D. S. Sandhu（Ed.）, Elementary counseling in the millennium（pp.159-169）.Alexandria, VA: American Counseling Association.

Tucker, C.（2017）. Counseling with young children（5-8）and their families. In S. Smith-Adcock & C. Tucker（Eds.）, Counseling children & adolescents: Connecting theory, development, & diversity（pp.270-294）. Thousand Oaks, CA: Sage.

Vicario, M., & Hudgins-Mitchell, C.（2017）. Attachment, trauma, and repair from infant to adolescent development: Counseling implications from neurobiology. In S. Smith-Adcock & C. Tucker（Eds.）, Counseling children & adolescents: Connecting theory, development, & diversity（pp.59-97）. Thousand Oaks, CA: Sage.

West, J. D., & Bubenzer, D. L.（2002）. Narrative family therapy. In J. Carlson & D. Kjos（Eds）, Theories and strategies of family therapy（pp.253-381）. Boston, MA: Allyn & Bacon.

Westbrook, D., Kennerley, H., & Kirk, J.（2008）. An introduction to cognitive behavior therapy: Skills and applications. London, UK: Sage.

Westergaard, J.（2011）. Understanding adolescent development（pp.7-22）. In H. Reid & J. Westergaard, Effective counseling with young people. Exeter, UK: Learning Matters Ltd.

Winter, P.（1994）. A personal experience of supervision. British Journal of Guidance & Counseling, 22（3）, 353-356.

Mosak, H. H.（1995）. Adlerian psychotherapy. In R. Corsini & D. Wedding（Eds.）, Current psychotherapies（5th ed）（pp.51-94）.Itasca, IL: F. E.Peacock.

Warner, J., & Baumer, G.（2007）. Adlerian therapy. In W. Dryden（Ed.）, Dryden’s handbook of individual therapy（5th ed）（pp.124-143）. London: Sage.

Egan, G.（1998）. The skilled helper: A problem-management approach to helping（6 ed.）. Pacific Grove, CA: Brooks/Cole.

Gordon, T.（2000）. Parent effectiveness training: The proven program for raising responsible children. New York: Three Rivers Press.

國家圖書館出版品預行編目資料

圖解學校輔導工作／邱珍琬著. 一一初版.一一臺北市：五南，2020.09
面； 公分
ISBN 978-986-522-198-0（平裝）

1.學校輔導 2.中小學教育

523.7 109011836

1BOW

圖解學校輔導工作

作　　者 — 邱珍琬（149.29）
發 行 人 — 楊榮川
總 經 理 — 楊士清
總 編 輯 — 楊秀麗
副總編輯 — 王俐文
責任編輯 — 金明芬
封面設計 — 王麗娟
出 版 者 — 五南圖書出版股份有限公司
地　　址：106臺北市大安區和平東路二段339號4樓
電　　話：(02)2705-5066　　傳　　真：(02)2706-6100
網　　址：http://www.wunan.com.tw
電子郵件：wunan@wunan.com.tw
劃撥帳號：01068953
戶　　名：五南圖書出版股份有限公司

法律顧問　林勝安律師事務所　林勝安律師

出版日期　2020年9月初版一刷
定　　價　新臺幣300元

經典永恆・名著常在

五十週年的獻禮——經典名著文庫

五南，五十年了，半個世紀，人生旅程的一大半，走過來了。
思索著，邁向百年的未來歷程，能為知識界、文化學術界作些什麼？
在速食文化的生態下，有什麼值得讓人雋永品味的？

歷代經典・當今名著，經過時間的洗禮，千錘百鍊，流傳至今，光芒耀人；
不僅使我們能領悟前人的智慧，同時也增深加廣我們思考的深度與視野。
我們決心投入巨資，有計畫的系統梳選，成立「經典名著文庫」，
希望收入古今中外思想性的、充滿睿智與獨見的經典、名著。
這是一項理想性的、永續性的巨大出版工程。
不在意讀者的眾寡，只考慮它的學術價值，力求完整展現先哲思想的軌跡；
為知識界開啟一片智慧之窗，營造一座百花綻放的世界文明公園，
任君遨遊、取菁吸蜜、嘉惠學子！